Orlando Syrg Taschenbuch 152019

OR
SY
TA

Reihe

Alte Tradition

Azurcelesteblueoscuro

herausgegeben

von

Joerg K. Sommermeyer & Orlando Syrg

Exemplarische Werke der Weltliteratur

herausgegeben von

Joerg K. Sommermeyer

Herstellung und Verlag:
BoD – Books on Demand, Norderstedt
ISBN: 978-3-7460-9485-4

Über dieses Buch

Hermann und Dorothea: Neben »Werther« Goethes erfolgreichstes Werk; 30 Auflagen allein zu seinen Lebzeiten. Hingerissen lobte August Wilhelm Schlegel das Hexameterepos, dessen neun Gesänge die Namen der Musen und Inhaltshinweise tragen: »*Hermann und Dorothea ist ein vollendetes Kunstwerk im großen Stil, und zugleich fasslich, herzlich, vaterländisch, volksmäßig; ein Buch voll goldner Lehren der Weisheit und Tugend.*«

Ein wohlhabender Wirt will für seinen Sohn die gute Partie der begüterten Kaufmannstochter. Hermann verliebt sich jedoch in Dorothea, ein mittelloses Mädchen der vorbeiziehenden Flüchtlingsschar, will nur sie freien. Die Mutter steht ihrem Sohn bei. Pfarrer und Apotheker, Freunde der Wirtsfamilie, werden ausgesandt, um Erkundigungen über das Mädchen einzuziehen, die durchweg günstig ausfallen. Weil Hermann es aber, aus Angst vor einem Korb, nicht wagt, Dorothea seine Liebe zu gestehen, verpflichtet er sie nur als Magd und führt sie in sein Elternhaus. Nach Missverständnissen und Verwirrungen – Happyend.

West-östlicher Divan: Von seiner Lektüre des Hafis, dem persischen Dichter (um 1320-1390), in der Übertragung von J. von Hammer-Purgstall, zutiefst beeindruckt einerseits und andererseits beglückt von seiner Begegnung mit Marianne von Willemer wurde Goethe zu dem Gedichtzyklus in 12 souverän, ironisch und heiter durchtränkten Büchern beseelt.

Zwiesprache von Hafis und Suleika im Zentrum des Liebeserlebens, das sich lyrisch vollendet und weltumfassend weitet. Reales löst sich symbolisch auf, wird geläutert, »*jedes einzelne Glied vom Sinn des Ganzen durchdrungen*«, sich ineinander spiegelnd, Geheimnisvolles offenbar machend, Offenes geheimnisvoll chiffrierend. Liebe, Dichtertum, Weltfrömmigkeit, Gottesnähe, Naturverehrung, Trinkfreude et cetera; Aufbruch in den Osten, Zeitkritisches, witzige Spruchweisheiten, schmucke Parabeln, Timur und Napoleon, der junge Schenke, Vermächtnis altpersischen Glaubens, Paradies mit Huri.

Die Noten und Abhandlungen zu besserem Verständnis des West-östlichen Divans sind zugleich: Kulturgeschichte, über alle Grenzen blickende, vergleichende Abhandlung literarischer Gestalten, Formen und ihrer Ästhetik, poetische Prosa, kritische Epochenauseinandersetzung mit autobiographischen Bezügen und Verortung von Goethes eigenem Standpunkt.

Der Autor

Johann Wolfgang von Goethe, geboren am 28. August 1749 in Frankfurt am Main, gestorben am 22. März 1832 in Weimar. Den deutschen Dichterfürsten kennt jedes Kind. Sein Name ist untrennbar verknüpft mit Idealismus, Sturm und Drang, Weimarer Klassik. Über ihn allzu viele Worte zu machen, hieße Eulen nach Athen tragen. Der Frankfurter Hautevolee entstammend, sein Vater Kaiserlicher Rat ohne Amtsausübung, die Mutter Tochter des Stadtschultheißen, studiert er in Leipzig und Straßburg Rechtswissenschaft, arbeitet als Jurist in Wetzlar und Frankfurt. Nach einem nationalen Erfolg mit dem Drama *Götz von Berlichingen*, 1773, gelingt ihm 1774 mit dem Briefroman *Die Leiden des jungen Werthers*, Schlüsselroman des Sturm und Drang, ein europäischer Erfolg, erster Bestseller deutscher Literatur, Mitauslöser von „Lesewut" und „Nachahmungsselbstmord-Epidemie". 1775 kommt er als Freund und Minister des Herzogs Carl August nach Weimar. Neben politischen und administrativen Aufgaben leitet er das Hoftheater. Umfang und Vielfalt all der Tätigkeiten bedingen eine Vernachlässigung seiner schöpferischen Fähigkeiten und führen nach einem Weimarer Jahrzehnt in die Krise. Er flieht nach Italien, wo er seine Wiedergeburt erlebt, *Tasso*, *Iphigenie* und *Egmont* vollendet. Nach seiner Rückkehr, von Amtspflichten weitgehend befreit, hat er nur noch repräsentativen Aufgaben nachzukommen. Goethe erschafft Lyrik, Dramen, Epik, autobiografische, kunst- und literaturtheoretische Schriften, naturwissenschaftliche Arbeiten sowie Briefe und Gespräche von literarischer Bedeutung. *Wilhelm Meister* begründet den deutschen Künstler- und Bildungsroman, und *Faust* bleibt für immer eine der größten Schöpfungen der Weltliteratur.

Der Herausgeber

Joerg K. Sommermeyer (JS), * 14.10.1947 in Brackenheim. Jurist, Musiker und Schriftsteller. 1976 bis 2004 Rechtsanwalt in Freiburg. Zahlreiche Veröffentlichungen.

Orlando Syrg, Berlin, 9. Juli 2019

Joerg K. Sommermeyer (Hg.)

Johann Wolfgang von Goethes

West-östlicher Divan, Hermann und Dorothea

Ausgewählte Werke V

Durchgesehen, revidiert und herausgegeben

von

Joerg K. Sommermeyer

Orlando Syrg

MMXIX

1. Auflage 2019

Orlando Syrg, Berlin (vormals Freiburg i. Brsg.)

Orlando Syrg Taschenbuch

ORSYTA 152019

Reihe Alte Tradition Azurcelesteblueoscuro

RAT ACBO 27

Durchsicht, Revision und Herausgabe:
Joerg K. Sommermeyer

Umschlaggestaltung (unter Verwendung eines Gemäldes von Georg Melchior Kraus, *Goethe*, um 1777, auf der Vorderseite): JS

Lektorat, Satz und Layout: Astrid Ollengrün, JS, Ton Unbe, Waltraut Schmidt, Marga Lay, Eberhard Zempek, Gabi Michaelis, Lars Penath, Toni Hammerschmidt, Inge Porep, Rudi Dreisam, Hubert Strassner

Herstellung, Vertrieb, Verlag BoD - Books on Demand, Norderstedt

Made in Germany

ISBN 9783746094854

Inhalt

Hermann und Dorothea

[Taschenbuch für 1798, Berlin 1797]

Kalliope / Schicksal und Anteil

»Hab ich den Markt und die Straßen doch nie so einsam gesehen!
Ist doch die Stadt wie gekehrt! wie ausgestorben! Nicht fünfzig,
Deucht mir, blieben zurück von allen unsern Bewohnern.
Was die Neugier nicht tut! So rennt und läuft nun ein jeder,
Um den traurigen Zug der armen Vertriebnen zu sehen.
Bis zum Dammweg, welchen sie ziehn, ist's immer ein Stündchen,
Und da läuft man hinab, im heißen Staube des Mittags.
Möcht ich mich doch nicht rühren vom Platz, um zu sehen das Elend
Guter fliehender Menschen, die nun, mit geretteter Habe,
Leider das überrheinische Land, das schöne, verlassend,
Zu uns herüberkommen und durch den glücklichen Winkel
Dieses fruchtbaren Tals und seiner Krümmungen wandern.
Trefflich hast du gehandelt, o Frau, dass du milde den Sohn fort
Schicktest, mit altem Linnen und etwas Essen und Trinken,
Um es den Armen zu spenden; denn Geben ist Sache des Reichen.
Was der Junge doch fährt! und wie er bändigt die Hengste!
Sehr gut nimmt das Kütschchen sich aus, das neue; bequemlich
Säßen viere darin und auf dem Bocke der Kutscher.
Diesmal fuhr er allein; wie rollt' es leicht um die Ecke!«
So sprach, unter dem Tore des Hauses sitzend am Markte,
Wohlbehaglich, zur Frau der Wirt zum Goldenen Löwen.

Und es versetzte darauf die kluge, verständige Hausfrau:
»Vater, nicht gerne verschenk ich die abgetragene Leinwand;
Denn sie ist zu manchem Gebrauch, und für Geld nicht zu haben,
Wenn man ihrer bedarf. Doch heute gab ich so gerne
Manches bessere Stück an Überzügen und Hemden;
Denn ich hörte von Kindern und Alten, die nackend dahergehn.
Wirst du mir aber verzeihn? denn auch dein Schrank ist geplündert
Und besonders den Schlafrock mit indianischen Blumen,
Von dem feinsten Kattun, mit feinem Flanelle gefüttert,
Gab ich hin; er ist dünn und alt und ganz aus der Mode.«

Aber es lächelte drauf der treffliche Hauswirt und sagte:
»Ungern vermiss ich ihn doch, den alten kattunenen Schlafrock,
Echt ostindischen Stoffs; so etwas kriegt man nicht wieder.
Wohl! ich trug ihn nicht mehr. Man will jetzt freilich, der Mann soll
Immer gehn im Surtout und in der Pekesche sich zeigen,
Immer gestiefelt sein; verbannt ist Pantoffel und Mütze.«

»Siehe!« versetzte die Frau, »dort kommen schon einige wieder,
Die den Zug mit gesehn; er muss doch wohl schon vorbei sein.
Seht, wie allen die Schuhe so staubig sind! wie die Gesichter
Glühen! und jeglicher führt das Schnupftuch und wischt sich den Schweiß
Möcht ich doch auch in der Hitze nach solchem Schauspiel so weit nicht
Laufen und leiden! Fürwahr, ich habe genug am Erzählten.«

Und es sagte darauf der gute Vater mit Nachdruck:
»Solch ein Wetter ist selten zu solcher Ernte gekommen,
Und wir bringen die Frucht herein, wie das Heu schon herein ist,
Trocken; der Himmel ist hell, es ist kein Wölkchen zu sehen,
Und von Morgen wehet der Wind mit lieblicher Kühlung.
Das ist beständiges Wetter! und überreif ist das Korn schon!
Morgen fangen wir an, zu schneiden die reichliche Ernte.«

Als er so sprach, vermehrten sich immer die Scharen der Männer
Und der Weiber, die über den Markt sich nach Hause begaben
Und so kam auch zurück mit seinen Töchtern gefahren
Rasch, an die andere Seite des Markts, der begüterte Nachbar,
An sein erneuertes Haus, der erste Kaufmann des Ortes,
Im geöffneten Wagen (er war in Landau verfertigt).
Lebhaft wurden die Gassen; denn wohl war bevölkert das Städtchen,
Mancher Fabriken befliss man sich da und manches Gewerbes.
Und so saß das trauliche Paar, sich unter dem Torweg
Über das wandernde Volk mit mancher Bemerkung ergötzend.
Endlich aber begann die würdige Hausfrau und sagte:
»Seht! dort kommt der Prediger her; es kommt auch der Nachbar
Apotheker mit ihm: die sollen uns alles erzählen,
Was sie draußen gesehn und was zu schauen nicht froh macht.«

Freundlich kamen heran die beiden und grüßten das Ehpaar,
Setzten sich auf die Bänke, die hölzernen, unter dem Torweg,
Staub von den Füßen schüttelnd und Luft mit dem Tuche sich fächelnd.
Da begann denn zuerst, nach wechselseitigen Grüßen,
Der Apotheker zu sprechen und sagte, beinahe verdrießlich:
»So sind die Menschen fürwahr! und einer ist doch wie der andre,
Dass er zu gaffen sich freut, wenn den Nächsten ein Unglück befället!
Läuft doch jeder, die Flamme zu sehn, die verderblich emporschlägt,
Jeder, den armen Verbrecher, der peinlich zum Tode geführt wird.
Jeder spaziert nun hinaus, zu schauen der guten Vertriebnen
Elend, und niemand bedenkt, dass ihn das ähnliche Schicksal
Auch vielleicht zunächst betreffen kann, oder doch künftig.
Unverzeihlich find ich den Leichtsinn; doch liegt er im Menschen.«

Und es sagte darauf der edle, verständige Pfarrherr,
Er, die Zierde der Stadt, ein Jüngling, näher dem Manne.

Dieser kannte das Leben und kannte der Hörer Bedürfnis,
War vom hohen Werte der heiligen Schriften durchdrungen,
Die uns der Menschen Geschick enthüllen und ihre Gesinnung;
Und so kannt er auch wohl die besten weltlichen Schriften.
Dieser sprach: »Ich tadle nicht gern, was immer dem Menschen
Für unschädliche Triebe die gute Mutter Natur gab;
Denn was Verstand und Vernunft nicht immer vermögen, vermag oft
Solch ein glücklicher Hang, der unwiderstehlich uns leitet.
Lockte die Neugier nicht den Menschen mit heftigen Reizen,
Sagt! erführ er wohl je, wie schön sich die weltlichen Dinge
Gegeneinander verhalten? Denn erst verlangt er das Neue,
Suchet das Nützliche dann mit unermüdetem Fleiße;
Endlich begehrt er das Gute, das ihn erhebet und wert macht.
In der Jugend ist ihm ein froher Gefährte der Leichtsinn,
Der die Gefahr ihm verbirgt und heilsam geschwinde die Spuren
Tilget des schmerzlichen Übels, sobald es nur irgend vorbeizog.
Freilich ist er zu preisen, der Mann, dem in reiferen Jahren
Sich der gesetzte Verstand aus solchem Frohsinn entwickelt,
Der im Glück wie im Unglück sich eifrig und tätig bestrebet;
Denn das Gute bringt er hervor und ersetzet den Schaden.«

Freundlich begann sogleich die ungeduldige Hausfrau:
»Saget uns, was ihr gesehn; denn das begehrt ich zu wissen.«

»Schwerlich«, versetzte darauf der Apotheker mit Nachdruck,
»Werd ich so bald mich freun nach dem, was ich alles erfahren.
Und wer erzählet es wohl, das mannigfaltigste Elend!
Schon von ferne sahn wir den Staub, noch eh wir die Wiesen
Abwärts kamen; der Zug war schon von Hügel zu Hügel
Unabsehlich dahin, man konnte wenig erkennen.
Als wir nun aber den Weg, der quer durchs Tal geht, erreichten,
War Gedräng und Getümmel noch groß der Wandrer und Wagen.
Leider sahen wir noch genug der Armen vorbeiziehn,
Konnten einzeln erfahren, wie bitter die schmerzliche Flucht sei
Und wie froh das Gefühl des eilig geretteten Lebens.
Traurig war es zu sehn, die mannigfaltige Habe,
Die ein Haus nur verbirgt, das wohlversehne, und die ein
Guter Wirt umher an die rechten Stellen gesetzt hat,
Immer bereit zum Gebrauche, denn alles ist nötig und nützlich,
Nun zu sehen das alles, auf mancherlei Wagen und Karren
Durcheinander geladen, mit Übereilung geflüchtet.
Über dem Schranke lieget das Sieb und die wollene Decke;
In dem Backtrog das Bett, und das Leintuch über dem Spiegel.
Ach! und es nimmt die Gefahr, wie wir beim Brande vor zwanzig
Jahren auch wohl gesehn, dem Menschen alle Besinnung,

Dass er das Unbedeutende fasst und das Teure zurücklässt.
Also führten auch hier, mit unbesonnener Sorgfalt,
Schlechte Dinge sie fort, die Ochsen und Pferde beschwerend:
Alte Bretter und Fässer, den Gänsestall und den Käfig.
Auch so keuchten die Weiber und Kinder, mit Bündeln sich schleppend,
Unter Körben und Butten voll Sachen keines Gebrauches;
Denn es verlässt der Mensch so ungern das Letzte der Habe.
Und so zog auf dem staubigen Weg der drängende Zug fort,
Ordnungslos und verwirrt. Mit schwächeren Tieren der eine
Wünschte langsam zu fahren, ein andrer emsig zu eilen.
Da entstand ein Geschrei der gequetschten Weiber und Kinder
Und ein Blöken des Viehes, dazwischen der Hunde Gebelfer,
Und ein Wehlaut der Alten und Kranken, die hoch auf dem schweren
Übergepackten Wagen auf Betten saßen und schwankten.
Aber, aus dem Gleise gedrängt, nach dem Rande des Hochwegs
Irrte das knarrende Rad; es stürzt' in den Graben das Fuhrwerk,
Umgeschlagen, und weithin entstürzten im Schwunge die Menschen
Mit entsetzlichem Schrein in das Feld hin, aber doch glücklich.
Später stürzten die Kasten und fielen näher dem Wagen.
Wahrlich, wer im Fallen sie sah, der erwartete nun sie
Unter der Last der Kisten und Schränke zerschmettert zu schauen.
Und so lag zerbrochen der Wagen, und hilflos die Menschen;
Denn die übrigen gingen und zogen eilig vorüber,
Nur sich selber bedenkend und hingerissen vom Strome.
Und wir eilten hinzu und fanden die Kranken und Alten,
Die zu Haus und im Bett schon kaum ihr dauerndes Leiden
Trügen, hier auf dem Boden, beschädigt, ächzen und jammern,
Von der Sonne verbrannt und erstickt vom wogenden Staube.«

Und es sagte darauf, gerührt, der menschliche Hauswirt:
»Möge doch Hermann sie treffen und sie erquicken und kleiden.
Ungern würd ich sie sehn; mich schmerzt der Anblick des Jammers.
Schon von dem ersten Bericht so großer Leiden gerühret,
Schickten wir eilend ein Scherflein von unserm Überfluss, dass nur
Einige würden gestärkt, und schienen uns selber beruhigt.
Aber lasst uns nicht mehr die traurigen Bilder erneuern;
Denn es beschleichet die Furcht gar bald die Herzen der Menschen,
Und die Sorge, die mehr als selbst mir das Übel verhasst ist.
Tretet herein in den hinteren Raum, das kühlere Sälchen.
Nie scheint Sonne dahin, nie dringet wärmere Luft dort
Durch die stärkeren Mauern; und Mütterchen bringt uns ein Gläschen
Dreiundachtziger her, damit wir die Grillen vertreiben.
Hier ist nicht freundlich zu trinken; die Fliegen umsummen die Gläser.«
Und sie gingen dahin und freuten sich alle der Kühlung.

Sorgsam brachte die Mutter des klaren, herrlichen Weines,
In geschliffener Flasche auf blankem, zinnernem Runde,
Mit den grünlichen Römern, den echten Bechern des Rheinweins. –
Und so sitzend, umgaben die drei den glänzend gebohnten,
Runden, braunen Tisch, er stand auf mächtigen Füßen.
Heiter klangen sogleich die Gläser des Wirtes und Pfarrers;
Doch unbeweglich hielt der dritte denkend das seine,
Und es fordert' ihn auf der Wirt mit freundlichen Worten:

»Frisch, Herr Nachbar, getrunken! denn noch bewahrte vor Unglück
Gott uns gnädig und wird auch künftig uns also bewahren.
Denn wer erkennt es nicht, dass seit dem schrecklichen Brande,
Da er so hart uns gestraft, er uns nun beständig erfreut hat
Und beständig beschützt, so wie der Mensch sich des Auges
Köstlichen Apfel bewahrt, der vor allen Gliedern ihm lieb ist.
Sollt er fernerhin nicht uns schützen und Hilfe bereiten?
Denn man sieht es erst recht, wie viel er vermag, in Gefahren;
Sollt er die blühende Stadt, die er erst durch fleißige Bürger

Neu aus der Asche gebaut und dann sie reichlich gesegnet,
Jetzo wieder zerstören und alle Bemühung vernichten?«

Heiter sagte darauf der treffliche Pfarrer und milde:
»Haltet am Glauben fest und fest an dieser Gesinnung;
Denn sie macht im Glücke verständig und sicher, im Unglück
Reicht sie den schönsten Trost und belebt die herrlichste Hoffnung.«

Da versetzte der Wirt mit männlichen, klugen Gedanken:
»Wie begrüßt ich so oft mit Staunen die Fluten des Rheinstroms,
Wenn ich, reisend nach meinem Geschäft, ihm wieder mich nahte
Immer schien er mir groß und erhob mir Sinn und Gemüte;
Aber ich konnte nicht denken, dass bald sein liebliches Ufer
Sollte werden ein Wall, um abzuwehren den Franken,
Und sein verbreitetes Bett ein allverhindernder Graben.
Seht, so schützt die Natur, so schützen die wackeren Deutschen,
Und so schützt uns der Herr; wer wollte töricht verzagen?
Müde schon sind die Streiter, und alles deutet auf Frieden.
Möge doch auch, wenn das Fest, das lang er wünschte, gefeiert
Wird in unserer Kirche, die Glocke dann tönt zu der Orgel
Und die Trompete schmettert, das hohe Tedeum begleitend, –
Möge mein Hermann doch auch an diesem Tage, Herr Pfarrer,
Mit der Braut, entschlossen, vor Euch am Altare sich stellen
Und das glückliche Fest, in allen den Landen begangen,
Auch mir künftig erscheinen, der häuslichen Freuden ein Jahrstag!
Aber ungern seh ich den Jüngling, der immer so tätig
Mir in dem Hause sich regt, nach außen langsam und schüchtern.

Wenig findet er Lust, sich unter Leuten zu zeigen;
Ja, er vermeidet sogar der jungen Mädchen Gesellschaft
Und den fröhlichen Tanz, den alle Jugend begehret.«

Also sprach er und horchte. Man hörte der stampfenden Pferde
Fernes Getöse sich nahn, man hörte den rollenden Wagen,
Der mit gewaltiger Eile nun donnert' unter dem Torweg.

Terpsichore / Hermann

Als nun der wohlgebildete Sohn ins Zimmer hereintrat,
Schaute der Prediger ihm mit scharfen Blicken entgegen
Und betrachtete seine Gestalt und sein ganzes Benehmen
Mit dem Auge des Forschers, der leicht die Mienen enträtselt;
Lächelte dann und sprach zu ihm mit traulichen Worten:
»Kommt Ihr doch als ein veränderter Mensch! Ich habe noch niemals
Euch so munter gesehn und Eure Blicke so lebhaft.
Fröhlich kommt Ihr und heiter; man sieht, Ihr habet die Gaben
Unter die Armen verteilt und ihren Segen empfangen.«

Ruhig erwiderte drauf der Sohn mit ernstlichen Worten:
»Ob ich löblich gehandelt? ich weiß es nicht; aber mein Herz hat
Mich geheißen zu tun, so wie ich genau nun erzähle.
Mutter, Ihr kramtet so lange, die alten Stücke zu suchen
Und zu wählen; nur spät war erst das Bündel zusammen,
Auch der Wein und das Bier ward langsam, sorglich gepacket.
Als ich nun endlich vors Tor und auf die Straße hinauskam,
Strömte zurück die Menge der Bürger mit Weibern und Kindern
Mir entgegen; denn fern war schon der Zug der Vertriebnen.
Schneller hielt ich mich dran und fuhr behände dem Dorf zu,
Wo sie, wie ich gehört, heut übernachten und rasten.
Als ich nun meines Weges die neue Straße hinanfuhr,
Fiel mir ein Wagen ins Auge, von tüchtigen Bäumen gefüget,
Von zwei Ochsen gezogen, den größten und stärksten des Auslands,
Nebenher aber ging, mit starken Schritten, ein Mädchen;
Lenkte mit langem Stabe die beiden gewaltigen Tiere,
Trieb sie an und hielt sie zurück, sie leitete klüglich.
Als mich das Mädchen erblickte, so trat sie den Pferden gelassen
Näher und sagte zu mir: ›Nicht immer war es mit uns so
Jammervoll, als Ihr uns heut auf diesen Wegen erblicket.
Noch nicht bin ich gewohnt, vom Fremden die Gabe zu heischen,
Die er oft ungern gibt, um loszuwerden den Armen;
Aber mich dränget die Not zu reden. Hier auf dem Strohe
Liegt die erst entbundene Frau des reichen Besitzers,
Die ich mit Stieren und Wagen noch kaum, die Schwangre, gerettet.

Spät nur kommen wir nach, und kaum das Leben erhielt sie.
Nun liegt, neugeboren, das Kind ihr nackend im Arme,
Und mit wenigem nur vermögen die Unsern zu helfen,
Wenn wir im nächsten Dorf, wo wir heute zu rasten gedenken,
Auch sie finden, wiewohl ich fürchte, sie sind schon vorüber.
Wär Euch irgend von Leinwand nur was Entbehrliches, wenn Ihr
Hier aus der Nachbarschaft seid, so spendet's gütig den Armen.‹

Also sprach sie, und matt erhob sich vom Strohe die bleiche
Wöchnerin, schaute nach mir; ich aber sagte dagegen:
›Guten Menschen, fürwahr, spricht oft ein himmlischer Geist zu,
Dass sie fühlen die Not, die dem armen Bruder bevorsteht;
Denn so gab mir die Mutter, im Vorgefühle von Eurem
Jammer, ein Bündel, sogleich es der nackten Notdurft zu reichen.‹
Und ich löste die Knoten der Schnur und gab ihr den Schlafrock
Unsers Vaters dahin und gab ihr Hemden und Leintuch.
Und sie dankte mit Freuden und rief: ›Der Glückliche glaubt nicht,
Dass noch Wunder geschehn; denn nur im Elend erkennt man
Gottes Hand und Finger, der gute Menschen zum Guten
Leitet. Was er durch Euch an uns tut, tu er Euch selber.‹
Und ich sah die Wöchnerin froh die verschiedene Leinwand,
Aber besonders den weichen Flanell des Schlafrocks befühlen.
›Eilen wir‹, sagte zu ihr die Jungfrau, ›dem Dorf zu, in welchem
Unsre Gemeinde schon rastet und diese Nacht durch sich aufhält;
Dort besorg ich sogleich das Kinderzeug, alles und jedes.‹
Und sie grüßte mich noch und sprach den herzlichsten Dank aus,
Trieb die Ochsen; da ging der Wagen. Ich aber verweilte,
Hielt die Pferde noch an; denn Zwiespalt war mir im Herzen,
Ob ich mit eilenden Rossen das Dorf erreichte, die Speisen
Unter das übrige Volk zu spenden, oder sogleich hier
Alles dem Mädchen gäbe, damit sie es weislich verteilte.
Und ich entschied mich gleich in meinem Herzen und fuhr ihr
Sachte nach und erreichte sie bald und sagte behände:
›Gutes Mädchen, mir hat die Mutter nicht Leinwand alleine
Auf den Wagen gegeben, damit ich den Nackten bekleide,
Sondern sie fügte dazu noch Speis und manches Getränke,
Und es ist mir genug davon im Kasten des Wagens.
Nun bin ich aber geneigt, auch diese Gaben in deine
Hand zu legen, und so erfüll ich am besten den Auftrag;
Du verteilst sie mit Sinn, ich müsste dem Zufall gehorchen.‹
Drauf versetzte das Mädchen: ›Mit aller Treue verwend ich
Eure Gaben; der Dürftige soll sich derselben erfreuen.‹
Also sprach sie. Ich öffnete schnell die Kasten des Wagens,
Brachte die Schinken hervor, die schweren, brachte die Brote,

Flaschen Weines und Biers und reicht' ihr alles und jedes.
Gerne hätt ich noch mehr ihr gegeben; doch leer war der Kasten.
Alles packte sie drauf zu der Wöchnerin Füßen und zog so
Weiter; ich eilte zurück mit meinen Pferden der Stadt zu.«

Als nun Hermann geendet, da nahm der gesprächige Nachbar
Gleich das Wort und rief: »O glücklich, wer in den Tagen
Dieser Flucht und Verwirrung in seinem Haus nur allein lebt,
Wem nicht Frau und Kinder zur Seite bange sich schmiegen!
Glücklich fühl ich mich jetzt; ich möcht um vieles nicht heute
Vater heißen und nicht für Frau und Kinder besorgt sein.
Öfters dacht ich mir auch schon die Flucht und habe die besten
Sachen zusammengepackt, das alte Geld und die Ketten
Meiner seligen Mutter, das alles noch heilig verwahrt liegt.
Freilich bliebe noch vieles zurück, das so leicht nicht geschafft wird.
Selbst die Kräuter und Wurzeln, mit vielem Fleiße gesammelt,
Misst ich ungern, wenn auch der Wert der Ware nicht groß ist.
Bleibt der Provisor zurück, so geh ich getröstet von Hause.
Hab ich die Barschaft gerettet und meinen Körper, so hab ich
Alles gerettet; der einzelne Mann entfliehet am leichtsten.«
»Nachbar«, versetzte darauf der junge Hermann mit Nachdruck,
»Keinesweges denk ich wie Ihr und tadle die Rede.
Ist wohl der ein würdiger Mann, der im Glück und im Unglück
Sich nur allein bedenkt und Leiden und Freuden zu teilen
Nicht verstehet und nicht dazu von Herzen bewegt wird?
Lieber möcht ich, als je, mich heute zur Heirat entschließen;
Denn manch gutes Mädchen bedarf des schützenden Mannes
Und der Mann des erheiternden Weibs, wenn ihm Unglück bevorsteht.«

Lächelnd sagte darauf der Vater: »So hör ich dich gerne!
Solch ein vernünftiges Wort hast du mir selten gesprochen.«

Aber es fiel sogleich die gute Mutter behänd ein:
»Sohn, fürwahr! du hast recht; wir Eltern gaben das Beispiel.
Denn wir haben uns nicht an fröhlichen Tagen erwählet,
Und uns knüpfte vielmehr die traurigste Stunde zusammen.
Montag morgens – ich weiß es genau; denn Tages vorher war
Jener schreckliche Brand, der unser Städtchen verzehrte –
Zwanzig Jahre sind's nun; es war ein Sonntag wie heute,
Heiß und trocken die Zeit und wenig Wasser im Orte.
Alle Leute waren, spazierend in festlichen Kleidern,
Auf den Dörfern verteilt und in den Schenken und Mühlen.
Und am Ende der Stadt begann das Feuer. Der Brand lief
Eilig die Straßen hindurch, erzeugend sich selber den Zugwind.
Und es brannten die Scheunen der reichgesammelten Ernte,

Und es brannten die Straßen bis zu dem Markt, und das Haus war
Meines Vaters hierneben verzehrt und dieses zugleich mit.
Wenig flüchteten wir. Ich saß, die traurige Nacht durch,
Vor der Stadt auf dem Anger, die Kasten und Betten bewahrend;
Doch zuletzt befiel mich der Schlaf, und als nun des Morgens
Mich die Kühlung erweckte, die vor der Sonne herabfällt,
Sah ich den Rauch und die Glut und die hohlen Mauern und Essen.
Da war beklemmt mein Herz; allein die Sonne ging wieder
Herrlicher auf als je und flößte mir Mut in die Seele.
Da erhob ich mich eilend. Es trieb mich, die Stätte zu sehen,
Wo die Wohnung gestanden, und ob sich die Hühner gerettet,
Die ich besonders geliebt; denn kindisch war mein Gemüt noch.
Als ich nun über die Trümmer des Hauses und Hofes daherstieg,
Die noch rauchten, und so die Wohnung wüst und zerstört sah,
Kamst du zur andern Seite herauf und durchsuchtest die Stätte.
Dir war ein Pferd in dem Stalle verschüttet; die glimmenden Balken
Lagen darüber und Schutt, und nichts zu sehn war vom Tiere.
Also standen wir gegeneinander, bedenklich und traurig:
Denn die Wand war gefallen, die unsere Höfe geschieden.
Und du fasstest darauf mich bei der Hand an und sagtest:
›Lieschen, wie kommst du hierher? Geh weg! du verbrennest die Sohlen;
Denn der Schutt ist heiß, er sengt mir die stärkeren Stiefeln.‹
Und du hobest mich auf und trugst mich herüber, durch deinen
Hof weg. Da stand noch das Tor des Hauses mit seinem Gewölbe,
Wie es jetzt steht; es war allein von allem geblieben.
Und du setztest mich nieder und küsstest mich, und ich verwehrt es.
Aber du sagtest darauf mit freundlich bedeutenden Worten:
›Sieh, das Haus liegt nieder. Bleib hier und hilf mir es bauen,
Und ich helfe dagegen auch deinem Vater an seinem.‹
Doch ich verstand dich nicht, bis du zum Vater die Mutter
Schicktest und schnell das Gelübd' der fröhlichen Ehe vollbracht war.
Noch erinnr' ich mich heute des halbverbrannten Gebälkes
Freudig und sehe die Sonne noch immer so herrlich heraufgehn;
Denn mir gab der Tag den Gemahl, es haben die ersten
Zeiten der wilden Zerstörung den Sohn mir der Jugend gegeben.
Darum lob ich dich, Hermann, dass du mit reinem Vertrauen
Auch ein Mädchen dir denkst in diesen traurigen Zeiten
Und es wagtest, zu frein im Krieg und über den Trümmern.«

Da versetzte sogleich der Vater lebhaft und sagte:
»Die Gesinnung ist löblich, und wahr ist auch die Geschichte,
Mütterchen, die du erzählst; denn so ist alles begegnet.
Aber besser ist besser. Nicht einen jeden betrifft es,
Anzufangen von vorn sein ganzes Leben und Wesen;

Nicht soll jeder sich quälen, wie wir und andere taten,
Oh, wie glücklich ist der, dem Vater und Mutter das Haus schon
Wohlbestellt übergeben und der mit Gedeihen es ausziert!
Aller Anfang ist schwer, am schwersten der Anfang der Wirtschaft.
Mancherlei Dinge bedarf der Mensch, und alles wird täglich
Teurer; da seh er sich vor, des Geldes mehr zu erwerben.
Und so hoff ich von dir, mein Hermann, dass du mir nächstens
In das Haus die Braut mit schöner Mitgift hereinführst;
Denn ein wackerer Mann verdient ein begütertes Mädchen,
Und es behaget so wohl, wenn mit dem gewünscheten Weibchen
Auch in Körben und Kasten die nützliche Gabe hereinkommt.
Nicht umsonst bereitet durch manche Jahre die Mutter
Viele Leinwand der Tochter, von feinem und starkem Gewebe;
Nicht umsonst verehren die Paten ihr Silbergeräte,
Und der Vater sondert im Pulte das seltene Goldstück:
Denn sie soll dereinst mit ihren Gütern und Gaben
Jenen Jüngling erfreun, der sie vor allen erwählt hat.
Ja, ich weiß, wie behaglich ein Weibchen im Hause sich findet,
Das ihr eignes Gerät in Küch und Zimmern erkennet
Und das Bette sich selbst und den Tisch sich selber gedeckt hat.
Nur wohl ausgestattet möcht ich im Hause die Braut sehn;
Denn die Arme wird doch nur zuletzt vom Manne verachtet,
Und er hält sie als Magd, die als Magd mit dem Bündel hereinkam.
Ungerecht bleiben die Männer, und die Zeiten der Liebe vergehen.
Ja, mein Hermann, du würdest mein Alter höchlich erfreuen,
Wenn du mir bald ins Haus ein Schwiegertöchterchen brächtest
Aus der Nachbarschaft her, aus jenem Hause, dem grünen.
Reich ist der Mann fürwahr: sein Handel und seine Fabriken
Machen ihn täglich reicher: denn wo gewinnt nicht der Kaufmann?
Nur drei Töchter sind da; sie teilen allein das Vermögen.
Schon ist die älteste bestimmt, ich weiß es; aber die zweite
Wie die dritte sind noch, und vielleicht nicht lange, zu haben.
Wär ich an deiner Statt, ich hätte bis jetzt nicht gezaudert,
Eins mir der Mädchen geholt, so wie ich das Mütterchen forttrug.«

Da versetzte der Sohn bescheiden dem dringenden Vater:
»Wirklich, mein Wille war auch, wie Eurer, eine der Töchter
Unsers Nachbars zu wählen. Wir sind zusammen erzogen,
Spielten neben dem Brunnen am Markt in früheren Zeiten,
Und ich habe sie oft vor der Knaben Wildheit beschützet.
Doch das ist lange schon her; es bleiben die wachsenden Mädchen
Endlich billig zu Haus und fliehn die wilderen Spiele.
Wohlgezogen sind sie gewiss! Ich ging auch zuzeiten
Noch aus alter Bekanntschaft, so wie Ihr es wünschet, hinüber;

Aber ich konnte mich nie in ihrem Umgang erfreuen.
Denn sie tadelten stets an mir, das musst ich ertragen:
Gar zu lang war mein Rock, zu grob das Tuch und die Farbe
Gar zu gemein, und die Haare nicht recht gestutzt und gekräuselt.
Endlich hatt ich im Sinne, mich auch zu putzen wie jene
Handelsbübchen, die stets am Sonntag drüben sich zeigen
Und um die halbseiden im Sommer das Läppchen herumhängt.
Aber noch früh genug merkt ich: sie hatten mich immer zum Besten;
Und das war mir empfindlich, mein Stolz war beleidigt; doch mehr noch
Kränkte mich's tief, dass so sie den guten Willen verkannten,
Den ich gegen sie hegte, besonders Minchen, die jüngste.
Denn so war ich zuletzt an Ostern hinübergegangen,
Hatte den neuen Rock, der jetzt nur oben im Schrank hängt,
Angezogen und war frisiert wie die übrigen Burschen.
Als ich eintrat, kicherten sie; doch zog ich's auf mich nicht.
Minchen saß am Klavier; es war der Vater zugegen,
Hörte die Töchterchen singen und war entzückt und in Laune.
Manches verstand ich nicht, was in den Liedern gesagt war;
Aber ich hörte viel von Pamina, viel von Tamino,
Und ich wollte doch auch nicht stumm sein! Sobald sie geendet,
Fragt ich dem Texte nach und nach den beiden Personen.
Alle schwiegen darauf und lächelten; aber der Vater
Sagte: ›Nicht wahr, mein Freund, Er kennt nur Adam und Eva?‹
Niemand hielt sich alsdann, und laut auflachten die Mädchen,
Laut auflachten die Knaben, es hielt den Bauch sich der Alte.

Fallen ließ ich den Hut vor Verlegenheit, und das Gekicher
Dauerte fort und fort, soviel sie auch sangen und spielten.
Und ich eilte beschämt und verdrießlich wieder nach Hause,
Hängte den Rock in den Schrank und zog die Haare herunter
Mit den Fingern und schwur, nicht mehr zu betreten die Schwelle.
Und ich hatte wohl recht; denn eitel sind sie und lieblos,
Und ich höre, noch heiß ich bei ihnen immer Tamino.«

Da versetzte die Mutter: »Du solltest, Hermann, so lange
Mit den Kindern nicht zürnen; denn Kinder sind sie ja sämtlich.
Minchen fürwahr ist gut und war dir immer gewogen;
Neulich fragte sie noch nach dir. Die solltest du wählen!«

Da versetzte bedenklich der Sohn: »Ich weiß nicht, es prägte
Jener Verdruss sich so tief bei mir ein, ich möchte fürwahr nicht
Sie am Klaviere mehr sehn und ihre Liedchen vernehmen.«

Doch der Vater fuhr auf und sprach die zornigen Worte:
»Wenig Freud erleb ich an dir! Ich sagt es doch immer,
Als du zu Pferden nur und Lust nur bezeigtest zum Acker:

Was ein Knecht schon verrichtet des wohlbegüterten Mannes,
Tust du; indessen muss der Vater des Sohnes entbehren,
Der ihm zur Ehre doch auch vor andern Bürgern sich zeigte.
Und so täuschte mich früh mit leerer Hoffnung die Mutter,
Wenn in der Schule das Lesen und Schreiben und Lernen dir niemals
Wie den andern gelang und du immer der Unterste saßest.
Freilich! das kommt daher, wenn Ehrgefühl nicht im Busen
Eines Jünglinges lebt und wenn er nicht höher hinauf will.
Hätte mein Vater gesorgt für mich, so wie ich für dich tat,
Mich zur Schule gesendet und mir die Lehrer gehalten,
Ja, ich wäre was anders als Wirt zum Goldenen Löwen.«

Aber der Sohn stand auf und nahte sich schweigend der Türe,
Langsam und ohne Geräusch; allein der Vater, entrüstet,
Rief ihm nach: »So gehe nur hin! ich kenne den Trotzkopf!
Geh und führe fortan die Wirtschaft, dass ich nicht schelte;
Aber denke nur nicht, du wollest ein bäurisches Mädchen
Je mir bringen ins Haus, als Schwiegertochter, die Trulle!
Lange hab ich gelebt und weiß mit Menschen zu handeln,
Weiß zu bewirten die Herren und Frauen, dass sie zufrieden
Von mir weggehn; weiß den Fremden gefällig zu schmeicheln.
Aber so soll mir denn auch ein Schwiegertöchterchen endlich
Wiederbegegnen und so mir die viele Mühe versüßen;
Spielen soll sie mir auch das Klavier, es sollen die schönsten,
Besten Leute der Stadt sich mit Vergnügen versammeln,
Wie es sonntags geschieht im Hause des Nachbars.« Da drückte
Leise der Sohn auf die Klinke, und so verließ er die Stube.

Thalia / Die Bürger

Also entwich der bescheidene Sohn der heftigen Rede;
Aber der Vater fuhr in der Art fort, wie er begonnen:
»Was im Menschen nicht ist, kommt auch nicht aus ihm, und schwerlich
Wird mich des herzlichsten Wunsches Erfüllung jemals erfreuen,
Dass der Sohn dem Vater nicht gleich sei, sondern ein Bessrer.
Denn was wäre das Haus, was wäre die Stadt, wenn nicht immer
Jeder gedächte mit Lust zu erhalten und zu erneuen
Und zu verbessern auch, wie die Zeit uns lehrt und das Ausland!
Soll doch nicht als ein Pilz der Mensch dem Boden entwachsen
Und verfaulen geschwind an dem Platze, der ihn erzeugt hat,
Keine Spur nachlassend von seiner lebendigen Wirkung!
Sieht man am Hause doch gleich so deutlich, wes Sinnes der Herr sei,
Wie man, das Städtchen betretend, die Obrigkeiten beurteilt.
Denn wo die Türme verfallen und Mauern, wo in den Gräben

Unrat sich häufet und Unrat auf allen Gassen herumliegt,
Wo der Stein aus der Fuge sich rückt und nicht wieder gesetzt wird,
Wo der Balken verfault und das Haus vergeblich die neue
Unterstützung erwartet: der Ort ist übel regieret.
Denn wo nicht immer von oben die Ordnung und Reinlichkeit wirket,
Da gewöhnet sich leicht der Bürger zu schmutzigem Saumsal,
Wie der Bettler sich auch an lumpige Kleider gewöhnet.
Darum hab ich gewünscht, es solle sich Hermann auf Reisen
Bald begeben und sehn zum wenigsten Straßburg und Frankfurt
Und das freundliche Mannheim das gleich und heiter gebaut ist.
Denn wer die Städte gesehn, die großen und reinlichen, ruht nicht,
Künftig die Vaterstadt selbst, so klein sie auch sei, zu verzieren.
Lobt nicht der Fremde bei uns die ausgebesserten Tore
Und den geweißten Turm und die wohlerneuerte Kirche?
Rühmt nicht jeder das Pflaster? die wasserreichen, verdeckten,
Wohlverteilten Kanäle, die Nutzen und Sicherheit bringen,
Dass dem Feuer sogleich beim ersten Ausbruch gewehrt sei,
Ist das nicht alles geschehn seit jenem schrecklichen Brande?
Bauherr war ich sechsmal im Rat und habe mir Beifall,
Habe mir herzlichen Dank von guten Bürgern verdienet,
Was ich angab, emsig betrieben und so auch die Anstalt
Redlicher Männer vollführt, die sie unvollendet verließen.
So kam endlich die Lust in jedes Mitglied des Rates.
Alle bestreben sich jetzt, und schon ist der neue Chausseebau
Fest beschlossen, der uns mit der großen Straße verbindet.
Aber ich fürchte nur sehr, so wird die Jugend nicht handeln!
Denn die einen, sie denken auf Lust und vergänglichen Putz nur;
Andere hocken zu Haus und brüten hinter dem Ofen.
Und das fürcht ich: ein solcher wird Hermann immer mir bleiben.«

Und es versetzte sogleich die gute, verständige Mutter:
»Immer bist du doch, Vater, so ungerecht gegen den Sohn! und
So wird am wenigsten dir dein Wunsch des Guten erfüllet.
Denn wir können die Kinder nach unserem Sinne nicht formen;
So wie Gott sie uns gab, so muss man sie haben und lieben,
Sie erziehen aufs Beste und jeglichen lassen gewähren.
Denn der eine hat die, die anderen andere Gaben;
Jeder braucht sie, und jeder ist doch nur auf eigene Weise
Gut und glücklich. Ich lasse mir meinen Hermann nicht schelten;
Denn, ich weiß es, er ist der Güter, die er dereinst erbt,
Wert und ein trefflicher Wirt, ein Muster Bürgern und Bauern,
Und im Rate gewiss, ich seh es voraus, nicht der Letzte.
Aber täglich mit Schelten und Tadeln hemmst du dem Armen
Allen Mut in der Brust, so wie du es heute getan hast.«

Und sie verließ die Stube sogleich und eilte dem Sohn nach,
Dass sie ihn irgendwo fänd und ihn mit gütigen Worten
Wieder erfreute; denn er, der treffliche Sohn, er verdient' es.
Lächelnd sagte darauf, sobald sie hinweg war, der Vater:
»Sind doch ein wunderlich Volk die Weiber, so wie die Kinder!
Jedes lebet so gern nach seinem eignen Belieben,
Und man sollte hernach nur immer loben und streicheln.
Einmal für allemal gilt das wahre Sprüchlein der Alten:
Wer nicht vorwärts geht, der kommt zurücke! So bleibt es.«

Und es versetzte darauf der Apotheker bedächtig:
»Gerne geb ich es zu, Herr Nachbar, und sehe mich immer
Selbst nach dem Besseren um, wofern es nicht teuer, doch neu ist;
Aber hilft es fürwahr, wenn man nicht die Fülle des Gelds hat,
Tätig und rührig zu sein und innen und außen zu bessern?
Nur zu sehr ist der Bürger beschränkt; das Gute vermag er
Nicht zu erlangen, wenn er es kennt. Zu schwach ist sein Beutel,
Das Bedürfnis zu groß; so wird er immer gehindert.
Manches hätt ich getan; allein wer scheut nicht die Kosten
Solcher Veränderung, besonders in diesen gefährlichen Zeiten!
Lange lachte mir schon mein Haus im modischen Kleidchen,
Lange glänzten durchaus mit großen Scheiben die Fenster;
Aber wer tut dem Kaufmann es nach, der bei seinem Vermögen
Auch die Wege noch kennt, auf welchen das Beste zu haben?
Seht nur das Haus an da drüben, das neue! Wie prächtig in grünen
Feldern die Stukkatur der weißen Schnörkel sich ausnimmt!
Groß sind die Tafeln der Fenster; wie glänzen und spiegeln die Scheiben,
Dass verdunkelt stehn die übrigen Häuser des Marktes!
Und doch waren die unsern gleich nach dem Brande die schönsten,
Die Apotheke zum Engel so wie der Goldene Löwe.
So war mein Garten auch in der ganzen Gegend berühmt, und
Jeder Reisende stand und sah durch die roten Staketen
Nach den Bettlern von Stein und nach den farbigen Zwergen.
Wem ich den Kaffee dann gar in dem herrlichen Grottenwerk reichte,
Das nun freilich verstaubt und halb verfallen mir dasteht,
Der erfreute sich hoch des farbig schimmernden Lichtes
Schöngeordneter Muscheln; und mit geblendetem Auge
Schaute der Kenner selbst den Bleiglanz und die Korallen.
Ebenso ward in dem Saale die Malerei auch bewundert,
Wo die geputzten Herren und Damen im Garten spazieren
Und mit spitzigen Fingern die Blumen reichen und halten.
Ja, wer sähe das jetzt nur noch an! Ich gehe verdrießlich
Kaum mehr hinaus; denn alles soll anders sein und geschmackvoll,
Wie sie's heißen, und weiß die Latten und hölzernen Bänke.

Alles ist einfach und glatt; nicht Schnitzwerk oder Vergoldung
Will man mehr, und es kostet das fremde Holz nun am meisten.
Nun, ich wär es zufrieden, mir auch was Neues zu schaffen;
Auch zu gehn mit der Zeit und oft zu verändern den Hausrat;
Aber es fürchtet sich jeder, auch nur zu rücken das Kleinste,
Denn wer vermöchte wohl jetzt die Arbeitsleute zu zahlen?
Neulich kam mir's in Sinn, den Engel Michael wieder,
Der mir die Offizin bezeichnet, vergolden zu lassen
Und den gräulichen Drachen, der ihm zu Füßen sich windet;
Aber ich ließ ihn verbräunt, wie er ist; mich schreckte die Fordrung.«

Euterpe / Mutter und Sohn

Also sprachen die Männer, sich unterhaltend. Die Mutter
Ging indessen, den Sohn erst vor dem Hause zu suchen,
Auf der steinernen Bank, wo sein gewöhnlicher Sitz war.
Als sie daselbst ihn nicht fand, so ging sie, im Stalle zu schauen,
Ob er die herrlichen Pferde, die Hengste, selber besorgte,
Die er als Fohlen gekauft und die er niemand vertraute.
Und es sagte der Knecht: »Er ist in den Garten gegangen.«
Da durchschritt sie behände die langen, doppelten Höfe,
Ließ die Ställe zurück und die wohlgezimmerten Scheunen,
Trat in den Garten, der weit bis an die Mauern des Städtchens
Reichte, schritt ihn hindurch und freute sich jeglichen Wachstums,
Stellte die Stützen zurecht, auf denen beladen die Äste
Ruhten des Apfelbaums wie des Birnbaums lastende Zweige,
Nahm gleich einige Raupen vom kräftig strotzenden Kohl weg;
Denn ein geschäftiges Weib tut keine Schritte vergebens.
Also war sie ans Ende des langen Gartens gekommen,
Bis zur Laube, mit Geißblatt bedeckt; nicht fand sie den Sohn da,
Ebenso wenig als sie bis jetzt ihn im Garten erblickte.
Aber nur angelehnt war das Pförtchen, das aus der Laube,
Aus besonderer Gunst, durch die Mauer des Städtchens gebrochen
Hatte der Ahnherr einst, der würdige Burgemeister.
Und so ging sie bequem den trocknen Graben hinüber,
Wo an der Straße sogleich der wohlumzäunete Weinberg
Aufstieg steileren Pfads, die Fläche zur Sonne gekehret.
Auch den schritt sie hinauf und freute der Fülle der Trauben
Sich im Steigen, die kaum sich unter den Blättern verbargen.
Schattig war und bedeckt der hohe, mittlere Laubgang,
Den man auf Stufen erstieg von unbehauenen Platten.
Und es hingen herein Gutedel und Muskateller,
Rötlichblaue daneben von ganz besonderer Größe,
Alle mit Fleiße gepflanzt, der Gäste Nachtisch zu zieren.

Aber den übrigen Berg bedeckten einzelne Stöcke,
Kleinere Trauben tragend, von denen der köstliche Wein kommt,
Also schritt sie hinauf, sich schon des Herbstes erfreuend
Und des festlichen Tags, an dem die Gegend im Jubel
Trauben lieset und tritt und den Most in die Fässer versammelt,
Feuerwerke des Abends von allen Orten und Enden
Leuchten und knallen und so der Ernten schönste geehrt wird.
Doch unruhiger ging sie, nachdem sie dem Sohne gerufen
Zwei-, auch dreimal und nur das Echo vielfach zurückkam,
Das von den Türmen der Stadt, ein sehr geschwätziges, herklang.
Ihn zu suchen war ihr so fremd; er entfernte sich niemals
Weit, er sagt' es ihr denn, um zu verhüten die Sorge
Seiner liebenden Mutter und ihre Furcht vor dem Unfall.
Aber sie hoffte noch stets, ihn doch auf dem Wege zu finden;
Denn die Türen, die untre so wie die obre, des Weinbergs
Standen gleichfalls offen. Und so nun trat sie ins Feld ein,
Das mit weiter Fläche den Rücken des Hügels bedeckte.
Immer noch wandelte sie auf eigenem Boden und freute
Sich der eigenen Saat und des herrlich nickenden Kornes,
Das mit goldener Kraft sich im ganzen Felde bewegte.
Zwischen den Äckern schritt sie hindurch, auf dem Raine, den Fußpfad,
Hatte den Birnbaum im Auge, den großen, der auf dem Hügel
Stand, die Grenze der Felder, die ihrem Hause gehörten.
Wer ihn gepflanzt, man konnt es nicht wissen. Er war in der Gegend
Weit und breit gesehn, und berühmt die Früchte des Baumes.
Unter ihm pflegten die Schnitter des Mahls sich zu freuen am Mittag
Und die Hirten des Viehs in seinem Schatten zu warten;
Bänke fanden sie da von rohen Steinen und Rasen.
Und sie irrte nicht; dort saß ihr Hermann und ruhte,
Saß mit dem Arme gestützt und schien in die Gegend zu schauen
Jenseits, nach dem Gebirg, er kehrte der Mutter den Rücken.
Sachte schlich sie hinan und rührt' ihm leise die Schulter.
Und er wandte sich schnell; da sah sie ihm Tränen im Auge.

»Mutter«, sagt' er betroffen, »Ihr überrascht mich!« Und eilig
Trocknet' er ab die Träne, der Jüngling, edlen Gefühles.
»Wie? du weinest, mein Sohn?« versetzte die Mutter betroffen,
»Daran kenn ich dich nicht! ich habe das niemals erfahren!
Sag, was beklemmt dir das Herz? was treibt dich, einsam zu sitzen
Unter dem Birnbaum hier? was bringt dir Tränen ins Auge?«

Und es nahm sich zusammen der treffliche Jüngling und sagte:
»Wahrlich, dem ist kein Herz im ehernen Busen, der jetzo
Nicht die Not der Menschen, der umgetriebnen, empfindet;
Dem ist kein Sinn in dem Haupte, der nicht um sein eigenes Wohl sich

Und um des Vaterlands Wohl in diesen Tagen bekümmert.
Was ich heute gesehn und gehört, das rührte das Herz mir;
Und nun ging ich heraus und sah die herrliche weite
Landschaft, die sich vor uns in fruchtbaren Hügeln umherschlingt;
Sah die goldene Frucht den Garben entgegen sich neigen
Und ein reichliches Obst uns volle Kammern versprechen.
Aber, ach! wie nah ist der Feind! Die Fluten des Rheines
Schützen uns zwar; doch ach! was sind nun Fluten und Berge
Jenem schrecklichen Volke, das wie ein Gewitter daherzieht!
Denn sie rufen zusammen aus allen Enden die Jugend
Wie das Alter und dringen gewaltig vor, und die Menge
Scheut den Tod nicht; es dringt gleich nach der Menge die Menge.
Ach! und ein Deutscher wagt, in seinem Hause zu bleiben?
Hofft vielleicht zu entgehen dem alles bedrohenden Unfall?
Liebe Mutter, ich sag Euch, am heutigen Tage verdrießt mich,
Dass man mich neulich entschuldigt, als man die Streitenden auslas
Aus den Bürgern. Fürwahr! ich bin der einzige Sohn nur,
Und die Wirtschaft ist groß und wichtig unser Gewerbe;
Aber wär ich nicht besser, zu widerstehen da vorne
An der Grenze, als hier zu erwarten Elend und Knechtschaft?
Ja, mir hat es der Geist gesagt, und im innersten Busen
Regt sich Mut und Begier, dem Vaterlande zu leben
Und zu sterben und andern ein würdiges Beispiel zu geben.
Wahrlich, wäre die Kraft der deutschen Jugend beisammen,
An der Grenze, verbündet, nicht nachzugeben den Fremden,
Oh, sie sollten uns nicht den herrlichen Boden betreten
Und vor unseren Augen die Früchte des Landes verzehren,
Nicht den Männern gebieten und rauben Weiber und Mädchen!
Sehet, Mutter, mir ist im tiefsten Herzen beschlossen,
Bald zu tun und gleich, was recht mir deucht und verständig;
Denn wer lange bedenkt, der wählt nicht immer das Beste.
Sehet, ich werde nicht wieder nach Hause kehren! Von hier aus
Geh ich gerad in die Stadt und übergebe den Kriegern
Diesen Arm und dies Herz, dem Vaterlande zu dienen.
Sage der Vater alsdann, ob nicht der Ehre Gefühl mir
Auch den Busen belebt und ob ich nicht höher hinauf will!«

Da versetzte bedeutend die gute, verständige Mutter,
Stille Tränen vergießend, sie kamen ihr leichtlich ins Auge:
»Sohn, was hat sich in dir verändert und deinem Gemüte,
Dass du zu deiner Mutter nicht redest wie gestern und immer,
Offen und frei, und sagst, was deinen Wünschen gemäß ist?
Hörte jetzt ein Dritter dich reden, er würde fürwahr dich
Höchlich loben und deinen Entschluss als den edelsten preisen,

Durch dein Wort verführt und deine bedeutenden Reden.
Doch ich tadle dich nur; denn sieh, ich kenne dich besser.
Du verbirgst dein Herz und hast ganz andre Gedanken.
Denn ich weiß es, dich ruft nicht die Trommel, nicht die Trompete,
Nicht begehrst du zu scheinen in der Montur vor den Mädchen
Denn es ist deine Bestimmung, so wacker und brav du auch sonst bist«
Wohl zu verwahren das Haus und stille das Feld zu besorgen.
Darum sage mir frei: was dringt dich zu dieser Entschließung?

Ersthaft sagte der Sohn: »Ihr irret, Mutter. Ein Tag ist
Nicht dem anderen gleich. Der Jüngling reifet zum Manne;
Besser im Stillen reift er zur Tat oft als im Geräusche
Wilden, schwankenden Lebens, das manchen Jüngling verderbt hat.
Und so still ich auch bin und war, so hat in der Brust mir
Doch sich gebildet ein Herz, das Unrecht hasset und Unbill,
Und ich verstehe recht gut, die weltlichen Dinge zu sondern;
Auch hat die Arbeit den Arm und die Füße mächtig gestärket.
Alles, fühl ich, ist wahr; ich darf es kühnlich behaupten.
Und doch tadelt Ihr mich mit Recht, o Mutter, und habt mich
Auf halbwahren Worten ertappt und halber Verstellung.
Denn, gesteh ich es nur, nicht ruft die nahe Gefahr mich
Aus dem Hause des Vaters und nicht der hohe Gedanke,
Meinem Vaterland hilfreich zu sein und schrecklich den Feinden.
Worte waren es nur, die ich sprach: sie sollten vor Euch nur
Meine Gefühle verstecken, die mir das Herz zerreißen.
Und so lasst mich, o Mutter! Denn da ich vergebliche Wünsche
Hege im Busen, so mag auch mein Leben vergeblich dahingehn.
Denn ich weiß es recht wohl: der Einzelne schadet sich selber,
Der sich hingibt, wenn sich nicht alle zum Ganzen bestreben.«

»Fahre nur fort«, so sagte darauf die verständige Mutter,
»Alles mir zu erzählen, das Größte wie das Geringste;
Denn die Männer sind heftig und denken nur immer das Letzte,
Und die Hindernis treibt die Heftigen leicht von dem Wege;
Aber ein Weib ist geschickt, auf Mittel zu denken, und wandelt
Auch den Umweg, geschickt zu ihrem Zweck zu gelangen.
Sage mir alles daher, warum du so heftig bewegt bist,
Wie ich dich niemals gesehn, und das Blut dir wallt in den Adern,
Wider Willen die Träne dem Auge sich dringt zu entstürzen.«

Da überließ sich dem Schmerze der gute Jüngling und weinte,
Weinte laut an der Brust der Mutter und sprach so erweichet:
»Wahrlich! des Vaters Wort hat heute mich kränkend getroffen,
Das ich niemals verdient, nicht heut und keinen der Tage.
Denn die Eltern zu ehren war früh mein Liebstes, und niemand

Schien mir klüger zu sein und weiser, als die mich erzeugten
Und mit Ernst mir in dunkeler Zeit der Kindheit geboten.
Vieles hab ich fürwahr von meinen Gespielen geduldet,
Wenn sie mit Tücke mir oft den guten Willen vergalten;
Oftmals hab ich an ihnen nicht Wurf noch Streiche gerochen:
Aber spotteten sie mir den Vater aus, wenn er sonntags
Aus der Kirche kam mit würdig bedächtigem Schritte,
Lachten sie über das Band der Mütze, die Blumen des Schlafrocks,
Den er so stattlich trug und der erst heute verschenkt ward:
Fürchterlich ballte sich gleich die Faust mir; mit grimmigem Wüten
Fiel ich sie an und schlug und traf mit blindem Beginnen,
Ohne zu sehen, wohin. Sie heulten mit blutigen Nasen
Und entrissen sich kaum den wütenden Tritten und Schlägen.
Und so wuchs ich heran, um viel vom Vater zu dulden,
Der statt anderer mich gar oft mit Worten herumnahm,
Wenn bei Rat ihm Verdruss in der letzten Sitzung erregt ward;
Und ich büßte den Streit und die Ränke seiner Kollegen.
Oftmals habt Ihr mich selbst bedauert; denn vieles ertrug ich,
Stets in Gedanken der Eltern von Herzen zu ehrende Wohltat,
Die nur sinnen, für uns zu mehren die Hab und die Güter,
Und sich selber manches entziehn, um zu sparen den Kindern.
Aber, ach! nicht das Sparen allein, um spät zu genießen,
Macht das Glück, es macht nicht das Glück der Haufe beim Haufen,
Nicht der Acker am Acker, so schön sich die Güter auch schließen.
Denn der Vater wird alt, und mit ihm altern die Söhne,
Ohne die Freude des Tags und mit der Sorge für morgen.
Sagt mir und schauet hinab, wie herrlich liegen die schönen,
Reichen Gebreite nicht da, und unten Weinberg und Gärten,
Dort die Scheunen und Ställe, die schöne Reihe der Güter;
Aber seh ich dann dort das Hinterhaus, wo an dem Giebel
Sich das Fenster uns zeigt von meinem Stübchen im Dache,
Denk ich die Zeiten zurück, wie manche Nacht ich den Mond schon
Dort erwartet und schon so manchen Morgen die Sonne,
Wenn der gesunde Schlaf mir nur wenige Stunden genügte:
Ach! da kommt mir so einsam vor wie die Kammer der Hof und
Garten, das herrliche Feld, das über die Hügel sich hinstreckt;
Alles liegt so öde vor mir: ich entbehre der Gattin.«

Da antwortete drauf die gute Mutter verständig:
»Sohn, mehr wünschest du nicht, die Braut in die Kammer zu führen,
Dass dir werde die Nacht zur schönen Hälfte des Lebens
Und die Arbeit des Tags dir freier und eigener werde,
Als der Vater es wünscht und die Mutter. Wir haben dir immer
Zugeredet, ja dich getrieben, ein Mädchen zu wählen.

Aber mir ist es bekannt, und jetzo sagt es das Herz mir:
Wenn die Stunde nicht kommt, die rechte, wenn nicht das rechte
Mädchen zur Stunde sich zeigt, so bleibt das Wählen im Weiten,
Und es wirket die Furcht, die Falsche zu greifen, am meisten.
Soll ich dir sagen, mein Sohn, so hast du, ich glaube, gewählet,
Denn dein Herz ist getroffen und mehr als gewöhnlich empfindlich.
Sag es gerad nur heraus, denn mir schon sagt es die Seele:
Jenes Mädchen ist's, das vertriebene, die du gewählt hast.«

»Liebe Mutter, Ihr sagt's!« versetzte lebhaft der Sohn drauf.
»Ja, sie ist's! Und führ ich sie nicht als Braut mir nach Hause
Heute noch, zieht sie fort, verschwindet vielleicht mir auf immer
In der Verwirrung des Kriegs und im traurigen Hin- und Herziehen.
Mutter, ewig umsonst gedeiht mir die reiche Besitzung
Dann vor Augen; umsonst sind künftige Jahre mir fruchtbar.
Ja, das gewohnte Haus und der Garten ist mir zuwider;
Ach! und die Liebe der Mutter, sie selbst nicht tröstet den Armen.
Denn es löset die Liebe, das fühl ich, jegliche Bande,
Wenn sie die ihrigen knüpft; und nicht das Mädchen allein lässt
Vater und Mutter zurück, wenn sie dem erwähleten Mann folgt;
Auch der Jüngling, er weiß nichts mehr von Mutter und Vater,
Wenn er das Mädchen sieht, das einziggeliebte, davonziehn.
Darum lasset mich gehn, wohin die Verzweiflung mich antreibt.
Denn mein Vater, er hat die entscheidenden Worte gesprochen,
Und sein Haus ist nicht mehr das meine, wenn er das Mädchen
Ausschließt, das ich allein nach Haus zu führen begehre.«

Da versetzte behänd die gute, verständige Mutter:
»Stehen wie Felsen doch zwei Männer gegeneinander!
Unbewegt und stolz will keiner dem andern sich nähern,
Keiner zum guten Worte, dem ersten, die Zunge bewegen.
Darum sag ich dir, Sohn: noch lebt die Hoffnung in meinem
Herzen, dass er sie dir, wenn sie gut und brav ist, verlobe,
Obgleich arm, so entschieden er auch die Arme versagt hat.
Denn er redet gar manches in seiner heftigen Art aus,
Das er doch nicht vollbringt; so gibt er auch zu das Versagte.
Aber ein gutes Wort verlangt er, und kann es verlangen,
Denn er ist Vater! Auch wissen wir wohl, sein Zorn ist nach Tische,
Wo er heftiger spricht und anderer Gründe bezweifelt,
Nie bedeutend; es reget der Wein dann jegliche Kraft auf
Seines heftigen Wollens und lässt ihn die Worte der andern
Nicht vernehmen, er hört und fühlt alleine sich selber.
Aber es kommt der Abend heran, und die vielen Gespräche
Sind nun zwischen ihm und seinen Freunden gewechselt.
Milder ist er fürwahr, ich weiß, wenn das Räuschchen vorbei ist

Und er das Unrecht fühlt, das er andern lebhaft erzeigte.
Komm! wir wagen es gleich; das Frischgewagte gerät nur,
Und wir bedürfen der Freunde, die jetzo bei ihm noch versammelt
Sitzen; besonders wird uns der würdige Geistliche helfen.«

Also sprach sie behände und zog, vom Steine sich hebend,
Auch vom Sitze den Sohn, den willig folgenden. Beide
Kamen schweigend herunter, den wichtigen Vorsatz bedenkend.

Polyhymnia / Der Weltbürger

Aber es saßen die drei noch immer sprechend zusammen,
Mit dem geistlichen Herrn der Apotheker beim Wirte,
Und es war das Gespräch noch immer ebendasselbe,
Das viel hin und her nach allen Seiten geführt ward.
Aber der treffliche Pfarrer versetzte, würdig gesinnt, drauf:
»Widersprechen will ich Euch nicht. Ich weiß es, der Mensch soll

Immer streben zum Bessern; und, wie wir sehen, er strebt auch
Immer dem Höheren nach, zum wenigsten sucht er das Neue.
Aber geht nicht zu weit! Denn neben diesen Gefühlen
Gab die Natur uns auch die Lust, zu verharren im Alten
Und sich dessen zu freun, was jeder lange gewohnt ist.
Aller Zustand ist gut, der natürlich ist und vernünftig.
Vieles wünscht sich der Mensch, und doch bedarf er nur wenig;
Denn die Tage sind kurz, und beschränkt der Sterblichen Schicksal.
Niemals tadl' ich den Mann, der immer, tätig und rastlos
Umgetrieben, das Meer und alle Straßen der Erde
Kühn und emsig befährt und sich des Gewinnes erfreuet,
Welcher sich reichlich um ihn und um die Seinen herum häuft;
Aber jener ist auch mir wert, der ruhige Bürger,
Der sein väterlich Erbe mit stillen Schritten umgehet
Und die Erde besorgt, so wie es die Stunden gebieten.
Nicht verändert sich ihm in jedem Jahre der Boden,
Nicht streckt eilig der Baum, der neugepflanzte, die Arme
Gegen den Himmel aus, mit reichlichen Blüten gezieret.
Nein, der Mann bedarf der Geduld; er bedarf auch des reinen,
Immer gleichen, ruhigen Sinns und des graden Verstandes.
Denn nur wenige Samen vertraut er der nährenden Erde,
Wenige Tiere nur versteht er, mehrend, zu ziehen;
Denn das Nützliche bleibt allein sein ganzer Gedanke.
Glücklich, wem die Natur ein so gestimmtes Gemüt gab!
Er ernähret uns alle. Und Heil dem Bürger des kleinen
Städtchens, der ländlich Gewerb mit Bürgergewerbe gepaaret!
Auf ihm liegt nicht der Druck, der ängstlich den Landmann beschränket;

Ihn verwirrt nicht die Sorge der vielbegehrenden Städter,
Die dem Reicheren stets und dem Höheren, wenig vermögend,
Nachzustreben gewohnt sind, besonders die Weiber und Mädchen.
Segnet immer darum des Sohnes ruhig Bemühen
Und die Gattin, die einst er, die gleichgesinnte, sich wählet.«

Also sprach er. Es trat die Mutter zugleich mit dem Sohn ein,
Führend ihn bei der Hand und vor den Gatten ihn stellend.
»Vater«, sprach sie, »wie oft gedachten wir, untereinander
Schwatzend, des fröhlichen Tags, der kommen würde, wenn künftig
Hermann, seine Braut sich erwählend, uns endlich erfreute!
Hin und wider dachten wir da; bald dieses, bald jenes
Mädchen bestimmten wir ihm mit elterlichem Geschwätze.
Nun ist er kommen, der Tag; nun hat die Braut ihm der Himmel
Hergeführt und gezeigt, es hat sein Herz nun entschieden.
Sagten wir damals nicht immer, er solle selber sich wählen?
Wünschtest du nicht noch vorhin, er möchte heiter und lebhaft
Für ein Mädchen empfinden? Nun ist die Stunde gekommen!
Ja, er hat gefühlt und gewählt und ist männlich entschieden.
Jenes Mädchen ist's, die Fremde, die ihm begegnet.
Gib sie ihm; oder er bleibt, so schwur er, im ledigen Stande.«

Und es sagte der Sohn: »Die gebt mir, Vater! Mein Herz hat
Rein und sicher gewählt; Euch ist sie die würdigste Tochter.«

Aber der Vater schwieg. Da stand der Geistliche schnell auf,
Nahm das Wort und sprach: »Der Augenblick nur entscheidet
Über dass Leben des Menschen und über sein ganzes Geschicke;
Denn nach langer Beratung ist doch ein jeder Entschluss nur
Werk des Moments, es ergreift doch nur der Verständ'ge das Rechte.
Immer gefährlicher ist's, beim Wählen dieses und jenes.
Nebenher zu bedenken und so das Gefühl zu verwirren.
Rein ist Hermann, ich kenn ihn von Jugend auf; und er streckte
Schon als Knabe die Hände nicht aus nach diesem und jenem.
Was er begehrte, das war ihm gemäß; so hielt er es fest auch.
Seid nicht scheu und verwundert, dass nun auf einmal erscheinet,
Was Ihr so lange gewünscht. Es hat die Erscheinung fürwahr nicht
Jetzt die Gestalt des Wunsches, so wie Ihr ihn etwa geheget.
Denn die Wünsche verhüllen uns selbst das Gewünschte; die Gaben
Kommen von oben herab, in ihren eignen Gestalten.
Nun verkennet es nicht, das Mädchen, das Eurem geliebten,
Guten, verständigen Sohn zuerst die Seele bewegt hat.
Glücklich ist der, dem sogleich die erste Geliebte die Hand reicht,
Dem der lieblichste Wunsch nicht heimlich im Herzen verschmachtet!
Ja, ich seh es ihm an, es ist sein Schicksal entschieden.

Wahre Neigung vollendet sogleich zum Manne den Jüngling.
Nicht beweglich ist er; ich fürchte, versagt Ihr ihm dieses,
Gehen die Jahre dahin, die schönsten, in traurigem Leben.«

Da versetzte sogleich der Apotheker bedächtig,
Dem schon lange das Wort von der Lippe zu springen bereit war:
»Lasst uns auch diesmal doch nur die Mittelstraße betreten!
Eile mit Weile! das war selbst Kaiser Augustus' Devise.
Gerne schick ich mich an, den lieben Nachbarn zu dienen,
Meinen geringen Verstand zu ihrem Nutzen zu brauchen;
Und besonders bedarf die Jugend, dass man sie leite.
Lasst mich also hinaus; ich will es prüfen, das Mädchen,
Will die Gemeinde befragen, in der sie lebt und bekannt ist.
Niemand betrügt mich so leicht, ich weiß die Worte zu schätzen.«

Da versetzte sogleich der Sohn mit geflügelten Worten:
»Tut es, Nachbar, und geht und erkundigt Euch. Aber ich wünsche,
Dass der Herr Pfarrer sich auch in Eurer Gesellschaft befinde;
Zwei so treffliche Männer sind unverwerfliche Zeugen.
Oh, mein Vater! sie ist nicht hergelaufen, das Mädchen,
Keine, die durch das Land auf Abenteuer umherschweift
Und den Jüngling bestrickt, den unerfahrnen, mit Ränken.
Nein; das wilde Geschick des allverderblichen Krieges,
Das die Welt zerstört und manches feste Gebäude
Schon aus dem Grunde gehoben, hat auch die Arme vertrieben

Streifen nicht herrliche Männer von hoher Geburt nun im Elend?
Fürsten fliehen vermummt, und Könige leben verbannet.
Ach, so ist auch sie, von ihren Schwestern die beste,
Aus dem Lande getrieben; ihr eignes Unglück vergessend,
Steht sie anderen bei, ist ohne Hilfe noch hilfreich.
Groß sind Jammer und Not, die über die Erde sich breiten;
Sollte nicht auch ein Glück aus diesem Unglück hervorgehn
Und ich, im Arme der Braut, der zuverlässigen Gattin,
Mich nicht erfreuen des Kriegs, so wie Ihr des Brandes Euch freutet?«
Da versetzte der Vater und tat bedeutend den Mund auf:
»Wie ist, o Sohn, dir die Zunge gelöst, die schon dir im Munde
Lange Jahre gestockt und nur sich dürftig bewegte!
Muss ich doch heut erfahren, was jedem Vater gedroht ist:
Dass den Willen des Sohns, den heftigen, gerne die Mutter
Allzu gelind begünstigt und jeder Nachbar Partei nimmt,
Wenn es über den Vater nur hergeht oder den Ehmann.
Aber ich will euch zusammen nicht widerstehen; was hülf es?
Denn ich sehe doch schon hier Trotz und Tränen im voraus.
Gehet und prüfet, und bringt in Gottes Namen die Tochter

Mir ins Haus; wo nicht, so mag er das Mädchen vergessen.«

Also der Vater. Es rief der Sohn mit froher Gebärde:
»Noch vor Abend ist Euch die trefflichste Tochter bescheret,
Wie sie der Mann sich wünscht, dem ein kluger Sinn in der Brust lebt.
Glücklich ist die Gute dann auch, so darf ich es hoffen.
Ja, sie danket mir ewig, dass ich ihr Vater und Mutter
Wiedergegeben in euch, so wie sie verständige Kinder
Wünschen. Aber ich zaudre nicht mehr; ich schirre die Pferde
Gleich und führe die Freunde hinaus auf die Spur der Geliebten,
Überlasse die Männer sich selbst und der eigenen Klugheit,
Richte, so schwör ich Euch zu, mich ganz nach ihrer Entscheidung,
Und ich seh es nicht wieder, als bis es mein ist, das Mädchen.«
Und so ging er hinaus, indessen manches die andern
Weislich erwogen und schnell die wichtige Sache besprachen.

Hermann eilte zum Stalle sogleich, wo die mutigen Hengste
Ruhig standen und rasch den reinen Hafer verzehrten
Und das trockene Heu, auf der besten Wiese gehauen.
Eilig legt' er ihnen darauf das blanke Gebiss an,
Zog die Riemen sogleich durch die schön versilberten Schnallen
Und befestigte dann die langen, breiteren Zügel,
Führte die Pferde heraus in den Hof, wo der willige Knecht schon
Vorgeschoben die Kutsche, sie leicht an der Deichsel bewegend.
Abgemessen knüpften sie drauf an die Waage mit saubern
Stricken die rasche Kraft der leicht hinziehenden Pferde.
Hermann fasste die Peitsche; dann saß er und rollt' in den Torweg.
Als die Freunde nun gleich die geräumigen Plätze genommen,
Rollte der Wagen eilig und ließ das Pflaster zurücke,
Ließ zurück die Mauern der Stadt und die reinlichen Türme.
So fuhr Hermann dahin, der wohlbekannten Chaussee zu,
Rasch, und säumete nicht und fuhr bergan wie bergunter.
Als er aber nunmehr den Turm des Dorfes erblickte
Und nicht fern mehr lagen die gartenumgebenen Häuser,
Dacht er bei sich selbst, nun anzuhalten die Pferde.

Von dem würdigen Dunkel erhabener Linden umschattet,
Die Jahrhunderte schon an dieser Stelle gewurzelt,
War mit Rasen bedeckt ein weiter grünender Anger
Vor dem Dorfe, den Bauern und nahen Städtern ein Lustort.
Flach gegraben befand sich unter den Bäumen ein Brunnen.
Stieg man die Stufen hinab, so zeigten sich steinerne Bänke,
Rings um die Quelle gesetzt, die immer lebendig hervorquoll,
Reinlich, mit niedriger Mauer gefasst, zu schöpfen bequemlich.
Hermann aber beschloss, in diesem Schatten die Pferde

Mit dem Wagen zu halten. Er tat so und sagte die Worte:
»Steiget, Freunde, nun aus und geht, damit ihr erfahret,
Ob das Mädchen auch wert der Hand sei, die ich ihr biete.
Zwar ich glaub es, und mir erzählt ihr nichts Neues und Seltnes;
Hätt ich allein zu tun, so ging' ich behänd zu dem Dorf hin,
Und mit wenigen Worten entschiede die Gute mein Schicksal.
Und ihr werdet sie bald vor allen andern erkennen;
Denn wohl schwerlich ist an Bildung ihr eine vergleichbar.
Aber ich geb euch noch die Zeichen der reinlichen Kleider:
Denn der rote Latz erhebt den gewölbeten Busen,
Schön geschnürt, und es liegt das schwarze Mieder ihr knapp an;
Sauber hat sie dem Saum des Hemdes zur Krause gefaltet,
Die ihr das Kinn umgibt, das runde, mit reinlicher Anmut;
Frei und heiter zeigt sich des Kopfes zierliches Eirund;
Stark sind vielmal die Zöpfe um silberne Nadeln gewickelt;
Vielgefaltet und blau fängt unter dem Latze der Rock an
Und umschlägt ihr im Gehn die wohlgebildeten Knöchel.
Doch das will ich euch sagen und noch mir ausdrücklich erbitten:
Redet nicht mit dem Mädchen, und lasst nicht merken die Absicht,
Sondern befraget die andern, und hört, was sie alles erzählen.
Habt ihr Nachricht genug, zu beruhigen Vater und Mutter,
Kehret zu mir dann zurück, und wir bedenken das Weitre.
Also dacht ich mir's aus, den Weg her, den wir gefahren.«

Also sprach er. Es gingen darauf die Freunde dem Dorf zu,
Wo in Gärten und Scheunen und Häusern die Menge von Menschen
Wimmelte, Karrn an Karrn die breite Straße dahin stand.
Männer versorgten das brüllende Vieh und die Pferd' an den Wagen
Wäsche trockneten emsig auf allen Hecken die Weiber,
Und es ergötzten die Kinder sich plätschernd im Wasser des Baches.
Also durch die Wagen sich drängend, durch Menschen und Tier,
Sahen sie rechts und links sich um, die gesendeten Späher,
Ob sie nicht etwa das Bild des bezeichneten Mädchens erblickten;
Aber keine von allen erschien die herrliche Jungfrau.
Stärker fanden sie bald das Gedränge. Da war um die Wagen
Streit der drohenden Männer, worein sich mischten die Weiber,
Schreiend. Da nahte sich schnell mit würdigen Schritten ein Alter,
Trat zu den Scheltenden hin; und sogleich verklang das Getöse,
Als er Ruhe gebot und väterlich ernst sie bedrohte.
»Hat uns«, rief er, »noch nicht das Unglück also gebändigt,
Dass wir endlich verstehn, uns untereinander zu dulden
Und zu vertragen, wenn auch nicht jeder die Handlungen abmisst?
Unverträglich fürwahr ist der Glückliche! Werden die Leiden
Endlich euch lehren, nicht mehr, wie sonst, mit dem Bruder zu hadern?

Gönnet einander den Platz auf fremdem Boden, und teilet,
Was ihr habet, zusammen, damit ihr Barmherzigkeit findet.«

Also sagte der Mann, und alle schwiegen; verträglich
Ordneten Vieh und Wagen die wieder besänftigten Menschen.
Als der Geistliche nun die Rede des Mannes vernommen
Und den ruhigen Sinn des fremden Richters entdeckte,
Trat er an ihn heran und sprach die bedeutenden Worte:
»Vater, fürwahr! wenn das Volk in glücklichen Tagen dahinlebt,
Von der Erde sich nährend, die weit und breit sich auftut
Und die erwünschten Gaben in Jahren und Monden erneuert,
Da geht alles von selbst, und jeder ist sich der Klügste
Wie der Beste; und so bestehen sie nebeneinander,
Und der vernünftigste Mann ist wie ein andrer gehalten:
Denn was alles geschieht, geht still, wie von selber, den Gang fort.
Aber zerrüttet die Not die gewöhnlichen Wege des Lebens,
Reißt das Gebäude nieder und wühlet Garten und Saat um,
Treibt den Mann und das Weib vom Raume der traulichen Wohnung,
Schleppt in die Irre sie fort, durch ängstliche Tage und Nächte:
Ach! da sieht man sich um, wer wohl der verständigste Mann sei,
Und er redet nicht mehr die herrlichen Worte vergebens.
Sagt mir, Vater, Ihr seid gewiss der Richter von diesen
Flüchtigen Männern, der Ihr sogleich die Gemüter beruhigt?
Ja, Ihr erscheint mir heut als einer der ältesten Führer,
Die durch Wüsten und Irren vertriebene Völker geleitet.
Denk ich doch eben, ich rede mit Josua oder mit Moses.«

Und es versetzte darauf mit ernstem Blicke der Richter:
»Wahrlich, unsere Zeit vergleicht sich den seltensten Zeiten,
Die die Geschichte bemerkt, die heilige wie die gemeine.
Denn wer gestern und heut in diesen Tagen gelebt hat,
Hat schon Jahre gelebt: so drängen sich alle Geschichten.
Denk ich ein wenig zurück, so scheint mir ein graues Alter
Auf dem Haupte zu liegen, und doch ist die Kraft noch lebendig
Oh, wir anderen dürfen uns wohl mit jenen vergleichen,
Denen in ernster Stund erschien im feurigen Busche
Gott der Herr; auch uns erschien er in Wolken und Feuer.«

Als nun der Pfarrer darauf noch weiter zu sprechen geneigt war
Und das Schicksal des Manns und der Seinen zu hören verlangte,
Sagte behänd der Gefährte mit heimlichen Worten ins Ohr ihn
»Sprecht mit dem Richter nur fort, und bringt das Gespräch auf das Mädchen
Aber ich gehe herum, sie aufzusuchen, und komme
Wieder, sobald ich sie finde.« Es nickte der Pfarrer dagegen,
Und durch die Hecken und Gärten und Scheunen suchte der Späher.

Klio / Das Zeitalter

Als nun der geistliche Herr den fremden Richter befragte,
Was die Gemeinde gelitten, wie lang sie von Hause vertrieben,
Sagte der Mann darauf: »Nicht kurz sind unsere Leiden;
Denn wir haben das Bittre der sämtlichen Jahre getrunken,
Schrecklicher, weil auch uns die schönste Hoffnung zerstört ward.
Denn wer leugnet es wohl, dass hoch sich das Herz ihm erhoben,
Ihm die freiere Brust mit reineren Pulsen geschlagen,
Als sich der erste Glanz der neuen Sonne heranhob,
Als man hörte vom Rechte der Menschen, das allen gemein sei,
Von der begeisternden Freiheit und von der löblichen Gleichheit!
Damals hoffte jeder, sich selbst zu leben; es schien sich
Aufzulösen das Band, das viele Länder umstrickte,
Das der Müßiggang und der Eigennutz in der Hand hielt.
Schauten nicht alle Völker in jenen drängenden Tagen
Nach der Hauptstadt der Welt, die es schon so lange gewesen
Und jetzt mehr als je den herrlichen Namen verdiente?
Waren nicht jener Männer, der ersten Verkünder der Botschaft,
Namen den höchsten gleich, die unter die Sterne gesetzt sind?
Wuchs nicht jeglichem Menschen der Mut und der Geist und die Sprache?
Und wir waren zuerst, als Nachbarn, lebhaft entzündet.
Drauf begann der Krieg, und die Züge bewaffneter Franken
Rückten näher; allein sie schienen nur Freundschaft zu bringen.
Und die brachten sie auch: denn ihnen erhöht war die Seele
Allen; sie pflanzten mit Lust die munteren Bäume der Freiheit,
Jedem das Seine versprechend und jedem die eigne Regierung;
Hoch erfreute sich da die Jugend, sich freute das Alter,
Und der muntere Tanz begann um die neue Standarte.
So gewannen sie bald, die überwiegenden Franken,
Erst der Männer Geist, mit feurigem, munterm Beginnen,
Dann die Herzen der Weiber, mit unwiderstehlicher Anmut.
Leicht selbst schien uns der Druck des vielbedürfenden Krieges;
Denn die Hoffnung umschwebte vor unsern Augen die Ferne,
Lockte die Blicke hinaus in neueröffnete Bahnen.

O wie froh ist die Zeit, wenn mit der Braut sich der Bräut'gam
Schwinget im Tanze, den Tag der gewünschten Verbindung erwartend!
Aber herrlicher war die Zeit, in der uns das Höchste,
Was der Mensch sich denkt, als nah und erreichbar sich zeigte.
Da war jedem die Zunge gelöst; es sprachen die Greise,
Männer und Jünglinge laut voll hohen Sinns und Gefühles.

Aber der Himmel trübte sich bald. Um den Vorteil der Herrschaft
Stritt ein verderbtes Geschlecht, unwürdig, das Gute zu schaffen.

Sie ermordeten sich und unterdrückten die neuen
Nachbarn und Brüder und sandten die eigennützige Menge.
Und es prassten bei uns die Obern und raubten im Großen,
Und es raubten und prassten bis zu dem Kleinsten die Kleinen;
Jeder schien nur besorgt, es bleibe was übrig für morgen.
Allzu groß war die Not, und täglich wuchs die Bedrückung;
Niemand vernahm das Geschrei, sie waren die Herren des Tages.
Da fiel Kummer und Wut auch selbst ein gelassnes Gemüt an;
Jeder sann nur und schwur, die Beleidigung alle zu rächen
Und den bittern Verlust der doppelt betrogenen Hoffnung.
Und es wendete sich das Glück auf die Seite der Deutschen,
Und der Franke floh mit eiligen Märschen zurücke.
Ach, da fühlten wir erst das traurige Schicksal des Krieges!
Denn der Sieger ist groß und gut; zum wenigsten scheint er's,
Und er schonet den Mann, den besiegten, als wär er der seine,
Wenn er ihm täglich nützt und mit den Gütern ihm dienet.
Aber der Flüchtige kennt kein Gesetz, denn er wehrt nur den Tod ab
Und verzehret nur schnell und ohne Rücksicht die Güter.
Dann ist sein Gemüt auch erhitzt, und es kehrt die Verzweiflung
Aus dem Herzen hervor das frevelhafte Beginnen.
Nichts ist heilig ihm mehr, er raubt es. Die wilde Begierde
Dringt mit Gewalt auf das Weib und macht die Lust zum Entsetzen.
Überall sieht er den Tod und genießt die letzten Minuten
Grausam, freut sich des Bluts und freut sich des heulenden Jammers.
Grimmig erhob sich darauf in unsern Männern die Wut nun,
Das Verlorne zu rächen und zu verteid'gen die Reste.
Alles ergriff die Waffen, gelockt von der Eile des Flüchtlings
Und vom blassen Gesicht und scheu unsicheren Blicke.
Rastlos nun erklang das Getön der stürmenden Glocke,
Und die künft'ge Gefahr hielt nicht die grimmige Wut auf.
Schnell verwandelte sich des Feldbaus friedliche Rüstung
Nun in Wehre; da troff von Blute Gabel und Sense.
Ohne Begnadigung fiel der Feind und ohne Verschonung;
Überall raste die Wut und die feige, tückische Schwäche.
Möcht ich den Menschen doch nie in dieser schnöden Verirrung
Wieder sehn! Das wütende Tier ist ein besserer Anblick.
Sprech er doch nie von Freiheit, als könn er sich selber regieren!
Losgebunden erscheint, sobald die Schranken hinweg sind,
Alles Böse, das tief das Gesetz in die Winkel zurücktrieb.«

»Trefflicher Mann!« versetzte darauf der Pfarrer mit Nachdruck,
»Wenn Ihr den Menschen verkennt, so kann ich Euch darum nicht schelten;
Habt Ihr doch Böses genug erlitten vom wüsten Beginnen!
Wolltet Ihr aber zurück die traurigen Tage durchschauen,

Würdet Ihr selber gestehen, wie oft Ihr auch Gutes erblicktet,
Manches Treffliche, das verborgen bleibt in dem Herzen,
Regt die Gefahr es nicht auf und drängt die Not nicht den Menschen,
Dass er als Engel sich zeig, erscheine den andern ein Schutzgott.«

Lächelnd versetzte darauf der alte, würdige Richter:
»Ihr erinnert mich klug, wie oft nach dem Brande des Hauses
Man den betrübten Besitzer an Gold und Silber erinnert,
Das geschmolzen im Schutt nun überblieben zerstreut liegt.
Wenig ist es fürwahr, doch auch das wenige köstlich;
Und der Verarmte gräbet ihm nach und freut sich des Fundes.
Und so kehr ich auch gern die heitern Gedanken zu jenen
Wenigen guten Taten, die aufbewahrt das Gedächtnis.
Ja, ich will es nicht leugnen, ich sah sich Feinde versöhnen,
Um die Stadt vom Übel zu retten; ich sah auch der Freunde,
Sah der Eltern Lieb und der Kinder Unmögliches wagen;
Sah, wie der Jüngling auf einmal zum Mann ward, sah, wie der Greis sich
Wieder verjüngte, das Kind sich selbst als Jüngling enthüllte.
Ja, und das schwache Geschlecht, so wie es gewöhnlich genannt wird,
Zeigte sich tapfer und mächtig und gegenwärtigen Geistes.
Und so lasst mich vor allen der schönen Tat noch erwähnen,
Die hochherzig ein Mädchen vollbrachte, die treffliche Jungfrau,
Die auf dem großen Gehöft allein mit den Mädchen zurückblieb;
Denn es waren die Männer auch gegen die Fremden gezogen.
Da überfiel den Hof ein Trupp verlaufnen Gesindels,
Plündernd, und drängte sogleich sich in die Zimmer der Frauen.
Sie erblickten das Bild der schön erwachsenen Jungfrau
Und die lieblichen Mädchen, noch eher Kinder zu heißen.
Da ergriff sie wilde Begier; sie stürmten gefühllos
Auf die zitternde Schar und aufs hochherzige Mädchen.
Aber sie riss dem einen sogleich von der Seite den Säbel,
Hieb ihn nieder gewaltig; er stürzt' ihr blutend zu Füßen.
Dann mit männlichen Streichen befreite sie tapfer die Mädchen,
Traf noch viere der Räuber; doch die entflohen dem Tode.
Dann verschloss sie den Hof und harrte der Hilfe, bewaffnet.«

Als der Geistliche nun das Lob des Mädchens vernommen,
Stieg die Hoffnung sogleich für seinen Freund im Gemüt auf,
Und er war im Begriff zu fragen, wohin sie geraten?
Ob auf der traurigen Flucht sie nun mit dem Volk sich befinde?

Aber da trat herbei der Apotheker behände,
Zupfte den geistlichen Herrn und sagte die wispernden Worte:
»Hab ich doch endlich das Mädchen aus vielen hundert gefunden,
Nach der Beschreibung! So kommt und sehet sie selber mit Augen;

Nehmet den Richter mit Euch, damit wir das Weitere hören.«
Und sie kehrten sich um, und weg war gerufen der Richter
Von den Seinen, die ihn, bedürftig des Rates, verlangten.
Doch es folgte sogleich dem Apotheker der Pfarrherr
An die Lücke des Zauns, und jener deutete listig.
»Seht Ihr«, sagt' er, »das Mädchen? Sie hat die Puppe gewickelt,
Und ich erkenne genau den alten Kattun und den blauen
Kissenüberzug wohl, den ihr Hermann im Bündel gebracht hat.
Sie verwendete schnell, fürwahr, und gut die Geschenke.
Diese sind deutliche Zeichen, es treffen die übrigen alle;
Denn der rote Latz erhebt den gewölbten Busen,
Schön geschnürt, und es liegt das schwarze Mieder ihr knapp an;
Sauber ist der Saum des Hemdes zur Krause gefaltet
Und umgibt ihr das Kinn, das runde, mit reinlicher Anmut;
Frei und heiter zeigt sich des Kopfes zierliches Eirund,
Und die starken Zöpfe um silberne Nadeln gewickelt;
Sitzt sie gleich, so sehen wir doch die treffliche Größe
Und den blauen Rock, der vielgefaltet vom Busen
Reichlich herunterwallt zum wohlgebildeten Knöchel.
Ohne Zweifel, sie ist's. Drum kommet, damit wir vernehmen,
Ob sie gut und tugendhaft sei, ein häusliches Mädchen.«

Da versetzte der Pfarrer, mit Blicken die Sitzende prüfend:
»Dass sie den Jüngling entzückt, fürwahr, es ist mir kein Wunder;
Denn sie hält vor dem Blick des erfahrenen Mannes die Probe.
Glücklich, wem doch Mutter Natur die rechte Gestalt gab!
Denn sie empfiehlet ihn stets, und nirgends ist er ein Fremdling.
Jeder nahet sich gern, und jeder möchte verweilen,
Wenn die Gefälligkeit nur sich zu der Gestalt noch gesellet.
Ich versichr' Euch, es ist dem Jüngling ein Mädchen gefunden,
Das ihm die künftigen Tage des Lebens herrlich erheitert,
Treu mit weiblicher Kraft durch alle Zeiten ihm beisteht.
So ein vollkommener Körper gewiss verwahrt auch die Seele
Rein, und die rüstige Jugend verspricht ein glückliches Alter.«
Und es sagte darauf der Apotheker bedenklich:
»Trüget doch öfter der Schein! Ich mag dem Äußern nicht trauen;
Denn ich habe das Sprichwort so oft erprobet gefunden:
Eh du den Scheffel Salz mit dem neuen Bekannten verzehret,
Darfst du nicht leichtlich ihm trauen; dich macht die Zeit nur gewisser,
Wie du es habest mit ihm und wie die Freundschaft bestehe.
Lasset uns also zuerst bei guten Leuten uns umtun,
Denen das Mädchen bekannt ist und die uns von ihr nun erzählen.«

»Auch ich lobe die Vorsicht«, versetzte der Geistliche folgend;
»Frein wir doch nicht für uns! Für andere frein ist bedenklich.«

Und sie gingen darauf dem wackern Richter entgegen,
Der in seinen Geschäften die Straße wieder heraufkam.
Und zu ihm sprach sogleich der kluge Pfarrer mit Vorsicht:
»Sagt! wir haben ein Mädchen gesehn, das im Garten zunächst hier
Unter dem Apfelbaum sitzt und Kindern Kleider verfertigt
Aus getragnem Kattun, der ihr vermutlich geschenkt ward.
Uns gefiel die Gestalt, sie scheint der Wackeren eine.
Saget uns, was Ihr wisst; wir fragen aus löblicher Absicht.«

Als, in den Garten zu blicken, der Richter sogleich nun herzutrat,
Sagt' er: »Diese kennet Ihr schon; denn wenn ich erzählte
Von der herrlichen Tat, die jene Jungfrau verrichtet,
Als sie das Schwert ergriff und sich und die Ihren beschützte –
Diese war's! Ihr seht es ihr an, sie ist rüstig geboren,
Aber so gut wie stark; denn ihren alten Verwandten
Pflegte sie bis zum Tode, da ihn der Jammer dahinriss
Über des Städtchens Not und seiner Besitzung Gefahren.
Auch mit stillem Gemüt hat sie die Schmerzen ertragen
Über des Bräutigams Tod, der, ein edler Jüngling, im ersten
Feuer des hohen Gedankens, nach edler Freiheit zu streben,
Selbst hinging nach Paris und bald den schrecklichen Tod fand;
Denn wie zu Hause so dort bestritt er Willkür und Ränke.«
Also sagte der Richter. Die beiden schieden und dankten,
Und der Geistliche zog ein Goldstück (das Silber des Beutels
War vor einigen Stunden von ihm schon milde verspendet,
Als er die Flüchtlinge sah in traurigen Haufen vorbeiziehn).
Und er reicht' es dem Schulzen und sagte: »Teilet den Pfennig
Unter die Dürftigen aus, und Gott vermehre die Gabe!«
Doch es weigerte sich der Mann und sagte: »Wir haben
Manchen Taler gerettet und manche Kleider und Sachen,
Und ich hoffe, wir kehren zurück, noch eh es verzehrt ist.«

Da versetzte der Pfarrer und drückt' ihm das Geld in die Hand ein:
»Niemand säume zu geben in diesen Tagen, und niemand
Weigre sich anzunehmen, was ihm die Milde geboten!
Niemand weiß, wie lang er es hat, was er ruhig besitzet;
Niemand, wie lang er noch in fremden Landen umherzieht
Und des Ackers entbehrt und des Gartens, der ihn ernähret.«

»Ei doch!« sagte darauf der Apotheker geschäftig;
»Wäre mir jetzt nur Geld in der Tasche, so solltet Ihr's haben,
Groß wie klein; denn viele gewiss der Euren bedürfen's.
Unbeschenkt doch lass ich Euch nicht, damit Ihr den Willen
Sehet, woferne die Tat auch hinter dem Willen zurückbleibt.«
Also sprach er und zog den gestickten ledernen Beutel

An den Riemen hervor, worin der Tobak ihm verwahrt war,
Öffnete zierlich und teilte; da fanden sich einige Pfeifen.
»Klein ist die Gabe«, setzt' er dazu. Da sagte der Schultheiß:
»Guter Tobak ist doch dem Reisenden immer willkommen.«
Und es lobte darauf der Apotheker den Knaster.

Aber der Pfarrherr zog ihn hinweg, und sie schieden vom Richter.
»Eilen wir!« sprach der verständige Mann; »es wartet der Jüngling
Peinlich. Er höre so schnell als möglich die fröhliche Botschaft.«
Und sie eilten und kamen und fanden den Jüngling gelehnet
An den Wagen unter den Linden. Die Pferde zerstampften
Wild den Rasen; er hielt sie im Zaum und stand in
Gedanken, Blickte still vor sich hin und sah die Freunde nicht eher,
Bis sie kommend ihn riefen und fröhliche Zeichen ihm gaben.
Schon von ferne begann der Apotheker zu sprechen;
Doch sie traten näher hinzu. Da fasste der Pfarrherr
Seine Hand und sprach und nahm dem Gefährten das Wort weg:
»Heil dir, junger Mann! dein treues Auge, dein treues
Herz hat richtig gewählt! Glück dir und dem Weibe der Jugend!
Deiner ist sie wert; drum komm und wende den Wagen,
Dass wir fahrend sogleich die Ecke des Dorfes erreichen,
Um sie werben und bald nach Hause führen die Gute.«

Aber der Jüngling stand, und ohne Zeichen der Freude
Hört' er die Worte des Boten, die himmlisch waren und tröstlich,
Seufzete tief und sprach: »Wir kamen mit eilendem Fuhrwerk,
Und wir ziehen vielleicht beschämt und langsam nach Hause;
Denn hier hat mich, seitdem ich warte, die Sorge befallen,
Argwohn und Zweifel und alles, was nur ein liebendes Herz kränkt
Glaubt Ihr, wenn wir nur kommen, so werde das Mädchen uns folgen,
Weil wir reich sind, aber sie arm und vertrieben einherzieht?
Armut selbst macht stolz, die unverdiente. Genügsam
Scheint das Mädchen und tätig; und so gehört ihr die Welt an.
Glaubt Ihr, es sei ein Weib von solcher Schönheit und Sitte
Aufgewachsen, um nie den guten Jüngling zu reizen?
Glaubt Ihr, sie habe bis jetzt ihr Herz verschlossen der Liebe?
Fahret nicht rasch bis hinan; wir möchten zu unsrer Beschämung
Sachte die Pferde herum nach Hause lenken. Ich fürchte,
Irgendein Jüngling besitzt dies Herz und die wackere Hand hat
Eingeschlagen und schon dem Glücklichen Treue versprochen.
Ach! da steh ich vor ihr mit meinem Antrag beschämet.«

Ihn zu trösten, öffnete drauf der Pfarrer den Mund schon;
Doch es fiel der Gefährte mit seiner gesprächigen Art ein:
»Freilich! so wären wir nicht vorzeiten verlegen gewesen,

Da ein jedes Geschäft nach seiner Weise vollbracht ward.
Hatten die Eltern die Braut für ihren Sohn sich ersehen,
Ward zuvörderst ein Freund vom Hause vertraulich gerufen;
Diesen sandte man dann als Freiersmann zu den Eltern
Der erkorenen Braut, der dann in stattlichem Putze,
Sonntags etwa nach Tische, den würdigen Bürger besuchte,
Freundliche Worte mit ihm im Allgemeinen zuvörderst
Wechselnd und klug das Gespräch zu lenken und wenden verstehend.
Endlich nach langem Umschweif ward auch der Tochter erwähnet,
Rühmlich, und rühmlich des Manns und des Hauses, von dem man gesandt war.
Kluge Leute merkten die Absicht; der kluge Gesandte
Merkte den Willen gar bald und konnte sich weiter erklären.
Lehnte den Antrag man ab, so war auch ein Korb nicht verdrießlich.
Aber gelang es denn auch, so war der Freiersmann immer
In dem Hause der Erste bei jedem häuslichen Feste;
Denn es erinnerte sich durchs ganze Leben das Ehpaar,
Dass die geschickte Hand den ersten Knoten geschlungen.
Jetzt ist aber das alles mit andern guten Gebräuchen
Aus der Mode gekommen, und jeder freit für sich selber.
Nehme denn jeglicher auch den Korb mit eigenen Händen,
Der ihm etwa beschert ist, und stehe beschämt vor dem Mädchen!«

»Sei es, wie ihm auch sei!« versetzte der Jüngling, der kaum auf
Alle die Worte gehört und schon sich im Stillen entschlossen;
»Selber geh ich und will mein Schicksal selber erfahren
Aus dem Munde des Mädchens, zu dem ich das größte Vertrauen
Hege, das irgend ein Mensch nur je zu dem Weibe gehegt hat.
Was sie sagt, das ist gut, es ist vernünftig, das weiß ich.
Soll ich sie auch zum letzten Mal sehn, so will ich noch einmal
Diesem offenen Blick des schwarzen Auges begegnen;
Drück ich sie nie an das Herz, so will ich die Brust und die Schultern
Einmal noch sehn, die mein Arm so sehr zu umschließen begehret;
Will den Mund noch sehen, von dem ein Kuss und das Ja mich
Glücklich macht auf ewig, das Nein mich auf ewig zerstöret.
Aber lasst mich allein! Ihr sollt nicht warten. Begebet
Euch zu Vater und Mutter zurück, damit sie erfahren,
Dass sich der Sohn nicht geirrt und dass es wert ist, das Mädchen.
Und so lasst mich allein! Den Fußweg über den Hügel
An dem Birnbaum hin und unsern Weinberg hinunter

Geh ich näher nach Hause zurück. Oh, dass ich die Traute
Freudig und schnell heimführte! Vielleicht auch schleich ich alleine
Jene Pfade nach Haus und betrete froh sie nicht wieder.«

Also sprach er und gab dem geistlichen Herrn die Zügel,

Der verständig sie fasste, die schäumenden Rosse beherrschend,
Schnell den Wagen bestieg und den Sitz des Führers besetzte.

Aber du zaudertest noch, vorsichtiger Nachbar, und sagtest:
»Gerne vertrau ich, mein Freund, Euch Seel und Geist und Gemüt an;
Aber Leib und Gebein ist nicht zum Besten verwahret,
Wenn die geistliche Hand der weltlichen Zügel sich anmaßt.«
Doch du lächeltest drauf, verständiger Pfarrer, und sagtest:
»Sitzet nur ein, und getrost vertraut mir den Leib wie die Seele;
Denn geschickt ist die Hand schon lange, den Zügel zu führen,
Und das Auge geübt, die künstlichste Wendung zu treffen.
Denn wir waren in Straßburg gewohnt, den Wagen zu lenken,
Als ich den jungen Baron dahin begleitete; täglich
Rollte der Wagen, geleitet von mir, das hallende Tor durch,
Staubige Wege hinaus, bis fern zu den Auen und Linden,
Mitten durch Scharen des Volks, das mit Spazieren den Tag lebet.«

Halb getröstet bestieg darauf der Nachbar den Wagen,
Saß wie einer, der sich zum weislichen Sprunge bereitet;
Und die Hengste rannten nach Hause, begierig des Stalles.
Aber die Wolke des Staubs quoll unter den mächtigen Hufen.
Lange noch stand der Jüngling und sah den Staub sich erheben,
Sah den Staub sich zerstreun; so stand er ohne Gedanken.

Erato / Dorothea

Wie der wandernde Mann, der vor dem Sinken der Sonne
Sie noch einmal ins Auge, die schnellverschwindende, fasste,
Dann im dunkeln Gebüsch und an der Seite des Felsens
Schweben siehet ihr Bild; wohin er die Blicke nur wendet,
Eilet es vor und glänzt und schwankt in herrlichen Farben:
So bewegte vor Hermann die liebliche Bildung des Mädchens
Sanft sich vorbei und schien dem Pfad ins Getreide zu folgen.
Aber er fuhr aus dem staunenden Traum auf, wendete langsam
Nach dem Dorfe sich zu und staunte wieder; denn wieder
Kam ihm die hohe Gestalt des herrlichen Mädchens entgegen.
Fest betrachtet' er sie; es war kein Scheinbild, sie war es
Selber. Den größeren Krug und einen kleinern am Henkel
Tragend in jeglicher Hand: so schritt sie geschäftig zum Brunnen.
Und er ging ihr freudig entgegen. Es gab ihm ihr Anblick
Mut und Kraft; er sprach zu seiner Verwunderten also:
»Find ich dich, wackeres Mädchen, so bald aufs Neue beschäftigt,
Hilfreich andern zu sein und gern zu erquicken die Menschen?
Sag, warum kommst du allein zum Quell, der doch so entfernt liegt,
Da sich andere doch mit dem Wasser des Dorfes begnügen?

Freilich ist dies von besonderer Kraft und lieblich zu kosten.
Jener Kranken bringst du es wohl, die du treulich gerettet?«

Freundlich begrüßte sogleich das gute Mädchen den Jüngling,
Sprach: »So ist schon hier der Weg mir zum Brunnen belohnet,
Da ich finde den Guten, der uns so vieles gereicht hat;
Denn der Anblick des Gebers ist, wie die Gaben, erfreulich.
Kommt und sehet doch selber, wer Eure Milde genossen,
Und empfanget den ruhigen Dank von allen Erquickten.
Dass Ihr aber sogleich vernehmet, warum ich gekommen,
Hier zu schöpfen, wo rein und unablässig der Quell fließt,
Sag ich Euch dies: Es haben die unvorsichtigen Menschen
Alles Wasser getrübt im Dorfe, mit Pferden und Ochsen
Gleich durchwatend den Quell, der Wasser bringt den Bewohnern.
Und so haben sie auch mit Waschen und Reinigen alle
Tröge des Dorfes beschmutzt und alle Brunnen besudelt;
Denn ein jeglicher denkt nur, sich selbst und das nächste Bedürfnis
Schnell zu befried'gen, und rasch, und nicht des Folgenden denkt er.«

Also sprach sie und war die breiten Stufen hinunter
Mit dem Begleiter gelangt; und auf das Mäuerchen setzten
Beide sich nieder des Quells. Sie beugte sich über, zu schöpfen;
Und er fasste den anderen Krug und beugte sich über.
Und sie sahen gespiegelt ihr Bild in der Bläue des Himmels
Schwanken und nickten sich zu und grüßten sich freundlich im Spiegel.
»Lass mich trinken«, sagte darauf der heitere Jüngling,
Und sie reicht' ihm den Krug. Dann ruhten sie beide, vertraulich
Auf die Gefäße gelehnt; sie aber sagte zum Freunde:
»Sage, wie find ich dich hier? und ohne Wagen und Pferde,
Ferne vom Ort, wo ich erst dich gesehn? wie bist du gekommen?«

Denkend schaute Hermann zur Erde; dann hob er die Blicke
Ruhig gegen sie auf und sah ihr freundlich ins Auge,
Fühlte sich still und getrost. Jedoch ihr von Liebe zu sprechen
Wär ihm unmöglich gewesen; ihr Auge blickte nicht Liebe,
Aber hellen Verstand und gebot, verständig zu reden.
Und er fasste sich schnell und sagte traulich zum Mädchen:
»Lass mich reden, mein Kind, und deine Fragen erwidern.
Deinetwegen kam ich hierher! was soll ich's verbergen?
Denn ich lebe beglückt mit beiden liebenden Eltern,
Denen ich treulich das Haus und die Güter helfe verwalten,
Als der einzige Sohn, und unsre Geschäfte sind vielfach.
Alle Felder besorg ich: der Vater waltet im Hause
Fleißig; die tätige Mutter belebt im ganzen die Wirtschaft.
Aber du hast gewiss auch erfahren, wie sehr das Gesinde

Bald durch Leichtsinn und bald durch Untreu plaget die Hausfrau,
Immer sie nötigt, zu wechseln und Fehler um Fehler zu tauschen.
Lange wünschte die Mutter daher sich ein Mädchen im Hause,
Das mit der Hand nicht allein, das auch mit dem Herzen ihr hülfe,
An der Tochter Statt, der leider frühe verlornen.
Nun, als ich heut am Wagen dich sah, in froher Gewandtheit,
Sah die Stärke des Arms und die volle Gesundheit der Glieder,
Als ich die Worte vernahm, die verständigen, war ich betroffen,
Und ich eilte nach Hause, den Eltern und Freunden die Fremde
Rühmend nach ihrem Verdienst. Nun komm ich dir aber zu sagen,

Was sie wünschen, wie ich. – Verzeih mir die stotternde Rede.«

»Scheuet Euch nicht«, so sagte sie drauf, »das Weitre zu sprechen;
Ihr beleidigt mich nicht, ich hab es dankbar empfunden.
Sagt es nur grad heraus; mich kann das Wort nicht erschrecken:
Dingen möchtet Ihr mich als Magd für Vater und Mutter,
Zu versehen das Haus, das wohlerhalten Euch dasteht;
Und Ihr glaubet an mir ein tüchtiges Mädchen zu finden,
Zu der Arbeit geschickt und nicht von rohem Gemüte.
Euer Antrag war kurz; so soll die Antwort auch kurz sein.
Ja, ich gehe mit Euch und folge dem Rufe des Schicksals.
Meine Pflicht ist erfüllt, ich habe die Wöchnerin wieder
Zu den Ihren gebracht, sie freuen sich alle der Rettung;
Schon sind die meisten beisammen, die übrigen werden sich finden.
Alle denken gewiss, in kurzen Tagen zur Heimat
Wiederzukehren; so pflegt sich stets der Vertriebne zu schmeicheln;
Aber ich täusche mich nicht mit leichter Hoffnung in diesen
Traurigen Tagen, die uns noch traurige Tage versprechen:
Denn gelöst sind die Bande der Welt; wer knüpfet sie wieder
Als allein nur die Not, die höchste, die uns bevorsteht!
Kann ich im Hause des würdigen Manns mich dienend ernähren
Unter den Augen der trefflichen Frau, so tu ich es gerne;
Denn ein wanderndes Mädchen ist immer von schwankendem Rufe.
Ja, ich gehe mit Euch, sobald ich die Krüge den Freunden
Wiedergebracht und noch mir den Segen der Guten erbeten.
Kommt! Ihr müsset sie sehen und mich von ihnen empfangen.«
Fröhlich hörte der Jüngling des willigen Mädchens Entschließung,
Zweifelnd, ob er ihr nun die Wahrheit sollte gestehen.
Aber es schien ihm das Beste zu sein, in dem Wahn sie zu lassen,
In sein Haus sie zu führen, zu werben um Liebe nur dort erst.
Ach! und den goldenen Ring erblickt' er am Finger des Mädchens;
Und so ließ er sie sprechen und horchte fleißig den Worten.

»Lasst uns«, fuhr sie nun fort, »zurücke kehren! Die Mädchen

Werden immer getadelt, die lange beim Brunnen verweilen;
Und doch ist es am rinnenden Quell so lieblich zu schwätzen.«
Also standen sie auf und schauten beide noch einmal
In den Brunnen zurück, und süßes Verlangen ergriff sie.

Schweigend nahm sie darauf die beiden Krüge beim Henkel,
Stieg die Stufen hinan, und Hermann folgte der Lieben.
Einen Krug verlangt' er von ihr, die Bürde zu teilen.
»Lasst ihn«, sprach sie; »es trägt sich besser die gleichere Last so.
Und der Herr, der künftig befiehlt, er soll mir nicht dienen.
Seht mich so ernst nicht an, als wäre mein Schicksal bedenklich!
Dienen lerne beizeiten das Weib nach ihrer Bestimmung;
Denn durch Dienen allein gelangt sie endlich zum Herrschen,
Zu der verdienten Gewalt, die doch ihr im Hause gehöret.
Dienet die Schwester dem Bruder doch früh, sie dienet den Eltern
Und ihr Leben ist immer ein ewiges Gehen und Kommen
Oder ein Heben und Tragen, Bereiten und Schaffen für andre.
Wohl ihr, wenn sie daran sich gewöhnt, dass kein Weg ihr zu sauer
Wird, und die Stunden der Nacht ihr sind wie die Stunden des Tages,
Dass ihr niemals die Arbeit zu klein und die Nadel zu fein dünkt,
Dass sie sich ganz vergisst und leben mag nur in andern!
Denn als Mutter, fürwahr, bedarf sie der Tugenden alle,
Wenn der Säugling die Krankende weckt und Nahrung begehret
Von der Schwachen und so zu Schmerzen Sorgen sich häufen.
Zwanzig Männer verbunden ertrügen nicht diese Beschwerde,
Und sie sollen es nicht; doch sollen sie dankbar es einsehn.«
Also sprach sie und war mit ihrem stillen Begleiter
Durch den Garten gekommen bis an die Tenne der Scheune,
Wo die Wöchnerin lag, die sie froh mit den Töchtern verlassen,
Jenen geretteten Mädchen, den schönen Bildern der Unschuld.
Beide traten hinein; und von der anderen Seite
Trat, ein Kind an jeglicher Hand, der Richter zugleich ein.
Diese waren bisher der jammernden Mutter verloren;
Aber gefunden hatte sie nun im Gewimmel der Alte.
Und sie sprangen mit Lust, die liebe Mutter zu grüßen,
Sich des Bruders zu freun, des unbekannten Gespielen!
Auf Dorotheen sprangen sie dann und grüßten sie freundlich,
Brot verlangend und Obst, vor allem aber zu trinken.
Und sie reichte das Wasser herum. Da tranken die Kinder,
Und die Wöchnerin trank mit den Töchtern, so trank auch der Richter.
Alle waren geletzt und lobten das herrliche Wasser;
Säuerlich war's und erquicklich, gesund zu trinken den Menschen.

Da versetzte das Mädchen mit ernsten Blicken und sagte:
»Freunde, dieses ist wohl das letzte Mal, dass ich den Krug euch

Führe zum Munde, dass ich die Lippen mit Wasser euch netze:
Aber wenn euch fortan am heißen Tage der Trunk labt,
Wenn ihr im Schatten der Ruh und der reinen Quellen genießet,
Dann gedenket auch mein und meines freundlichen Dienstes,
Den ich aus Liebe mehr als aus Verwandtschaft geleistet.
Was ihr mir Gutes erzeigt, erkenn ich durchs künftige Leben.
Ungern lass ich euch zwar; doch jeder ist diesmal dem andern
Mehr zur Last als zum Trost, und alle müssen wir endlich
Uns im fremden Lande zerstreun, wenn die Rückkehr versagt ist.
Seht, hier steht der Jüngling, dem wir die Gaben verdanken,
Diese Hülle des Kinds und jene willkommene Speise.
Dieser kommt und wirbt, in seinem Haus mich zu sehen,
Dass ich diene daselbst den reichen, trefflichen Eltern;
Und ich schlag es nicht ab, denn überall dienet das Mädchen,
Und ihr wäre zur Last, bedient im Hause zu ruhen.
Also folg ich ihm gern; er scheint ein verständiger Jüngling,
Und so werden die Eltern es sein, wie Reichen geziemet.
Darum lebet nun wohl, geliebte Freundin, und freuet
Euch des lebendigen Säuglings, der schon so gesund Euch anblickt.
Drücket Ihr ihn an die Brust in diesen farbigen Wickeln,
Oh, so gedenket des Jünglings, des guten, der sie uns reichte
Und der künftig auch mich, die Eure, nähret und kleidet.
Und Ihr, trefflicher Mann«, so sprach sie gewendet zum Richter,
»Habet Dank, dass Ihr Vater mir wart in mancherlei Fällen.«

Und sie kniete darauf zur guten Wöchnerin nieder,
Küsste die weinende Frau und vernahm des Segens Gelispel.
Aber du sagtest indes, ehrwürdiger Richter, zu Hermann:
»Billig seid Ihr, o Freund, zu den guten Wirten zu zählen,
Die mit tüchtigen Menschen den Haushalt zu führen bedacht sind,
Denn ich habe wohl oft gesehn, dass man Rinder und Pferde,
So wie Schafe, genau bei Tausch und Handel betrachtet;
Aber den Menschen, der alles erhält, wenn er tüchtig und gut ist,
Und der alles zerstreut und zerstört durch falsches Beginnen,
Diesen nimmt man nur so auf Glück und Zufall ins Haus ein
Und bereuet zu spät ein übereiltes Entschließen.
Aber es scheint, Ihr versteht's; denn Ihr habt ein Mädchen erwählet,
Euch zu dienen im Haus und Euren Eltern, das brav ist.
Haltet sie wohl! Ihr werdet, solang sie der Wirtschaft sich annimmt
Nicht die Schwester vermissen noch Eure Eltern die Tochter.«

Viele kamen indes, der Wöchnerin nahe Verwandte,
Manches bringend und ihr die bessere Wohnung verkündend.
Alle vernahmen des Mädchens Entschluss und segneten Hermann
Mit bedeutenden Blicken und mit besondern Gedanken.

Denn so sagte wohl eine zur andern flüchtig ans Ohr hin:
»Wenn aus dem Herrn ein Bräutigam wird, so ist sie geborgen.«
Hermann fasste darauf sie bei der Hand an und sagte:
»Lass uns gehen; es neigt sich der Tag, und fern ist das Städtchen.«
Lebhaft gesprächig umarmten darauf Dorotheen die Weiber.
Hermann zog sie hinweg; noch viele Grüße befahl sie.
Aber da fielen die Kinder mit Schrein und entsetzlichem Weinen
Ihr in die Kleider und wollten die zweite Mutter nicht lassen.
Aber ein und die andre der Weiber sagte gebietend:
»Stille, Kinder! sie geht in die Stadt und bringt euch des guten
Zuckerbrotes genug, das euch der Bruder bestellte,
Als der Storch ihn jüngst beim Zuckerbäcker vorbeitrug,
Und ihr sehet sie bald mit den schön vergoldeten Deuten.«
Und so ließen die Kinder sie los, und Hermann entriss sie
Noch den Umarmungen kaum und den fernewinkenden Tüchern.

Melpomene / Hermann und Dorothea

Also gingen die zwei entgegen der sinkenden Sonne,
Die in Wolken sich tief, gewitterdrohend, verhüllte,
Aus dem Schleier bald hier, bald dort mit glühenden Blicken
Strahlend über das Feld die ahnungsvolle Beleuchtung.
»Möge das drohende Wetter«, so sagte Hermann, »nicht etwa
Schloßen uns bringen und heftigen Guss; denn schön ist die Ernte.«
Und sie freuten sich beide des hohen, wankenden Kornes,
Das die Durchschreitenden fast, die hohen Gestalten, erreichte.
Und es sagte darauf das Mädchen zum leitenden Freunde:
Guter, dem ich zunächst ein freundlich Schicksal verdanke,
Dach und Fach, wenn im Freien so manchem Vertriebnen der Sturm dräut!
Saget mir jetzt vor allem und lehret die Eltern mich kennen,
Denen ich künftig zu dienen von ganzer Seele geneigt bin;
Denn kennt jemand den Herrn, so kann er ihm leichter genugtun,
Wenn er die Dinge bedenkt, die jenem die wichtigsten scheinen
Und auf die er den Sinn, den festbestimmten, gesetzt hat.
Darum saget mir doch: wie gewinn ich Vater und Mutter?«

Und es versetzte dagegen der gute, verständige Jüngling:
»Oh, wie geb ich dir recht, du kluges, treffliches Mädchen,
Dass du zuvörderst dich nach dem Sinne der Eltern befragest!
Denn so strebe ich bisher vergebens, dem Vater zu dienen,
Wenn ich der Wirtschaft mich als wie der meinigen annahm,
Früh den Acker und spät und so besorgend den Weinberg.
Meine Mutter befriedigt ich wohl, sie wusst es zu schätzen;
Und so wirst du ihr auch das trefflichste Mädchen erscheinen,

Wenn du das Haus besorgst, als wenn du das deine bedächtest.
Aber dem Vater nicht so, denn dieser liebet den Schein auch.
Gutes Mädchen, halte mich nicht für kalt und gefühllos,
Wenn ich den Vater dir sogleich, der Fremden, enthülle.
Ja, ich schwör es, das erste Mal ist's, dass frei mir ein solches
Wort die Zunge verlässt, die nicht zu schwatzen gewohnt ist;
Aber du lockst mir hervor aus der Brust ein jedes Vertrauen.
Einige Zierde verlangt der gute Vater im Leben,
Wünschet äußere Zeichen der Liebe sowie der Verehrung,
Und er würde vielleicht vom schlechteren Diener befriedigt,
Der dies wüsste zu nutzen, und würde dem besseren gram sein.«

Freudig sagte sie drauf, zugleich die schnelleren Schritte
Durch den dunkelnden Pfad verdoppelnd mit leichter Bewegung:
»Beide zusammen hoff ich fürwahr zufriedenzustellen,
Denn der Mutter Sinn ist wie mein eigenes Wesen,
Und der äußeren Zierde bin ich von Jugend nicht fremde.
Unsere Nachbarn, die Franken, in ihren früheren Zeiten
Hielten auf Höflichkeit viel; sie war dem Edlen und Bürger
Wie den Bauern gemein, und jeder empfahl sie den Seinen.
Und so brachten bei uns auf deutscher Seite gewöhnlich
Auch die Kinder des Morgens mit Händeküssen und Knickschen
Segenswünsche den Eltern und hielten sittlich den Tag aus.
Alles, was ich gelernt und was ich von jung auf gewohnt bin,
Was von Herzen mir geht – ich will es dem Alten erzeigen.
Aber wer sagt mir nunmehr: wie soll ich dir selber begegnen,
Dir, dem einzigen Sohn und künftig meinem Gebieter?«

Also sprach sie, und eben gelangten sie unter den Birnbaum.
Herrlich glänzte der Mond, der volle, vom Himmel herunter;
Nacht war's, völlig bedeckt das letzte Schimmern der Sonne.

Und so lagen vor ihnen in Massen gegeneinander
Lichter, hell wie der Tag, und Schatten dunkeler Nächte.
Und es hörte die Frage, die freundliche, gern in dem Schatten
Hermann des herrlichen Baums, am Orte, der ihm so lieb war,
Der noch heute die Tränen um seine Vertriebne gesehen.
Und indem sie sich nieder ein wenig zu ruhen gesetzt,
Sagte der liebende Jüngling, die Hand des Mädchens ergreifend:
»Lass dein Herz dir es sagen, und folg ihm frei nur in allem.«
Aber er wagte kein weiteres Wort, sosehr auch die Stunde
Günstig war; er fürchtete, nur ein Nein zu ereilen,
Ach, und er fühlte den Ring am Finger, das schmerzliche Zeichen.
Also saßen sie still und schweigend nebeneinander;
Aber das Mädchen begann und sagte: »Wie find ich des Mondes

Herrlichen Schein so süß! er ist der Klarheit des Tags gleich.
Seh ich doch dort in der Stadt die Häuser deutlich und Höfe,
An dem Giebel ein Fenster; mich deucht, ich zähle die Scheiben.«

»Was du siehst«, versetzte darauf der gehaltene Jüngling,
»Das ist unsere Wohnung, in die ich nieder dich führe,
Und dies Fenster dort ist meines Zimmers im Dache,
Das vielleicht das deine nun wird; wir verändern im Hause.
Diese Felder sind unser, sie reifen zur morgenden Ernte.
Hier im Schatten wollen wir ruhn und des Mahles genießen.
Aber lass uns nunmehr hinab durch Weinberg und Garten
Steigen; denn sieh, es rückt das schwere Gewitter herüber,
Wetterleuchtend und bald verschlingend den lieblichen Vollmond.«
Und so standen sie auf und wandelten nieder das Feld hin
Durch das mächtige Korn, der nächtlichen Klarheit sich freuend;
Und sie waren zum Weinberg gelangt und traten ins Dunkel.

Und so leitet' er sie die vielen Platten hinunter,
Die, unbehauen gelegt, als Stufen dienten im Laubgang.
Langsam schritt sie hinab, auf seinen Schultern die Hände;
Und mit schwankenden Lichtern, durchs Laub, überblickte der Mond sie,
Eh er, von Wetterwolken umhüllt, im Dunkeln das Paar ließ.
Sorglich stützte der Starke das Mädchen, das über ihm herhing,
Aber sie, unkundig des Steigs und der roheren Stufen,
Fehlte tretend, es knackte der Fuß, sie drohte zu fallen.
Eilig streckte gewandt der sinnige Jüngling den Arm aus,
Hielt empor die Geliebte; sie sank ihm leis auf die Schulter,
Brust war gesenkt an Brust und Wang an Wange. So stand er,
Starr wie ein Marmorbild, vom ernsten Willen gebändigt,
Drückte nicht fester sie an, er stemmte sich gegen die Schwere.
Und so fühlt' er die herrliche Last, die Wärme des Herzens
Und den Balsam des Atems, an seinen Lippen verhauchet,
Trug mit Mannesgefühl die Heldengröße des Weibes.

Doch sie verhehlte den Schmerz und sagte die scherzenden Worte:
»Das bedeutet Verdruss, so sagen bedenkliche Leute,
Wenn beim Eintritt ins Haus nicht fern von der Schwelle der Fuß knackt.
Hätt ich mir doch fürwahr ein besseres Zeichen gewünschet!
Lass uns ein wenig verweilen, damit dich die Eltern nicht tadeln
Wegen der hinkenden Magd und ein schlechter Wirt du erscheinest.«

Urania / Aussicht

Musen, die ihr so gern die herzliche Liebe begünstigt,
Auf dem Wege bisher den trefflichen Jüngling geleitet,
An die Brust ihm das Mädchen noch vor der Verlobung gedrückt habt:
Helfet auch ferner den Bund des lieblichen Paares vollenden,
Teilet die Wolken sogleich, die über ihr Glück sich heraufziehn!
Aber saget vor allem, was jetzt im Hause geschiehet.

Ungeduldig betrat die Mutter zum dritten Mal wieder
Schon das Zimmer der Männer, das sorglich erst sie verlassen,
Sprechend vom nahen Gewitter, vom schnellen Verdunkeln des Mondes,
Dann vom Außenbleiben des Sohns und der Nächte Gefahren;
Tadelte lebhaft die Freunde, dass, ohne das Mädchen zu sprechen,
Ohne zu werben für ihn, sie so bald sich vom Jüngling getrennet.

»Mache nicht schlimmer das Übel!« versetzt' unmutig der Vater;
»Denn du siehst, wir harren ja selbst und warten des Ausgangs.«

Aber gelassen begann der Nachbar sitzend zu sprechen:
»Immer verdank ich es doch in solch unruhiger Stunde
Meinem seligen Vater, der mir als Knaben die Wurzel
Aller Ungeduld ausriss, dass auch kein Fäschen zurückblieb
Und ich erwarten lernte sogleich wie keiner der Weisen.«
»Sagt«, versetzte der Pfarrer, »welch Kunststücke brauchte der Alte?«
»Das erzähl ich Euch gern, denn jeder kann es sich merken«,
Sagte der Nachbar darauf. »Als Knabe stand ich am Sonntag
Ungeduldig einmal, die Kutsche begierig erwartend,
Die uns sollte hinaus zum Brunnen führen der Linden.
Doch sie kam nicht; ich lief wie ein Wiesel dahin und dorthin,
Treppen hinauf und hinab und von dem Fenster zur Türe.
Meine Hände prickelten mir; ich kratzte die Tische,
Trappelte stampfend herum, und nahe war mir das Weinen.
Alles sah der gelassene Mann; doch als ich es endlich
Gar zu töricht betrieb, ergriff er mich ruhig beim Arme,
Führte zum Fenster mich hin und sprach die bedenklichen Worte:
›Siehst du des Tischlers da drüben für heute geschlossene Werkstatt?
Morgen eröffnet er sie; da rühret sich Hobel und Säge,
Und so geht es von frühe bis Abend die fleißigen Stunden.
Aber bedenke dir dies: der Morgen wird künftig erscheinen,
Da der Meister sich regt mit allen seinen Gesellen,
Dir den Sarg zu bereiten und schnell und geschickt zu vollenden;
Und sie tragen das bretterne Haus geschäftig herüber,
Das den Geduld'gen zuletzt und den Ungeduldigen aufnimmt
Und gar bald ein drückendes Dach zu tragen bestimmt ist.‹

Alles sah ich sogleich im Geiste wirklich geschehen,
Sah die Bretter gefügt und die schwarze Farbe bereitet,
Saß geduldig nunmehr und harrete ruhig der Kutsche.
Rennen andere nun in zweifelhafter Erwartung
Ungebärdig herum, da muss ich des Sarges gedenken.«

Lächelnd sagte der Pfarrer: »Des Todes rührendes Bild steht
Nicht als Schrecken dem Weisen und nicht als Ende dem Frommen.
Jenen drängt es ins Leben zurück und lehret ihn handeln;
Diesem stärkt es zu künftigem Heil im Trübsal die Hoffnung;
Beiden wird zum Leben der Tod. Der Vater mit Unrecht
Hat dem empfindlichen Knaben den Tod im Tode gewiesen.
Zeige man doch dem Jüngling des edel reifenden Alters
Wert und dem Alter die Jugend, dass beide des ewigen Kreises
Sich erfreuen und so sich Leben im Leben vollende!«

Aber die Tür ging auf. Es zeigte das herrliche Paar sich,
Und es erstaunten die Freunde, die liebenden Eltern erstaunten
Über die Bildung der Braut, des Bräutigams Bildung vergleichbar;
Ja, es schien die Türe zu klein, die hohen Gestalten
Einzulassen, die nun zusammen betraten die Schwelle.
Hermann stellte den Eltern sie vor mit fliegenden Worten.
»Hier ist«, sagt' er, »ein Mädchen, so wie ihr im Hause sie wünschet
Lieber Vater, empfanget sie gut; sie verdient es. Und liebe
Mutter, befragt sie sogleich nach dem ganzen Umfang der Wirtschaft,
Dass Ihr seht, wie sehr sie verdient, Euch näher zu werden.«
Eilig führt' er darauf den trefflichen Pfarrer beiseite,
Sagte: »Würdiger Herr, nun helft mir aus dieser Besorgnis
Schnell, und löset den Knoten, vor dessen Entwicklung ich schaudre.
Denn ich habe das Mädchen als meine Braut nicht geworben,
Sondern sie glaubt, als Magd in das Haus zu gehn, und ich fürchte,
Dass unwillig sie flieht, sobald wir gedenken der Heirat.
Aber entschieden sei es sogleich! Nicht länger im Irrtum
Soll sie bleiben, wie ich nicht länger den Zweifel ertrage.
Eilet und zeiget auch hier die Weisheit, die wir verehren!«
Und es wendete sich der Geistliche gleich zur Gesellschaft.
Aber leider getrübt war durch die Rede des Vaters
Schon die Seele des Mädchens; er hatte die munteren Worte,
Mit behaglicher Art, im guten Sinne gesprochen:
»Ja, das gefällt mir, mein Kind! Mit Freuden erfahr ich, der Sohn hat
Auch wie der Vater Geschmack, der seinerzeit es gewiesen,
Immer die Schönste zum Tanze geführt und endlich die Schönste
In sein Haus als Frau sich geholt; das Mütterchen war es.
Denn an der Braut, die der Mann sich erwählt, lässt gleich sich erkennen,
Welches Geistes er ist und ob er sich eigenen Wert fühlt.

Aber Ihr brauchtet wohl auch nur wenig Zeit zur Entschließung?
Denn mich dünket fürwahr, ihm ist so schwer nicht zu folgen.«

Hermann hörte die Worte nur flüchtig; ihm bebten die Glieder
Innen, und stille war der ganze Kreis nun auf einmal.

Aber das treffliche Mädchen, von solchen spöttischen Worten,
Wie sie ihr schienen, verletzt und tief in der Seele getroffen,
Stand, mit fliegender Röte die Wange bis gegen den Nacken
Übergossen; doch hielt sie sich an und nahm sich zusammen,
Sprach zu dem Alten darauf, nicht völlig die Schmerzen verbergend:
»Traun! zu solchem Empfang hat mich der Sohn nicht bereitet,
Der mir des Vaters Art geschildert, des trefflichen Bürgers;
Und ich weiß, ich stehe vor Euch, dem gebildeten Manne,
Der sich klug mit jedem beträgt und gemäß den Personen.
Aber so scheint es, Ihr fühlt nicht Mitleid genug mit der Armen,
Die nun die Schwelle betritt und die Euch zu dienen bereit ist;
Denn sonst würdet Ihr nicht mit bitterem Spotte mir zeigen,
Wie entfernt mein Geschick von Eurem Sohn und von Euch sei.
Freilich tret ich nur arm, mit kleinem Bündel ins Haus ein,
Das, mit allem versehn, die frohen Bewohner gewiss macht;
Aber ich kenne mich wohl und fühle das ganze Verhältnis.
Ist es edel, mich gleich mit solchem Spotte zu treffen,
Der auf der Schwelle beinah mich schon aus dem Hause zurücktreibt?«

Bang bewegte sich Hermann und winkte dem geistlichen Freunde,
Dass er ins Mittel sich schlüge, sogleich zu verscheuchen den Irrtum.
Eilig trat der Kluge heran und schaute des Mädchens
Stillen Verdruss und gehaltenen Schmerz und Tränen im Auge.
Da befahl ihm sein Geist, nicht gleich die Verwirrung zu lösen,
Sondern vielmehr das bewegte Gemüt zu prüfen des Mädchens.
Und er sagte darauf zu ihr mit versuchenden Worten:
»Sicher, du überlegtest nicht wohl, o Mädchen des Auslands,
Wenn du bei Fremden zu dienen dich allzu eilig entschlossest,
Was es heiße, das Haus des gebietenden Herrn zu betreten;
Denn der Handschlag bestimmt das ganze Schicksal des Jahres,
Und gar vieles zu dulden, verbindet ein einziges Jawort.
Sind doch nicht das Schwerste des Diensts die ermüdenden Wege,
Nicht der bittere Schweiß der ewig drängenden Arbeit;
Denn mit dem Knechte zugleich bemüht sich der tätige Freie:
Aber zu dulden die Laune des Herrn, wenn er ungerecht tadelt
Oder dieses und jenes begehrt, mit sich selber in Zwiespalt,
Und die Heftigkeit noch der Frauen, die leicht sich erzürnet,
Mit der Kinder roher und übermütiger Unart:
Das ist schwer zu ertragen und doch die Pflicht zu erfüllen

Ungesäumt und rasch und selbst nicht mürrisch zu stocken.
Doch du scheinst mir dazu nicht geschickt, da die Scherze des Vaters
Schon dich treffen so tief und doch nichts gewöhnlicher vorkommt,
Als ein Mädchen zu plagen, dass wohl ihr ein Jüngling gefalle.«

Also sprach er. Es fühlte die treffende Rede das Mädchen,
Und sie hielt sich nicht mehr; es zeigten sich ihre Gefühle
Mächtig, es hob sich die Brust, aus der ein Seufzer hervordrang,
Und sie sagte sogleich mit heiß vergossenen Tränen:
»Oh, nie weiß der verständige Mann, der im Schmerz uns zu raten
Denkt, wie wenig sein Wort, das kalte, die Brust zu befreien
Je von dem Leiden vermag, das ein hohes Schicksal uns auflegt.
Ihr seid glücklich und froh, wie sollt ein Scherz Euch verwunden!
Doch der Krankende fühlt auch schmerzlich die leise Berührung.
Nein, es hülfe mir nichts, wenn selbst mir Verstellung gelänge.
Zeige sich gleich, was später nur tiefere Schmerzen vermehrte
Und mich drängte vielleicht in still verzehrendes Elend.
Lasst mich wieder hinweg! Ich darf im Hause nicht bleiben;
Ich will fort und gehe, die armen Meinen zu suchen,
Die ich im Unglück verließ, für mich nur das Bessere wählend.
Dies ist mein fester Entschluss; und ich darf Euch darum nun bekennen
Was im Herzen sich sonst wohl Jahre hätte verborgen.
Ja, des Vaters Spott hat tief mich getroffen: nicht, weil ich
Stolz und empfindlich bin, wie es wohl der Magd nicht geziemet,
Sondern weil mir fürwahr im Herzen die Neigung sich regte
Gegen den Jüngling, der heute mir als ein Erretter erschienen.
Denn als er erst auf der Straße mich ließ, so war er mir immer
In Gedanken geblieben; ich dachte des glücklichen Mädchens,
Das er vielleicht schon als Braut im Herzen möchte bewahren.
Und als ich wieder am Brunnen ihn fand, da freut ich mich seines
Anblicks so sehr, als wär mir der Himmlischen einer erschienen.
Und ich folgt ihm so gern, als nun er zur Magd mich geworben.
Doch mir schmeichelte freilich das Herz (ich will es gestehen)
Auf dem Wege hierher, als könnt ich vielleicht ihn verdienen,
Wenn ich würde des Hauses dereinst unentbehrliche Stütze.
Aber, ach! nun seh ich zuerst die Gefahren, in die ich
Mich begab, so nah dem still Geliebten zu wohnen.
Nun erst fühl ich, wie weit ein armes Mädchen entfernt ist
Von dem reicheren Jüngling, und wenn sie die Tüchtigste wäre.
Alles das hab ich gesagt, damit Ihr das Herz nicht verkennet,
Das ein Zufall beleidigt, dem ich die Besinnung verdanke.
Denn das musst ich erwarten, die stillen Wünsche verbergend,
Dass er sich brächte zunächst die Braut zum Hause geführet;
Und wie hätt ich alsdann die heimlichen Schmerzen ertragen!

Glücklich bin ich gewarnt, und glücklich löst das Geheimnis
Von dem Busen sich los, jetzt, da noch das Übel ist heilbar.
Aber das sei nun gesagt. Und nun soll im Hause mich länger
Hier nichts halten, wo ich beschämt und ängstlich nur stehe,
Frei die Neigung bekennend und jene törichte Hoffnung.
Nicht die Nacht, die breit sich bedeckt mit sinkenden Wolken,
Nicht der rollende Donner (ich hör ihn) soll mich verhindern,
Nicht des Regens Guss, der draußen gewaltsam herabschlägt,
Noch der sausende Sturm. Das hab ich alles ertragen
Auf der traurigen Flucht und nah am verfolgenden Feinde.
Und ich gehe nun wieder hinaus, wie ich lange gewohnt bin,
Von dem Strudel der Zeit ergriffen, von allem zu scheiden.
Lebet wohl! ich bleibe nicht länger; es ist nun geschehen.«

Also sprach sie, sich rasch zurück nach der Türe bewegend,
Unter dem Arm das Bündelchen noch, das sie brachte, bewahrend.
Aber die Mutter ergriff mit beiden Armen das Mädchen,
Um den Leib sie fassend, und rief verwundert und staunend:
»Sag, was bedeutet mir dies? und diese vergeblichen Tränen?
Nein, ich lasse dich nicht; du bist mir des Sohnes Verlobte.«
Aber der Vater stand mit Widerwillen dagegen,
Auf die Weinende schauend, und sprach die verdrießlichen Worte:
»Also das ist mir zuletzt für die höchste Nachsicht geworden,
Dass mir das Unangenehmste geschieht noch zum Schlusse des Tages!
Denn mir ist unleidlicher nichts als Tränen der Weiber,
Leidenschaftlich Geschrei, das heftig verworren beginnet,
Was mit ein wenig Vernunft sich ließe gemächlicher schlichten.
Mir ist lästig, noch länger dies wunderliche Beginnen
Anzuschauen. Vollendet es selbst; ich gehe zu Bette.«
Und er wandte sich schnell und eilte, zur Kammer zu gehen,
Wo ihm das Ehbett stand und wo er zu ruhen gewohnt war.
Aber ihn hielt der Sohn und sagte die flehenden Worte:
»Vater, eilet nur nicht, und zürnt nicht über das Mädchen!
Ich nur habe die Schuld von aller Verwirrung zu tragen,
Die unerwartet der Freund noch durch Verstellung vermehrt hat.
Redet, würdiger Herr! denn Euch vertraut ich die Sache.
Häufet nicht Angst und Verdruss vollendet lieber das Ganze!
Denn ich möchte so hoch Euch nicht in Zukunft verehren,
Wenn Ihr Schadenfreude nur übt statt herrlicher Weisheit.«

Lächelnd versetzte darauf der würdige Pfarrer und sagte:
»Welche Klugheit hätte denn wohl das schöne Bekenntnis
Dieser Guten entlockt und uns enthüllt ihr Gemüte?
Ist nicht die Sorge sogleich dir zur Wonn und Freude geworden?
Rede darum nur selbst! was bedarf es fremder Erklärung?«

62

Nun trat Hermann hervor und sprach die freundlichen Worte:
»Lass dich die Tränen nicht reun noch diese flüchtigen Schmerzen;
Denn sie vollenden mein Glück und, wie ich wünsche, das deine
Nicht, das treffliche Mädchen als Magd, die Fremde, zu dingen,
Kam ich zum Brunnen; ich kam, um deine Liebe zu werben.
Aber, ach! mein schüchterner Blick, er konnte die Neigung
Deines Herzens nicht sehn; nur Freundlichkeit sah er im Auge,
Als aus dem Spiegel du ihn des ruhigen Brunnens begrüßtest.
Dich ins Haus nur zu führen, es war schon die Hälfte des Glückes.
Aber nun vollendest du mir's! Oh, sei mir gesegnet!« –
Und es schaute das Mädchen mit tiefer Rührung zum Jüngling
Und vermied nicht Umarmung und Kuss, den Gipfel der Freude,
Wenn sie den Liebenden sind die lang ersehnte Versichrung
Künftigen Glücks im Leben, das nun ein unendliches scheinet.

Und den übrigen hatte der Pfarrherr alles erkläret.
Aber das Mädchen kam, vor dem Vater sich herzlich mit Anmut
Neigend und so ihm die Hand, die zurückgezogene, küssend,
Sprach: »Ihr werdet gerecht der Überraschten verzeihen,
Erst die Tränen des Schmerzes und nun die Tränen der Freude.
Oh, vergebt mir jenes Gefühl! vergebt mir auch dieses,
Und lasst nur mich ins Glück, das neu mir gegönnte, mich finden!
Ja, der erste Verdruss, an dem ich Verworrene schuld war,
Sei der letzte zugleich! Wozu die Magd sich verpflichtet,
Treu, zu liebendem Dienst, den soll die Tochter Euch leisten.«

Und der Vater umarmte sie gleich, die Tränen verbergend.
Traulich kam die Mutter herbei und küsste sie herzlich,
Schüttelte Hand in Hand; es schwiegen die weinenden Frauen.

Eilig fasste darauf der gute, verständige Pfarrherr
Erst des Vaters Hand und zog ihm vom Finger den Trauring
(Nicht so leicht; er war vom rundlichen Gliede gehalten),
Nahm den Ring der Mutter darauf und verlobte die Kinder;
Sprach: »Noch einmal sei der goldenen Reifen Bestimmung,
Fest ein Band zu knüpfen, das völlig gleiche dem alten.
Dieser Jüngling ist tief von der Liebe zum Mädchen durchdrungen,
Und das Mädchen gesteht, dass auch ihr der Jüngling erwünscht ist.
Also verlob ich euch hier und segn' euch künftigen Zeiten,
Mit dem Willen der Eltern und mit dem Zeugnis des Freundes.«

Und es neigte sich gleich mit Segenswünschen der Nachbar.
Aber als der geistliche Herr den goldenen Reif nun
Steckt' an die Hand des Mädchens, erblickt' er den anderen staunend,
Den schon Hermann zuvor am Brunnen sorglich betrachtet.
Und er sagte darauf mit freundlich scherzenden Worten:

»Wie! du verlobest dich schon zum zweiten Mal? Dass nicht der erste
Bräutigam bei dem Altar sich zeige mit hinderndem Einspruch!«

Aber sie sagte darauf: »Oh, lasst mich dieser Erinnrung
Einen Augenblick weihen! Denn wohl verdient sie der Gute,
Der mir ihn scheidend gab und nicht zur Heimat zurückkam.
Alles sah er voraus, als rasch die Liebe der Freiheit,
Als ihn die Lust, im neuen, veränderten Wesen zu wirken,
Trieb, nach Paris zu gehn, dahin, wo er Kerker und Tod fand.
›Lebe glücklich‹, sagt' er. ›Ich gehe; denn alles bewegt sich
Jetzt auf Erden einmal, es scheint sich alles zu trennen.
Grundgesetze lösen sich auf der festesten Staaten,
Und es löst der Besitz sich los vom alten Besitzer,
Freund sich los von Freund: so löst sich Liebe von Liebe.
Ich verlasse dich hier; und, wo ich jemals dich wieder
Finde – wer weiß es? Vielleicht sind diese Gespräche die letzten.
Nur ein Fremdling, sagt man mit Recht, ist der Mensch hier auf Erden;
Mehr ein Fremdling als jemals ist nun ein jeder geworden.
Uns gehört der Boden nicht mehr; es wandern die Schätze;
Gold und Silber schmilzt aus den alten, heiligen Formen;
Alles regt sich, als wollte die Welt, die gestaltete, rückwärts
Lösen in Chaos und Nacht sich auf und neu sich gestalten.
Du bewahrst mir dein Herz; und finden dereinst wir uns wieder
Über den Trümmern der Welt, so sind wir erneute Geschöpfe,
Umgebildet und frei und unabhängig vom Schicksal.
Denn was fesselte den, der solche Tage durchlebt hat!
Aber soll es nicht sein, dass je wir, aus diesen Gefahren
Glücklich entronnen, uns einst mit Freuden wieder umfangen,
Oh, so erhalte mein schwebendes Bild vor deinen Gedanken,
Dass du mit gleichem Mute zu Glück und Unglück bereit seist!
Locket neue Wohnung dich an und neue Verbindung,
So genieße mit Dank, was dann dir das Schicksal bereitet.
Liebe die Liebenden rein, und halte dem Guten dich dankbar.
Aber dann auch setze nur leicht den beweglichen Fuß auf;
Denn es lauert der doppelte Schmerz des neuen Verlustes.
Heilig sei dir der Tag; doch schätze das Leben nicht höher
Als ein anderes Gut, und alle Güter sind trüglich.‹
Also sprach er: und nie erschien der Edle mir wieder.
Alles verlor ich indes, und tausendmal dacht ich der Warnung.
Nun auch denk ich des Worts, da schön mir die Liebe das Glück hier
Neu bereitet und mir die herrlichsten Hoffnungen aufschließt.
Oh, verzeih, mein trefflicher Freund, dass ich, selbst an dem Arm dich
Haltend, bebe! So scheint dem endlich gelandeten Schiffer
Auch der sicherste Grund des festesten Bodens zu schwanken.«

Also sprach sie und steckte die Ringe nebeneinander.
Aber der Bräutigam sprach mit edler, männlicher Rührung:
»Desto fester sei bei der allgemeinen Erschüttrung,
Dorothea, der Bund! Wir wollen halten und dauern,
Fest uns halten und fest der schönen Güter Besitztum.
Denn der Mensch, der zur schwankenden Zeit auch schwankend gesinnt ist,
Der vermehret das Übel und breitet es weiter und weiter;
Aber wer fest auf dem Sinne beharrt, der bildet die Welt sich.
Nicht dem Deutschen geziemt es, die fürchterliche Bewegung
Fortzuleiten und auch zu wanken hierhin und dorthin.
Dies ist unser! so lass uns sagen und so es behaupten!
Denn es werden noch stets die entschlossenen Völker gepriesen,
Die für Gott und Gesetz, für Eltern, Weiber und Kinder
Stritten und gegen den Feind zusammenstehend erlagen.
Du bist mein; und nun ist das Meine meiner als jemals.
Nicht mit Kummer will ich's bewahren und sorgend genießen,
Sondern mit Mut und Kraft. Und drohen diesmal die Feinde
Oder künftig, so rüste mich selbst und reiche die Waffen.
Weiß ich durch dich nur versorgt das Haus und die liebenden Eltern,
Oh, so stellt sich die Brust dem Feinde sicher entgegen.
Und gedächte jeder wie ich, so stünde die Macht auf
Gegen die Macht, und wir erfreuten uns alle des Friedens.«

West-östlicher Divan

[Cotta, Stuttgart und Tübingen 1819]

Moganni Nameh / Buch des Sängers

Zwanzig Jahre ließ ich gehn
Und genoss, was mir beschieden;
Eine Reihe völlig schön
Wie die Zeit der Barmekiden.

Hegire

Nord und West und Süd zersplittern,
Throne bersten, Reiche zittern,
Flüchte du, im reinen Osten
Patriarchenluft zu kosten,
Unter Lieben, Trinken, Singen
Soll dich Chisers Quell verjüngen.

Dort, im Reinen und im Rechten,
Will ich menschlichen Geschlechten
In des Ursprungs Tiefe dringen,
Wo sie noch von Gott empfingen
Himmelslehr in Erdesprachen
Und sich nicht den Kopf zerbrachen.

Wo sie Väter hoch verehrten,
Jeden fremden Dienst verwehrten;
Will mich freun der Jugendschranke:
Glaube weit, eng der Gedanke,
Wie das Wort so wichtig dort war,
Weil es ein gesprochen Wort war.

Will mich unter Hirten mischen,
An Oasen mich erfrischen,
Wenn mit Karawanen wandle,
Schal, Kaffee und Moschus handle;
Jeden Pfad will ich betreten
Von der Wüste zu den Städten.

Bösen Felsweg auf und nieder
Trösten, Hafis, deine Lieder,
Wenn der Führer mit Entzücken
Von des Maultiers hohem Rücken
Singt, die Sterne zu erwecken

Und die Räuber zu erschrecken.

Will in Bädern und in Schenken,
Heil'ger Hafis, dein gedenken,
Wenn den Schleier Liebchen lüftet,
Schüttelnd Ambralocken düftet.
Ja, des Dichters Liebeflüstern
Mache selbst die Huris lüstern.

Wolltet ihr ihm dies beneiden
Oder etwa gar verleiden,
Wisset nur, dass Dichterworte
Um des Paradieses Pforte
Immer leise klopfend schweben,
Sich erbittend ew'ges Leben.

Segenspfänder

Talisman in Karneol,
Gläub'gen bringt er Glück und Wohl;
Steht er gar auf Onyx' Grunde,
Küss ihn mit geweihtem Munde!
Alles Übel treibt er fort,
Schützet dich und schützt den Ort:
Wenn das eingegrabne Wort
Allahs Namen rein verkündet,
Dich zu Lieb und Tat entzündet.
Und besonders werden Frauen
Sich am Talisman erbauen.

Amulette sind dergleichen
Auf Papier geschriebne Zeichen;
Doch man ist nicht im Gedränge
Wie auf edlen Steines Enge,
Und vergönnt ist frommen Seelen,
Längre Verse hier zu wählen.
Männer hängen die Papiere
Gläubig um, als Skapuliere.

Die *Inschrift* aber hat nichts hinter sich,
Sie ist sie selbst und muss dir alles sagen,
Was hinterdrein mit redlichem Behagen
Du gerne sagst: Ich sag es! Ich!

Doch *Abraxas* bring ich selten!
Hier soll meist das Fratzenhafte,
Das ein düstrer Wahnsinn schaffte,

Für das Allerhöchste gelten.
Sag ich euch absurde Dinge,
Denkt, dass ich Abraxas bringe.

Ein *Siegelring* ist schwer zu zeichnen,
Den höchsten Sinn im engsten Raum;
Doch weißt du hier ein Echtes anzueignen,
Gegraben steht das Wort, du denkst es kaum.

Freisinn

Lasst mich nur auf meinem Sattel gelten!
Bleibt in euren Hütten, euren Zelten!
Und ich reite froh in alle Ferne,
Über meiner Mütze nur die Sterne.

Er hat euch die Gestirne gesetzt
Als Leiter zu Land und See,
Damit ihr euch daran ergetzt,
Stets blickend in die Höh.

Talismane

Gottes ist der Orient!
Gottes ist der Okzident!
Nord- und südliches Gelände
Ruht im Frieden seiner Hände.

Er, der einzige Gerechte,
Will für jedermann das Rechte.
Sei von seinen hundert Namen
Dieser hochgelobet! Amen.

Mich verwirren will das Irren;
Doch du weißt mich zu entwirren.
Wenn ich handle, wenn ich dichte,
Gib du meinem Weg die Richte.

Ob ich Ird'sches denk und sinne,
Das gereicht zu höherem Gewinne.
Mit dem Staube nicht der Geist zerstoben,
Dringet, in sich selbst gedrängt, nach oben.

Im Atemholen sind zweierlei Gnaden:
Die Luft einziehen, sich ihrer entladen;

Jenes bedrängt, dieses erfrischt;
So wunderbar ist das Leben gemischt.
Du danke Gott, wenn er dich presst,
Und dank ihm, wenn er dich wieder entlässt.

Vier Gnaden

Dass Araber an ihrem Teil
Die Weite froh durchziehen,
Hat Allah zu gemeinem Heil
Der Gnaden vier verliehen.

Den Turban erst, der besser schmückt
Als alle Kaiserkronen;
Ein Zelt, das man vom Orte rückt,
Um überall zu wohnen;

Ein Schwert, das tüchtiger beschützt
Als Fels und hohe Mauern;
Ein Liedchen, das gefällt und nützt,
Worauf die Mädchen lauern.

Und Blumen sing ich ungestört
Von ihrem Schal herunter,
Sie weiß recht wohl, was ihr gehört,
Und bleibt mir hold und munter.

Und Blum' und Früchte weiß ich euch
Gar zierlich aufzutischen,
Wollt ihr Moralien zugleich,
So geb ich von den frischen.

Geständnis

Was ist schwer zu verbergen? Das Feuer!
Denn bei Tage verrät's der Rauch,
Bei Nacht die Flamme, das Ungeheuer.
Ferner ist schwer zu verbergen auch
Die Liebe; noch so stille gehegt,
Sie doch gar leicht aus den Augen schlägt.

Am schwersten zu bergen ist ein Gedicht;
Man stellt es untern Scheffel nicht.
Hat es der Dichter frisch gesungen,
So ist er ganz davon durchdrungen.
Hat er es zierlich nett geschrieben,
Will er, die ganze Welt soll's lieben.

70

Er liest es jedem froh und laut,
Ob es uns quält, ob es erbaut.

Elemente

Aus wie vielen Elementen
Soll ein echtes Lied sich nähren,
Dass es Laien gern empfinden,
Meister es mit Freuden hören?

Liebe sei vor allen Dingen
Unser Thema, wenn wir singen;
Kann sie gar das Lied durchdringen,
Wird's um desto besser klingen.

Dann muss Klang der Gläser tönen
Und Rubin des Weins erglänzen:
Denn für Liebende, für Trinker
Winkt man mit den schönsten Kränzen.

Waffenklang wird auch gefodert,
Dass auch die Drommete schmettre;
Dass, wenn Glück zu Flammen lodert,
Sich im Sieg der Held vergöttre.

Dann zuletzt ist unerlässlich,
Dass der Dichter manches hasse;
Was unleidlich ist und hässlich,
Nicht wie Schönes leben lasse.

Weiß der Sänger, dieser viere
Urgewalt'gen Stoff zu mischen,
Hafis gleich wird er die Völker
Ewig freuen und erfrischen.

Erschaffen und beleben

Hans Adam war ein Erdenkloß,
Den Gott zum Menschen machte,
Doch bracht er aus der Mutter Schoß
Noch vieles Ungeschlachte.

Die Elohim zur Nas' hinein
Den besten Geist ihm bliesen,
Nun schien er schon was mehr zu sein,
Denn er fing an zu niesen.

Doch mit Gebein und Glied und Kopf
Blieb er ein halber Klumpen,

Bis endlich Noah für den Tropf
Das Wahre fand, den Humpen.

Der Klumpe fühlt sogleich den Schwung,
Sobald er sich benetzet,
So wie der Teig durch Säuerung
Sich in Bewegung setzet.

So, Hafis, mag dein holder Sang,
Dein heiliges Exempel,
Uns führen, bei der Gläser Klang,
Zu unsres Schöpfers Tempel.

Phänomen

Wenn zu der Regenwand
Phöbus sich gattet,
Gleich steht ein Bogenrand
Farbig beschattet.

Im Nebel gleichen Kreis
Seh ich gezogen,
Zwar ist der Bogen weiß,
Doch Himmelsbogen.

So sollst du, muntrer Greis,
Dich nicht betrüben,
Sind gleich die Haare weiß,
Doch wirst du lieben.

Liebliches

Was doch Buntes dort verbindet
Mir den Himmel mit der Höhe?
Morgennebelung verblindet
Mir des Blickes scharfe Sehe.

Sind es Zelte des Wesires,
Die er lieben Frauen baute?
Sind es Teppiche des Festes,
Weil er sich der Liebsten traute?

Rot und weiß, gemischt, gesprenkelt,
Wüsst ich Schönres nicht zu schauen;
Doch wie, Hafis, kommt dein Schiras
Auf des Nordens trübe Gauen?

Ja, es sind die bunten Mohne,
Die sich nachbarlich erstrecken

Und, dem Kriegesgott zum Hohne,
Felder streifweis freundlich decken.

Möge stets so der Gescheute
Nutzend Blumenzierde pflegen
Und ein Sonnenschein, wie heute,
Klären sie auf meinen Wegen!

Zwiespalt

Wenn links an Baches Rand
Cupido flötet,
Im Felde rechter Hand
Mavors drommetet,
Da wird dorthin das Ohr
Lieblich gezogen,
Doch um des Liedes Flor
Durch Lärm betrogen.
Nun flötet's immer voll
Im Kriegestunder,
Ich werde rasend, toll;
Ist das ein Wunder?
Fort wächst der Flötenton,
Schall der Posaunen.
Ich irre, rase schon;
Ist das zu staunen?

Im gegenwärtigen Vergangnes

Ros' und Lilie morgentaulich
Blüht im Garten meiner Nähe;
Hinten an, bebuscht und traulich,
Steigt der Felsen in die Höhe;
Und mit hohem Wald umzogen
Und mit Ritterschloss gekrönet,
Lenkt sich hin des Gipfels Bogen,
Bis er sich dem Tal versöhnet.

Und da duftet's wie vor alters,
Da wir noch von Liebe litten
Und die Saiten meines Psalters
Mit dem Morgenstrahl sich stritten;
Wo das Jagdlied aus den Büschen
Fülle runden Tons enthauchte,
Anzufeuern, zu erfrischen,

Wie's der Busen wollt und brauchte.

Nun die Wälder ewig sprossen,
So ermutigt euch mit diesen,
Was ihr sonst für euch genossen.
Lässt in andern sich genießen.
Niemand wird uns dann beschreien,
Dass wir's uns alleine gönnen;
Nun in allen Lebensreihen
Müsset ihr genießen können.

Und mit diesem Lied und Wendung
Sind wir wieder bei Hafisen,
Denn es ziemt, des Tags Vollendung
Mit Genießern zu genießen.

Lied und Gebilde

Mag der Grieche seinen Ton
Zu Gestalten drücken,
An der eignen Hände Sohn
Steigern sein Entzücken;

Aber uns ist wonnereich.
In den Euphrat greifen
Und im flüss'gen Element
Hin und wider schweifen.

Löscht ich so der Seele Brand,
Lied, es wird erschallen;
Schöpft des Dichters reine Hand,
Wasser wird sich ballen.

Dreistigkeit

Worauf kommt es überall an.
Dass der Mensch gesundet?
Jeder höret gern den Schall an,
Der zum Ton sich rundet.

Alles weg, was deinen Lauf stört!
Nur kein düster Streben!
Eh er singt und eh er aufhört,
Muss der Dichter leben.

Und so mag des Lebens Erzklang
Durch die Seele dröhnen!
Fühlt der Dichter sich das Herz bang,

Wird sich selbst versöhnen.

Derb und tüchtig

Dichten ist ein Übermut,
Niemand schelte mich!
Habt getrost ein warmes Blut,
Froh und frei wie ich.

Sollte jeder Stunde Pein
Bitter schmecken mir,
Würd ich auch bescheiden sein,
Und noch mehr als ihr.

Denn Bescheidenheit ist fein,
Wenn das Mädchen blüht,
Sie will zart geworben sein,
Die den Rohen flieht.

Auch ist gut Bescheidenheit,
Spricht ein weiser Mann,
Der von Zeit und Ewigkeit
Mich belehren kann.

Dichten ist ein Übermut!
Treib es gern allein.
Freund' und Frauen, frisch von Blut.
Kommt nur auch herein!

Mönchlein ohne Kapp und Kutt,
Schwatz nicht auf mich ein!
Zwar du machest mich kaputt,
Nicht bescheiden, nein!

Deiner Phrasen leeres Was
Treibet mich davon,
Abgeschliffen hab ich das
An den Sohlen schon.

Wenn des Dichters Mühle geht,
Halte sie nicht ein:
Denn wer einmal uns versteht,
Wird uns auch verzeihn.

Al - Leben

Staub ist eins der Elemente,
Das du gar geschickt bezwingest,
Hafis, wenn zu Liebchens Ehren

Du ein zierlich Liedchen singest.

Denn der Staub auf ihrer Schwelle
Ist dem Teppich vorzuziehen,
Dessen goldgewirkte Blumen
Mahmuds Günstlinge beknieen.

Treibt der Wind von ihrer Pforte
Wolken Staubs behänd vorüber,
Mehr als Moschus sind die Düfte
Und als Rosenöl dir lieber.

Staub, den hab ich längst entbehret
In dem stets umhüllten Norden,
Aber in dem heißen Süden
Ist er mir genugsam worden.

Doch schon längst, dass liebe Pforten
Mir auf ihren Angeln schwiegen!
Heile mich, Gewitterregen,
Lass mich, dass es grunelt, riechen!

Wenn jetzt alle Donner rollen
Und der ganze Himmel leuchtet,
Wird der wilde Staub des Windes
Nach dem Boden hingefeuchtet.

Und sogleich entspringt ein Leben,
Schwillt ein heilig heimlich Wirken,
Und es grunelt, und es grünet
In den irdischen Bezirken.

Selige Sehnsucht

Sagt es niemand, nur den Weisen,
Weil die Menge gleich verhöhnet,
Das Lebend'ge will ich preisen,
Das nach Flammentod sich sehnet.

In der Liebesnächte Kühlung,
Die dich zeugte, wo du zeugtest,
Überfällt dich fremde Fühlung,
Wenn die stille Kerze leuchtet.

Nicht mehr bleibest du umfangen
In der Finsternis Beschattung,
Und dich reißet neu Verlangen
Auf zu höherer Begattung.

Keine Ferne macht dich schwierig,

Kommst geflogen und gebannt,
Und zuletzt, des Lichts begierig,
Bist du, Schmetterling, verbrannt.

Und solang du das nicht hast,
Dieses: Stirb und werde!
Bist du nur ein trüber Gast
Auf der dunklen Erde.

Tut ein Schilf sich doch hervor,
Welten zu versüßen!
Möge meinem Schreibe-Rohr
Liebliches entfließen!

Hafis Nameh / Buch Hafis

Sei das Wort die Braut genannt,
Bräutigam der Geist;
Diese Hochzeit hat gekannt,
Wer Hafisen preist.

Beiname

Dichter

Mohamed Schemseddin, sage,
Warum hat dein Volk, das hehre,
Hafis dich genannt?

Hafis
Ich ehre,
Ich erwidre deine Frage.
Weil in glücklichem Gedächtnis
Des Korans geweiht Vermächtnis
Unverändert ich verwahre
Und damit so fromm gebare,
Dass gemeinen Tages Schlechtnis
Weder mich noch die berühret,
Die Prophetenwort und Samen
Schätzen, wie es sich gebühret;
Darum gab man mir den Namen.

Dichter
Hafis, drum, so will mir scheinen,

Möcht ich dir nicht gerne weichen:
Denn, wenn wir wie andre meinen,
Werden wir den andern gleichen.
Und so gleich ich dir vollkommen,
Der ich unsrer heil'gen Bücher
Herrlich Bild an mich genommen,
Wie auf jenes Tuch der Tücher
Sich des Herren Bildnis drückte,
Mich in stiller Brust erquickte,
Trotz Verneinung, Hindrung, Raubens,
Mit dem heitern Bild des Glaubens.

Anklage

Wisst ihr denn, auf wen die Teufel lauern,
In der Wüste, zwischen Fels und Mauern?
Und wie sie den Augenblick erpassen,
Nach der Hölle sie entführend fassen?
Lügner sind es und der Bösewicht.

Der Poete, warum scheut er nicht,
Sich mit solchen Leuten einzulassen!

Weiß denn der, mit wem er geht und wandelt.
Er, der immer nur im Wahnsinn handelt?
Grenzenlos, von eigensinn'gem Lieben,
Wird er in die Öde fortgetrieben,
Seiner Klagen Reim', in Sand geschrieben,
Sind vom Winde gleich verjagt;
Er versteht nicht, was er sagt,
Was er sagt, wird er nicht halten.

Doch sein Lied, man lässt es immer walten,
Da es doch dem Koran widerspricht.
Lehret nun, ihr, des Gesetzes Kenner,
Weisheit-fromme, hochgelahrte Männer,
Treuer Mosleminen feste Pflicht.

Hafis insbesondre schaffet Ärgernisse,
Mirza sprengt den Geist ins Ungewisse,
Saget, was man tun und lassen müsse?

Fetwa

Hafis' Dichterzüge, sie bezeichnen
Ausgemachte Wahrheit unauslöschlich;
Aber hie und da auch Kleinigkeiten

Außerhalb der Grenze des Gesetzes.
Willst du sicher gehn, so musst du wissen,
Schlangengift und Theriak zu sondern –
Doch der reinen Wollust edler Handlung
Sich mit frohem Mut zu überlassen
Und vor solcher, der nur ew'ge Pein folgt,
Mit besonnenem Sinn sich zu verwahren
Ist gewiss das Beste, um nicht zu fehlen.
Dieses schrieb der arme Ebusuud,
Gott verzeih ihm seine Sünden alle.

Der Deutsche dankt

Heiliger Ebusuud, hast's getroffen!
Solche Heil'ge wünschet sich der Dichter;
Denn gerade jene Kleinigkeiten
Außerhalb der Grenze des Gesetzes
Sind das Erbteil, wo er übermütig,
Selbst im Kummer lustig, sich beweget.
Schlangengift und Theriak muss
Ihm das eine wie das andre scheinen.
Töten wird nicht jenes, dies nicht heilen:
Denn das wahre Leben ist des Handelns
Ew'ge Unschuld, die sich so erweiset,
Dass sie niemand schadet als sich selber.
Und so kann der alte Dichter hoffen,
Dass die Huris ihn im Paradiese
Als verklärten Jüngling wohl empfangen.
Heiliger Ebusuud, hast's getroffen!

Fetwa

Der Mufti las des *Misri* Gedichte,
Eins nach dem andern, alle zusammen,
Und wohlbedächtig warf sie in die Flammen,
Das schöngeschriebne Buch, es ging zunichte.

Verbrannt sei jeder, sprach der hohe Richter,
Wer spricht und glaubt wie *Misri* – er allein
Sei ausgenommen von des Feuers Pein:
Denn Allah gab die Gabe jedem Dichter;
Missbraucht er sie im Wandel seiner Sünden,
So seh er zu, mit Gott sich abzufinden.

Unbegrenzt

Dass du nicht enden kannst, das macht dich groß,
Und dass du nie beginnst, das ist dein Los.
Dein Lied ist drehend wie das Sterngewölbe,
Anfang und Ende immerfort dasselbe,
Und was die Mitte bringt, ist offenbar
Das, was zu Ende bleibt und anfangs war.

Du bist der Freuden echte Dichterquelle,
Und ungezählt entfließt dir Well auf Welle.
Zum Küssen stets bereiter Mund,
Ein Brustgesang, der lieblich fließet,
Zum Trinken stets gereizter Schlund,
Ein gutes Herz, das sich ergießet.

Und mag die ganze Welt versinken!
Hafis, mit dir, mit dir allein
Will ich wetteifern! Lust und Pein
Sei uns, den Zwillingen, gemein!
Wie du zu lieben und zu trinken,
Das soll mein Stolz, mein Leben sein.

Nun töne, Lied, mit eignem Feuer!
Denn du bist älter, du bist neuer.

Nachbildung

In deine Reimart hoff ich mich zu finden,
Das Wiederholen soll mir auch gefallen,
Erst werd ich Sinn, sodann auch Worte finden;
Zum zweitenmal soll mir kein Klang erschallen,
Er müsste denn besondern Sinn begründen,
Wie du's vermagst, Begünstigter vor allen!

Denn wie ein Funke fähig, zu entzünden
Die Kaiserstadt, wenn Flammen grimmig wallen,
Sich Wind erzeugend glühn von eignen Winden,
Er, schon erloschen, schwand zu Sternenhallen;
So schlang's von dir sich fort, mit ew'gen Gluten
Ein deutsches Herz von frischem zu ermuten.

Zugemessne Rhythmen reizen freilich,
Das Talent erfreut sich wohl darin;
Doch wie schnelle widern sie abscheulich,
Hohle Masken ohne Blut und Sinn;
Selbst der Geist erscheint sich nicht erfreulich,

Wenn er nicht, auf neue Form bedacht,
Jener toten Form ein Ende macht.

Offenbar Geheimnis

Sie haben dich, heiliger Hafis,
Die mystische Zunge genannt
Und haben, die Wortgelehrten,
Den Wert des Worts nicht erkannt.

Mystisch heißest du ihnen,
Weil sie Närrisches bei dir denken
Und ihren unlautern Wein
In deinem Namen verschenken.

Du aber bist mystisch rein,
Weil sie dich nicht verstehn,
Der du, ohne fromm zu sein, selig bist!
Das wollen sie dir nicht zugestehn.

Wink

Und doch haben sie recht, die ich schelte:
Denn, dass ein Wort nicht einfach gelte,
Das müsste sich wohl von selbst verstehn.
Das Wort ist ein Fächer! Zwischen den Stäben
Blicken ein Paar schöne Augen hervor.
Der Fächer ist nur ein lieblicher Flor,
Er verdeckt mir zwar das Gesicht,
Aber das Mädchen verbirgt er nicht,
Weil das Schönste, was sie besitzt,
Das Auge, mir ins Auge blitzt.

An Hafis

Was alle wollen, weißt du schon
Und hast es wohl verstanden:
Denn Sehnsucht hält, von Staub zu Thron,
Uns all in strengen Banden.

Es tut so weh, so wohl hernach,
Wer sträubte sich dagegen?
Und wenn den Hals der eine brach,
Der andre bleibt verwegen.

Verzeihe, Meister, wie du weißt,
Dass ich mich oft vermesse,

Wenn sie das Auge nach sich reißt,
Die wandelnde Zypresse.

Wie Wurzelfasern schleicht ihr Fuß
Und buhlet mit dem Boden;
Wie leicht Gewölk verschmilzt ihr Gruß,
Wie Ost-Gekos ihr Oden.

Das alles drängt uns ahndevoll,
Wo Lock an Locke kräuselt,
In brauner Fülle ringelnd schwoll,
Sodann im Winde säuselt.

Nun öffnet sich die Stirne klar,
Dein Herz damit zu glätten,
Vernimmst ein Lied so froh und wahr,
Den Geist darin zu betten.

Und wenn die Lippen sich dabei
Aufs Niedlichste bewegen,
Sie machen dich auf einmal frei,
In Fesseln dich zu legen.

Der Atem will nicht mehr zurück,
Die Seel zur Seele fliehend,
Gerüche winden sich durchs Glück,
Unsichtbar wolkig ziehend.

Doch wenn es allgewaltig brennt,
Dann greifst du nach der Schale:
Der Schenke läuft, der Schenke kömmt
Zum erst und zweiten Male.

Sein Auge blitzt, sein Herz erbebt,
Er hofft auf deine Lehren,
Dich, wenn der Wein den Geist erhebt,
Im höchsten Sinn zu hören.

Ihm öffnet sich der Welten Raum,
Im Innern Heil und Orden,
Es schwillt die Brust, es bräunt der Flaum,
Er ist ein Jüngling worden.

Und wenn dir kein Geheimnis blieb,
Was Herz und Welt enthalte,
Dem Denker winkst du treu und lieb,
Dass sich der Sinn entfalte.

Auch dass vom Throne Fürstenhort
Sich nicht für uns verliere,
Gibst du dem Schach ein gutes Wort

Und gibst es dem Wesire.
Das alles kennst und singst du heut
Und singst es morgen eben:
So trägt uns freundlich dein Geleit
Durchs raue, milde Leben.

Uschk Nameh / Buch der Liebe

Sage mir,
Was mein Herz begehrt?
Mein Herz ist bei dir.
Halt es wert.

Musterbilder

Hör und bewahre
Sechs Liebespaare.
Wortbild entzündet, Liebe schürt zu:
Rustan und Rodawu.
Unbekannte sind sich nah:
Jussuph und Suleika.
Liebe, nicht Liebesgewinn:
Ferhad und Schirin.
Nur für einander da:
Medschnun und Leila.
Liebend im Alter sah
Dschemil auf Boteinah.
Süße Liebeslaune,
Salomo und die Braune!
Hast du sie wohl vermerkt,
Bist im Lieben gestärkt.

Noch ein Paar

Ja, Lieben ist ein groß Verdienst!
Wer findet schöneren Gewinst? –
Du wirst nicht mächtig, wirst nicht reich,
Jedoch den größten Helden gleich.
Man wird, so gut wie vom Propheten,
Von *Wamik* und von *Asra* reden. –
Nicht reden wird man, wird sie nennen:
Die Namen müssen alle kennen.

Was sie getan, was sie geübt,
Das weiß kein Mensch! Dass sie geliebt,
Das wissen wir. Genug gesagt,
Wenn man nach *Wamik* und *Asra* fragt.

Lesebuch

Wunderlichstes Buch der Bücher
Ist das Buch der Liebe;
Aufmerksam hab ich's gelesen:
Wenig Blätter Freuden,
Ganze Hefte Leiden;
Einen Abschnitt macht die Trennung.
Wiedersehn! ein klein Kapitel,
Fragmentarisch. Bände Kummers
Mit Erklärungen verlängert,
Endlos, ohne Maß.
O Nisami! – doch am Ende
Hast den rechten Weg gefunden;
Unauflösliches, wer löst es?
Liebende, sich wieder findend.

Ja, die Augen waren's, ja, der Mund,
Die mir blickten, die mich küssten.
Hüfte schmal, der Leib so rund
Wie zu Paradieses Lüsten.
War sie da? Wo ist sie hin?
Ja! sie war's, sie hat's gegeben,
Hat gegeben sich im Fliehn
Und gefesselt all mein Leben.

Gewarnt

Auch in Locken hab ich mich
Gar zu gern verfangen,
Und so, Hafis, wär's wie dir
Deinem Freund ergangen.

Aber Zöpfe flechten sie
Nun aus langen Haaren,
Unterm Helme fechten sie,
Wie wir wohl erfahren.

Wer sich aber wohl besann,
Lässt sich so nicht zwingen:

Schwere Ketten fürchtet man,
Rennt in leichte Schlingen.

Versunken

Voll Locken kraus ein Haupt so rund! –
Und darf ich dann in solchen reichen Haaren
Mit vollen Händen hin und wider fahren,
Da fühl ich mich von Herzensgrund gesund.
Und küss ich Stirne, Bogen, Auge, Mund,
Dann bin ich frisch und immer wieder wund.
Der fünfgezackte Kamm, wo sollt er stocken?
Er kehrt schon wieder zu den Locken.
Das Ohr versagt sich nicht dem Spiel,
Hier ist nicht Fleisch, hier ist nicht Haut,
So zart zum Scherz, so liebeviel!
Doch wie man auf dem Köpfchen kraut,
Man wird in solchen reichen Haaren
Für ewig auf und nieder fahren.
So hast du, Hafis, auch getan,
Wir fangen es von vornen an.

Bedenklich

Soll ich von Smaragden reden,
Die dein Finger niedlich zeigt?
Manchmal ist ein Wort vonnöten,
Oft ist's besser, dass man schweigt.

Also sag ich, dass die Farbe
Grün und augerquicklich sei!
Sage nicht, dass Schmerz und Narbe
Zu befürchten nah dabei.

Immerhin! du magst es lesen!
Warum übst du solche Macht!
»So gefährlich ist dein Wesen
Als erquicklich der Smaragd.«

Liebchen, ach! im starren Bande
Zwängen sich die freien Lieder,
Die im reinen Himmelslande
Munter flogen hin und wider.
Allem ist die Zeit verderblich,
Sie erhalten sich allein!

Jede Zeile soll unsterblich,
Ewig wie die Liebe sein.

Schlechter Trost

Mitternachts weint und schluchzt ich,
Weil ich dein entbehrte.
Da kamen Nachtgespenster,
Und ich schämte mich.

»Nachtgespenster«, sagt ich,
»Schluchzend und weinend
Findet ihr mich, dem ihr sonst
Schlafendem vorüberzogt.
Große Güter vermiss ich.
Denkt nicht schlimmer von mir,
Den ihr sonst weise nanntet,
Großes Übel betrifft ihn!« –
Und die Nachtgespenster
Mit langen Gesichtern
Zogen vorbei,
Ob ich weise oder törig,
Völlig unbekümmert.

Genügsam

»Wie irrig wähnest du,
Aus Liebe gehöre das Mädchen dir zu.
Das könnte mich nun gar nicht freuen,
Sie versteht sich auf Schmeicheleien.«

Dichter

Ich bin zufrieden, dass ich's habe!
Mir diene zur Entschuldigung:
Liebe ist freiwillige Gabe,
Schmeichelei Huldigung.

Gruß

O wie selig ward mir!
Im Lande wandl' ich,
Wo Hudhud über den Weg läuft.
Des alten Meeres Muscheln,
Im Stein sucht ich die versteinten;
Hudhud lief einher,

Die Krone entfaltend;
Stolzierte, neckischer Art,
Über das Tote scherzend,
Der Lebend'ge.
»Hudhud«, sagt ich, »fürwahr!
Ein schöner Vogel bist du.
Eile doch, Wiedehopf!
Eile, der Geliebten
Zu verkünden, dass ich ihr
Ewig angehöre.
Hast du doch auch
Zwischen Salomo
Und Sabas Königin
Ehemals den Kuppler gemacht!«

Ergebung

»Du vergehst und bist so freundlich,
Verzehrst dich und singst so schön?«

Dichter

Die Liebe behandelt mich feindlich!
Da will ich gern gestehn,
Ich singe mit schwerem Herzen.
Sieh doch einmal die Kerzen,
Sie leuchten, indem sie vergehn.

Eine Stelle suchte der Liebe Schmerz,
Wo es recht wüst und einsam wäre;
Da fand er denn mein ödes Herz
Und nistete sich in das leere.

Unvermeidlich

Wer kann gebieten den Vögeln.
Still zu sein auf der Flur?
Und wer verbieten zu zappeln
Den Schafen unter der Schur?

Stell ich mich wohl ungebärdig,
Wenn mir die Wolle kraust?
Nein! Die Ungebärden entzwingt mir
Der Scherer, der mich zerzaust.

Wer will mir wehren zu singen

Nach Lust zum Himmel hinan,
Den Wolken zu vertrauen,
Wie lieb sie mir's angetan?

Geheimes

Über meines Liebchens Äugeln
Stehn verwundert alle Leute;
Ich, der Wissende, dagegen
Weiß recht gut, was das bedeute.

Denn es heißt: ich liebe diesen,
Und nicht etwa den und jenen.
Lasset nur, ihr guten Leute,
Euer Wundern, euer Sehnen!

Ja, mit ungeheuren Mächten
Blicket sie wohl in die Runde;
Doch sie sucht nur zu verkünden
Ihm die nächste süße Stunde.

Geheimstes

»Wir sind emsig, nachzuspüren,
Wir, die Anekdotenjäger,
Wer dein Liebchen sei und ob du
Nicht auch habest viele Schwäger.

Denn dass du verliebt bist, sehn wir,
Mögen dir es gerne gönnen;
Doch dass Liebchen so dich liebe,
Werden wir nicht glauben können.«

Ungehindert, liebe Herren,
Sucht sie auf! nur hört das eine:
Ihr erschrecket, wenn sie dasteht!
Ist sie fort, ihr kost dem Scheine.

Wisst ihr, wie *Schehâb-eddin*
Sich auf *Arafat* entmantelt,
Niemand haltet ihr für törig,
Der in seinem Sinne handelt.

Wenn vor deines Kaisers Throne
Oder vor der Vielgeliebten
Je dein Name wird gesprochen,
Sei es dir zu höchstem Lohne.

Darum war's der höchste Jammer,

Als einst *Medschnun* sterbend wollte,
Dass vor *Leila* seinen Namen
Man forthin nicht nennen sollte.

Tefkir Nameh / Buch der Betrachtungen

Höre den Rat, den die Leier tönt;
Doch er nutzet nur, wenn du fähig bist.
Das glücklichste Wort, es wird verhöhnt,
Wenn der Hörer ein Schiefohr ist.

»Was tönt denn die Leier?« Sie tönet laut:
Die schönste, das ist nicht die beste Braut;
Doch wenn wir dich unter uns zählen sollen,
So musst du das Schönste, das Beste wollen.

Fünf Dinge

Fünf Dinge bringen fünfe nicht hervor,
Du, dieser Lehre öffne du dein Ohr:
Der stolzen Brust wird Freundschaft nicht entsprossen;
Unhöflich sind der Niedrigkeit Genossen;
Ein Bösewicht gelangt zu keiner Größe;
Der Neidische erbarmt sich nicht der Blöße;
Der Lügner hofft vergeblich Treu und Glauben;
Das halte fest, und niemand lass dir's rauben.

Fünf andere

Was verkürzt mir die Zeit?
Tätigkeit!
Was macht sie unerträglich lang?
Müßiggang!
Was bringt in Schulden?
Harren und Dulden!
Was macht Gewinnen?
Nicht lange besinnen!
Was bringt zu Ehren?
Sich wehren!

Lieblich ist des Mädchens Blick, der winket,
Trinkers Blick ist lieblich, eh er trinket,
Gruß des Herren, der befehlen konnte,

Sonnenschein im Herbst, der dich besonnte.
Lieblicher als alles dieses habe
Stets vor Augen, wie sich kleiner Gabe
Dürft'ge Hand so hübsch entgegendränget,
Zierlich dankbar, was du reichst, empfänget.
Welch ein Blick! ein Gruß! ein sprechend Streben!
Schau es recht, und du wirst immer geben.

*Und was im **Pend Nameh** steht,*
Ist dir aus der Brust geschrieben:
Jeden, dem du selber gibst,
Wirst du wie dich selber lieben,
Reiche froh den Pfennig hin,
Häufe nicht ein Goldvermächtnis,
Eile, freudig vorzuziehn
Gegenwart vor dem Gedächtnis.

Reitest du bei einem Schmied vorbei,
Weißt nicht, wann er dein Pferd beschlägt;
Siehst du eine Hütte im Felde frei,
Weißt nicht, ob sie dir ein Liebchen hegt;
Einem Jüngling begegnest du, schön und kühn,
Er überwindet dich künftig oder du ihn.
Am sichersten kannst du vom Rebstock sagen,
Er werde für dich was Gutes tragen.
So bist du denn der Welt empfohlen,
Das übrige will ich nicht wiederholen.

Den Gruß des Unbekannten ehre ja!
Er sei dir wert als alten Freundes Gruß.
Nach wenig Worten sagt ihr Lebewohl!
Zum Osten du, er westwärts, Pfad an Pfad –
Kreuzt euer Weg nach vielen Jahren drauf
Sich unerwartet, ruft ihr freudig aus:
Er ist es! ja, da war's! als hätte nicht
So manche Tagefahrt zu Land und See,
So manche Sonnenkehr sich drein gelegt.
Nun tauschet War' um Ware, teilt Gewinn!
Ein alt Vertrauen wirke neuen Bund –
Der erste Gruß ist viele tausend wert,
Drum grüße freundlich jeden, der begrüßt.

Haben sie von deinen Fehlen
Immer viel erzählt
Und, für wahr sie zu erzählen,
Vielfach sich gequält.
Hätten sie von deinem Guten
Freundlich dir erzählt,
Mit verständig treuen Winken.
Wie man Bessres wählt:
O gewiss! das Allerbeste
Blieb ihm nicht verhehlt,
Das fürwahr nur wenig Gäste
In der Klause zählt,
Nun als Schüler mich, zu kommen
Endlich auserwählt,
Und mich lehrt der Buße Frommen,
Wenn der Mensch gefehlt.

Märkte reizen dich zum Kauf;
Doch das Wissen blähet auf.
Wer im Stillen um sich schaut,
Lernet, wie die Lieb erbaut.
Bist du Tag und Nacht beflissen,
Viel zu hören, viel zu wissen.
Horch an einer andern Türe,
Wie zu wissen sich gebühre.
Soll das Rechte zu dir ein,
Fühl, in Gott was Rechts zu sein:
Wer von reiner Lieb entbrannt,
Wird vom lieben Gott erkannt.

Wie ich so ehrlich war,
Hab ich gefehlt
Und habe jahrelang
Mich durchgequält;
Ich galt und galt auch nicht,
Was sollt es heißen?
Nun wollt ich Schelm sein,
Tät mich befleißen;
Das wollt mir gar nicht ein,
Musst mich zerreißen.
Da dacht ich: ehrlich sein
Ist doch das Beste,
War es nur kümmerlich,

So steht es feste.

Frage nicht, durch welche Pforte
Du in Gottes Stadt gekommen,
Sondern bleib am stillen Orte,
Wo du einmal Platz genommen.

Schaue dann umher nach Weisen
Und nach Mächt'gen, die befehlen;
Jene werden unterweisen,
Diese Tat und Kräfte stählen.

Wenn du nützlich und gelassen
So dem Staate treu geblieben,
Wisse! niemand wird dich hassen,
Und dich werden viele lieben.

Und der Fürst erkennt die Treue,
Sie erhält die Tat lebendig;
Dann bewährt sich auch das Neue
Nächst dem Alten erst beständig.

Woher ich kam? Es ist noch eine Frage,
Mein Weg hierher, der ist mir kaum bewusst,
Heut nun und hier, am himmelfrohen Tage,
Begegnen sich, wie Freunde, Schmerz und Lust.
O süßes Glück, wenn beide sich vereinen!
Einsam, wer möchte lachen, möchte weinen?

Es geht eins nach dem andern hin,
Und auch wohl vor dem andern;
Drum lasst uns rasch und brav und kühn
Die Lebenswege wandern.
Es hält dich auf, mit Seitenblick,
Der Blumen viel zu lesen;
Doch hält nichts grimmiger zurück,
Als wenn du falsch gewesen.

Behandelt die Frauen mit Nachsicht!
Aus krummer Rippe ward sie erschaffen,
Gott konnte sie nicht ganz grade machen.
Willst du sie biegen, sie bricht;
Lässt du sie ruhig, sie wird noch krümmer;
Du guter Adam, was ist denn schlimmer? –

Behandelt die Frauen mit Nachsicht:
Es ist nicht gut, dass euch eine Rippe bricht.

Das Leben ist ein schlechter Spaß,
Dem fehlt's an Dies, dem fehlt's an Das,
Der will nicht wenig, der zu viel,
Und Kann und Glück kommt auch ins Spiel.
Und hat sich's Unglück drein gelegt,
Jeder, wie er nicht wollte, trägt.
Bis endlich Erben mit Behagen
Herrn Kannicht-Willnicht weiter tragen.

Das Leben ist ein Gänsespiel:
Je mehr man vorwärts gehet,
Je früher kommt man an das Ziel.
Wo niemand gerne stehet.

Man sagt, die Gänse wären dumm,
O glaubt mir nicht den Leuten:
Denn eine sieht einmal sich rum,
Mich rückwärts zu bedeuten.

Ganz anders ist's in dieser Welt.
Wo alles vorwärts drücket,
Wenn einer stolpert oder fällt.
Keine Seele rückwärts blicket.

»Die Jahre nahmen dir, du sagst, so vieles:
Die eigentliche Lust des Sinnespieles,
Erinnerung des allerliebsten Tandes
Von gestern, weit und breiten Landes
Durchschweifen frommt nicht mehr; selbst nicht von oben
Der Ehren anerkannte Zier, das Loben,
Erfreulich sonst. Aus eignem Tun Behagen
Quillt nicht mehr auf, dir fehlt ein dreistes Wagen!
Nun wüsst ich nicht, was dir Besondres bliebe?«
Mir bleibt genug! Es bleibt Idee und Liebe!

Vor den Wissenden sich stellen,
Sicher ist's in allen Fällen!
Wenn du lange dich gequälet,
Weiß er gleich, wo dir es fehlet;
Auch auf Beifall darfst du hoffen,

Denn er weiß, wo du's getroffen.

Freigebiger wird betrogen,
Geizhafter ausgesogen,
Verständiger irregeleitet,
Vernünftiger leer geweitet.
Der Harte wird umgangen,
Der Gimpel wird gefangen.
Beherrsche diese Lüge,
Betrogener betrüge!

Wer befehlen kann, wird loben,
Und er wird auch wieder schelten,
Und das muss dir, treuer Diener,
Eines wie das andre gelten.

Denn er lobt wohl das Geringe,
Schilt auch, wo er sollte loben;
Aber bleibst du guter Dinge,
Wird er dich zuletzt erproben.

Und so haltet's auch, ihr Hohen,
Gegen Gott, wie der Geringe,
Tut und leidet, wie sich's findet.
Bleibt nur immer guter Dinge.

Schach Sedschan und seinesgleichen

Durch allen Schall und Klang
Der Transoxanen
Erkühnt sich unser Sang
Auf deine Bahnen!
Uns ist für gar nichts bang,
In dir lebendig,
Dein Leben daure lang.
Dein Reich beständig!

Höchste Gunst

Ungezähmt, so wie ich war,
Hab ich einen Herrn gefunden
Und, gezähmt, nach manchem Jahr
Eine Herrin auch gefunden.
Da sie Prüfung nicht gespart,
Haben sie mich treu gefunden

Und mit Sorgfalt mich bewahrt
Als den Schatz, den sie gefunden.
Niemand diente zweien Herrn,
Der dabei sein Glück gefunden;
Herr und Herrin sehn es gern,
Dass sie beide mich gefunden,
Und mir leuchtet Glück und Stern,
Da ich beide sie gefunden.

Ferdusi

spricht

O Welt! wie schamlos und boshaft du bist!
Du nährst und erziehest und tötest zugleich.

Nur wer von Allah begünstiget ist,
Der nährt sich, erzieht sich, lebendig und reich.

Was heißt denn Reichtum? – Eine wärmende Sonne,
Genießt sie der Bettler, wie wir sie genießen!
Es möge doch keinen der Reichen verdrießen
Des Bettlers im Eigensinn selige Wonne.

Dschelâl - Eddîn Rumi

spricht

Verweilst du in der Welt, sie flieht als Traum,
Du reisest, ein Geschick bestimmt den Raum;
Nicht Hitze, Kälte nicht vermagst du festzuhalten,
Und was dir blüht, sogleich wird es veralten.

Suleika

spricht

Der Spiegel sagt mir: ich bin schön!
Ihr sagt: zu altern sei auch mein Geschick.
Vor Gott muss alles ewig stehn,
In mir liebt Ihn, für diesen Augenblick.

Rendsch Nameh / Buch des Unmuts

»Wo hast du das genommen?
Wie konnt es zu dir kommen?
Wie aus dem Lebensplunder
Erwarbst du diesen Zunder,
Der Funken letzte Gluten
Von frischem zu ermuten?«

Euch mög es nicht bedünkeln,
Es sei gemeines Fünkeln;
Auf ungemessner Ferne,
Im Ozean der Sterne,
Mich hatt ich nicht verloren,
Ich war wie neu geboren.

Von weißer Schafe Wogen
Die Hügel überzogen,
Umsorgt von ernsten Hirten,
Die gern und schmal bewirten,
So ruhig – liebe Leute,
Dass jeder mich erfreute.

In schauerlichen Nächten,
Bedrohet von Gefechten;
Das Stöhnen der Kamele
Durchdrang das Ohr, die Seele,
Und derer, die sie führen,
Einbildung und Stolzieren.

Und immer ging es weiter,
Und immer ward es breiter,
Und unser ganzes Ziehen,
Es schien ein ewig Fliehen,
Blau, hinter Wüst und Heere,
Der Streif erlogner Meere.

Keinen Reimer wird man finden,
Der sich nicht den besten hielte,
Keinen Fiedler, der nicht lieber
Eigne Melodien spielte.

Und ich konnte sie nicht tadeln;
Wenn wir andern Ehre geben,
Müssen wir uns selbst entadeln;
Lebt man denn, wenn andre leben?

Und so fand ich's denn auch juste
In gewissen Antichambern,
Wo man nicht zu sondern wusste
Mäusedreck von Koriandern.

Das Gewesne wollte hassen
Solche rüstige neue Besen,
Diese dann nicht gelten lassen,
Was sonst Besen war gewesen.

Und wo sich die Völker trennen
Gegenseitig im Verachten,
Keins von beiden wird bekennen,
Dass sie nach demselben trachten.

Und das grobe Selbstempfinden
Haben Leute hart gescholten,
Die am wenigsten verwinden,
Wenn die andern was gegolten.

Befindet sich einer heiter und gut,
Gleich will ihn der Nachbar pein'gen;
Solang der Tüchtige lebt und tut,
Möchten sie ihn gerne stein'gen.
Ist er hinterher aber tot,
Gleich sammeln sie große Spenden.
Zu Ehren seiner Lebensnot
Ein Denkmal zu vollenden;
Doch ihren Vorteil sollte dann
Die Menge wohl ermessen,
Gescheiter wär's, den guten Mann
Auf immerdar vergessen.

Übermacht, ihr könnt es spüren,
Ist nicht aus der Welt zu bannen;
Mir gefällt, zu konversieren
Mit Gescheiten, mit Tyrannen.

Da die dummen Eingeengten
Immerfort am stärksten pochten
Und die Halben, die Beschränkten
Gar zu gern uns unterjochten,

Hab ich mich für frei erkläret
Von den Narren, von den Weisen,
Diese bleiben ungestöret,

Jene möchten sich zerreißen.

Denken, in Gewalt und Liebe
Müssten wir zuletzt uns gatten.
Machen mir die Sonne trübe.
Und erhitzen mir den Schatten.

Hafis auch und Ulrich Hutten
Mussten ganz bestimmt sich rüsten
Gegen braun und blaue Kutten;
Meine gehn wie andre Christen.

»Aber nenn uns doch die Feinde!«
Niemand soll sie unterscheiden:
Denn ich hab in der Gemeinde
Schon genug daran zu leiden.

Wenn du auf dem Guten ruhst,
Nimmer werd ich's tadeln,
Wenn du gar das Gute tust.
Sieh, das soll dich adeln!
Hast du aber deinen Zaun
Um dein Gut gezogen,
Leb ich frei und lebe traun
Keineswegs betrogen.

Denn die Menschen, sie sind gut.
Würden besser bleiben,
Sollte nicht, wie's einer tut,
Auch der andre treiben.
Auf dem Weg, da ist's ein Wort.
Niemand wird's verdammen:
Wollen wir an *einen* Ort,
Nun, wir gehn zusammen.

Vieles wird sich da und hie
Uns entgegenstellen.
In der Liebe mag man nie
Helfer und Gesellen;
Geld und Ehre hätte man
Gern allein zur Spende;
Und der Wein, der treue Mann.
Der entzweit am Ende.

Hat doch über solches Zeug
Hafis auch gesprochen,
Über manchen dummen Streich

Sich den Kopf zerbrochen,
Und ich seh nicht, was es frommt,
Aus der Welt zu laufen,
Magst du, wenn's zum Schlimmsten kommt,
Auch einmal dich raufen.

Als wenn das auf Namen ruhte,
Was sich schweigend nur entfaltet!
Lieb ich doch das schöne Gute,
Wie es sich aus Gott gestaltet.

Jemand lieb ich, das ist nötig;
Niemand hass ich; soll ich hassen,
Auch dazu bin ich erbötig,
Hasse gleich in ganzen Massen.

Willst sie aber näher kennen?
Sieh aufs Rechte, sieh aufs Schlechte;
Was sie ganz fürtrefflich nennen,
Ist wahrscheinlich nicht das Rechte.

Denn das Rechte zu ergreifen,
Muss man aus dem Grunde leben,
Und salbadisch auszuschweifen
Dünket mich ein seicht Bestreben.

Wohl, Herr Knitterer, er kann sich
Mit Zersplitterer vereinen,
Und Verwitterer alsdann sich
Allenfalls der Beste scheinen!

Dass nur immer in Erneuung
Jeder täglich Neues höre,
Und zugleich auch die Zerstreuung
Jeden in sich selbst zerstöre.

Dies der Landsmann wünscht und liebet,
Mag er Deutsch, mag Teutsch sich schreiben,
Liedchen aber heimlich piepet:
Also war es und wird bleiben.

Medschnun heißt – ich will nicht sagen,
Dass es grad ein Toller heiße;
Doch ihr müsst mich nicht verklagen,
Dass ich mich als Medschnun preise.

Wenn die Brust, die redlich volle,
Sich entladet, euch zu retten,

Ruft ihr nicht: das ist der Tolle!
Holet Stricke, schaffet Ketten!?

Und wenn ihr zuletzt in Fesseln
Seht die Klügeren verschmachten,
Sengt es euch wie Feuernesseln,
Das vergebens zu betrachten.

Hab ich euch denn je geraten,
Wie ihr Kriege führen solltet?
Schalt ich euch, nach euren Taten,
Wenn ihr Friede schließen wolltet?

Und so hab ich auch den Fischer
Ruhig sehen Netze werfen,
Brauchte dem gewandten Tischer
Winkelmaß nicht einzuschärfen.

Aber ihr wollt besser wissen,
Was ich weiß, der ich bedachte,
Was Natur, für mich beflissen,
Schon zu meinem Eigen machte.

Fühlt ihr auch dergleichen Stärke?
Nun, so fördert eure Sachen!
Seht ihr aber meine Werke,
Lernet erst: so wollt er's machen.

Wanderers Gemütsruhe

Übers Niederträchtige
Niemand sich beklage;
Denn es ist das Mächtige,
Was man dir auch sage.

In dem Schlechten waltet es
Sich zu Hochgewinne,
Und mit Rechtem schaltet es
Ganz nach seinem Sinne.

Wandrer! – Gegen solche Not
Wolltest du dich sträuben?
Wirbelwind und trocknen Kot,
Lass sie drehn und stäuben.

Wer wird von der Welt verlangen,
Was sie selbst vermisst und träumet,

Rückwärts oder seitwärts blickend
Stets den Tag des Tags versäumet?
Ihr Bemühn, ihr guter Wille
Hinkt nur nach dem raschen Leben,
Und was du vor Jahren brauchtest,
Möchte sie dir heute geben.

Sich selbst zu loben ist ein Fehler,
Doch jeder tut's, der etwas Gutes tut;
Und ist er dann in Worten kein Verhehler,
Das Gute bleibt doch immer gut.

Lasst doch, ihr Narren, doch die Freude
Dem Weisen, der sich weise hält,
Dass er, ein Narr wie ihr, vergeude
Den abgeschmackten Dank der Welt.

Glaubst du denn: von Mund zu Ohr
Sei ein redlicher Gewinst?
Überliefrung, o du Tor,
Ist auch wohl ein Hirngespinst!
Nun geht erst das Urteil an;
Dich vermag aus Glaubensketten
Der Verstand allein zu retten,
Dem du schon Verzicht getan.

Und wer franzet oder britet,
Italienert oder teutschet,
Einer will nur wie der andre,
Was die Eigenliebe heischet.

Denn es ist kein Anerkennen,
Weder vieler noch des einen,
Wenn es nicht am Tage fördert,
Wo man selbst was möchte scheinen.

Morgen habe denn das Rechte
Seine Freunde wohlgesinnet,
Wenn nur heute noch das Schlechte
Vollen Platz und Gunst gewinnet.

Wer nicht von dreitausend Jahren
Sich weiß Rechenschaft zu geben,
Bleib im Dunkeln unerfahren,
Mag von Tag zu Tage leben.

Sonst, wenn man den heiligen Koran zitierte,
Nannte man die Sure, den Vers dazu,
Und jeder Moslem, wie sich's gebührte,
Fühlte sein Gewissen in Respekt und Ruh.
Die neuen Derwische wissen's nicht besser,
Sie schwatzen das Alte, das Neue dazu.
Die Verwirrung wird täglich größer,
O heiliger Koran! O ewige Ruh!

Der Prophet

spricht

Ärgert's jemand, dass es Gott gefallen,
Mahomet zu gönnen Schutz und Glück,
An den stärksten Balken seiner Hallen,
Da befestig' er den derben Strick,
Knüpfe sich daran! das hält und trägt;
Er wird fühlen, dass sein Zorn sich legt.

Timur

spricht

Was? Ihr missbilliget den kräft'gen Sturm
Des Übermuts, verlogne Pfaffen!
Hätt Allah mich bestimmt zum Wurm,
So hätt er mich als Wurm geschaffen.

Hikmet Nameh / Buch der Sprüche

Talismane werd ich in dem Buch zerstreuen,
Das bewirkt ein Gleichgewicht.
Wer mit gläub'ger Nadel sticht,
Überall soll gutes Wort ihn freuen.

Vom heut'gen Tag, von heut'ger Nacht
Verlange nichts,
Als was die gestrigen gebracht.

Wer geboren in bös'ten Tagen,
Dem werden selbst die bösen behagen.

Wie etwas sei leicht,
Weiß, der es erfunden und der es erreicht.

Das Meer flutet immer,
Das Land behält es nimmer.

Was wird mir jede Stunde so bang? –
Das Leben ist kurz, der Tag ist lang.
Und immer sehnt sich fort das Herz,
Ich weiß nicht recht, ob himmelwärts;
Fort aber will es hin und hin
Und möchte vor sich selber fliehn.
Und fliegt es an der Liebsten Brust,
Da ruht's im Himmel unbewusst;
Der Lebestrudel reißt es fort,
Und immer hängt's an *einem* Ort;
Was es gewollt, was es verlor,
Es bleibt zuletzt sein eigner Tor.

Prüft das Geschick dich, weiß es wohl warum:
Es wünschte dich enthaltsam! Folge stumm.

Noch ist es Tag, da rühre sich der Mann,
Die Nacht tritt ein, wo niemand wirken kann.

Was machst du an der Welt? Sie ist schon gemacht,
Der Herr der Schöpfung hat alles bedacht.
Dein Los ist gefallen, verfolge die Weise,
Der Weg ist begonnen, vollende die Reise:
Denn Sorgen und Kummer verändern es nicht,
Sie schleudern dich ewig aus gleichem Gewicht.

Wenn der schwer Gedrückte klagt:
Hilfe, Hoffnung sei versagt,
Bleibet heilsam fort und fort
Immer noch ein freundlich Wort.

»Wie ungeschickt habt ihr euch benommen,
Da euch das Glück ins Haus gekommen!«
Das Mädchen hat's nicht übelgenommen
Und ist noch ein paarmal wiedergekommen.

Mein Erbteil wie herrlich, weit und breit!
Die Zeit ist mein Besitz, mein Acker ist die Zeit.

Gutes tu rein aus des Guten Liebe!
Das überliefre deinem Blut;
Und wenn's den Kindern nicht verbliebe,
Den Enkeln kommt es doch zugut.

Enweri *sagt's, ein Herrlichster der Männer,*
Des tiefsten Herzens, höchsten Hauptes Kenner:
Dir frommt an jedem Ort, zu jeder Zeit
Geradheit, Urteil und Verträglichkeit.

Was klagst du über Feinde?
Sollten solche je werden Freunde,
Denen das Wesen, wie du bist,
Im stillen ein ewiger Vorwurf ist?

Dümmer ist nichts zu ertragen,
Als wenn Dumme sagen den Weisen:
Dass sie sich in großen Tagen
Sollten bescheidentlich erweisen.

Wenn Gott so schlechter Nachbar wäre,
Als ich bin und als du bist,
Wir hätten beide wenig Ehre;
Der lässt einen jeden, wie er ist.

Gesteht's! die Dichter des Orients
Sind größer als wir des Okzidents.
Worin wir sie aber völlig erreichen,
Das ist im Hass auf unsresgleichen.

Überall will jeder obenauf sein,
Wie's eben in der Welt so geht.
Jeder sollte freilich grob sein,
Aber nur in dem, was er versteht.

Verschon uns Gott mit deinem Grimme!
Zaunkönige gewinnen Stimme.

Will der Neid sich doch zerreißen,

Lass ihn seinen Hunger speisen.

Sich im Respekt zu erhalten,
Muss man recht borstig sein.
Alles jagt man mit Falken,
Nur nicht das wilde Schwein.

Was hilft's dem Pfaffenorden,
Der mir den Weg verrannt?
Was nicht gerade erfasst worden,
Wird auch schief nicht erkannt.

Einen Helden mit Lust preisen und nennen
Wird jeder, der selbst als Kühner stritt.
Des Menschen Wert kann niemand erkennen,
Der nicht selbst Hitze und Kälte litt.

Gutes tu rein aus des Guten Liebe,
Was du tust, verbleibt dir nicht;
Und wenn es auch dir verbliebe,
Bleibt es deinen Kindern nicht.

Soll man dich nicht aufs Schmählichste berauben,
Verbirg dein Gold, dein Weggehn, deinen Glauben.

Wie kommt's, dass man an jedem Orte
So viel Gutes, so viel Dummes hört?
Die Jüngsten wiederholen der Ältesten Worte
Und glauben, dass es ihnen angehört.

»Lass dich nur in keiner Zeit
Zum Widerspruch verleiten,
Weise fallen in Unwissenheit,
Wenn sie mit Unwissenden streiten.«

»Warum ist Wahrheit fern und weit?
Birgt sich hinab in tiefste Gründe?«

Niemand versteht zur rechten Zeit!
Wenn man zur rechten Zeit verstünde,
So wäre Wahrheit nah und breit

Und wäre lieblich und gelinde.

Was willst du untersuchen,
Wohin die Milde fließt!
Ins Wasser wirf deine Kuchen,
Wer weiß, wer sie genießt.

Als ich einmal eine Spinne erschlagen,
Dacht ich, ob ich das wohl gesollt?
Hat Gott ihr doch wie mir gewollt
Einen Anteil an diesen Tagen!

»Dunkel ist die Nacht, bei Gott ist Licht.
Warum hat er uns nicht auch so zugericht'?«

Welch eine bunte Gemeinde!
An Gottes Tisch sitzen Freund' und Feinde.

Ihr nennt mich einen kargen Mann;
Gebt mir, was ich verprassen kann.

Soll ich dir die Gegend zeigen,
Musst du erst das Dach besteigen.

Wer schweigt, hat wenig zu sorgen,
Der Mensch bleibt unter der Zunge verborgen.

Ein Herre mit zwei Gesind,
Er wird nicht wohl gepflegt.
Ein Haus, worin zwei Weiber sind,
Es wird nicht rein gefegt.

Ihr lieben Leute, bleibt dabei
Und sagt nur: »Autos epha!«
Was sagt ihr lange Mann und Weib?
Adam, so heißt's, und Eva.

Wofür ich Allah höchlich danke?
Dass er Leiden und Wissen getrennt.
Verzweifeln müsste jeder Kranke,
Das Übel kennend, wie der Arzt es kennt.

Närrisch, dass jeder in seinem Falle
Seine besondere Meinung preist!
Wenn *Islam* Gott ergeben heißt,
In Islam leben und sterben wir alle.

Wer auf die Welt kommt, baut ein neues Haus,
Er geht und lässt es einem zweiten.
Der wird sich's anders zubereiten,
Und niemand baut es aus.

Wer in mein Haus tritt, der kann schelten,
Was ich ließ viele Jahre gelten;
Vor der Tür aber müsst er passen,
Wenn ich ihn nicht wollte gelten lassen.

Herr, lass dir gefallen
Dieses kleine Haus,
Größre kann man bauen,
Mehr kommt nicht heraus.

Du bist auf immer geborgen,
Das nimmt dir niemand wieder:
Zwei Freunde, ohne Sorgen,
Weinbecher, Büchlein, Lieder.

»Was brachte Lokman nicht hervor,
Den man den Garst'gen hieß!«
Die Süßigkeit liegt nicht im Rohr,
Der Zucker, der ist süß.

Herrlich ist der Orient
Übers Mittelmeer gedrungen;
Nur wer Hafis liebt und kennt,
Weiß, was Calderon gesungen.

»Was schmückst du die eine Hand denn nun
Weit mehr als ihr gebührte?«
Was sollte denn die Linke tun,
Wenn sie die Rechte nicht zierte?

Wenn man auch nach Mekka triebe

Christus' Esel, würd er nicht
Dadurch besser abgericht',
Sondern stets ein Esel bliebe.

Getretner Quark
Wird breit, nicht stark.
Schlägst du ihn aber mit Gewalt
In feste Form, er nimmt Gestalt.
Dergleichen Steine wirst du kennen,
Europäer Pisé sie nennen.

Betrübt euch nicht, ihr guten Seelen!
Denn wer nicht fehlt, weiß wohl, wenn andre fehlen;
Allein wer fehlt, der ist erst recht daran,
Er weiß nun deutlich, wie sie wohlgetan.

»Du hast gar vielen nicht gedankt,
Die dir so manches Gute gegeben!«
Darüber bin ich nicht erkrankt,
Ihre Gaben mir im Herzen leben.

Guten Ruf musst du dir machen,
Unterscheiden wohl die Sachen;
Wer was weiter will, verdirbt.

»Die Flut der Leidenschaft, sie stürmt vergebens
Ans unbezwungne feste Land.«
Sie wirft poetische Perlen an den Strand,
Und das ist schon Gewinn des Lebens.

Vertrauter

Du hast so manche Bitte gewährt,
Und wenn sie dir auch schädlich war;
Der gute Mann da hat wenig begehrt.
Dabei hat es doch keine Gefahr.

Wesir

Der gute Mann hat wenig begehrt,
Und hätt ich's ihm sogleich gewährt,
Er auf der Stelle verloren war.

Schlimm ist es, wie doch wohl geschieht,
Wenn Wahrheit sich nach dem Irrtum zieht;
Das ist auch manchmal ihr Behagen,
Wer wird so schöne Frau befragen?
Herr Irrtum, wollt er an Wahrheit sich schließen,
Das sollte Frau Wahrheit bass verdrießen.

Wisse, dass mir sehr missfällt,
Wenn so viele singen und reden!
Wer treibt die Dichtkunst aus der Welt?
Die Poeten!

Timur Nameh / Buch des Timur

Der Winter und Timur

So umgab sie nun der Winter
Mit gewalt'gem Grimme. Streuend
Seinen Eishauch zwischen alle,
Hetzt' er die verschiednen Winde
Widerwärtig auf sie ein.
Über sie gab er Gewaltkraft
Seinen frostgespitzten Stürmen,
Stieg in Timurs Rat hernieder,
Schrie ihn drohend an und sprach so:
»Leise, langsam, Unglücksel'ger!
Wandle, du Tyrann des Unrechts;
Sollen länger noch die Herzen
Sengen, brennen deinen Flammen?
Bist du der verdammten Geister
Einer, wohl! ich bin der andre.
Du bist Greis, ich auch, erstarren
Machen wir so Land als Menschen.
Mars! du bist's! Ich bin Saturnus,
Übeltätige Gestirne,
Im Verein die schrecklichsten.
Tötest du die Seele, kältest
Du den Luftkreis; meine Lüfte
Sind noch kälter, als du sein kannst.
Quälen deine wilden Heere
Gläubige mit tausend Martern,
Wohl, in meinen Tagen soll sich,

Geb es Gott! was Schlimmres finden.
Und bei Gott, dir schenk ich nichts.
Hör es Gott, was ich dir biete!
Ja bei Gott! von Todeskälte
Nicht, o Greis, verteid'gen soll dich
Breite Kohlenglut vom Herde,
Keine Flamme des Dezembers.«

An Suleika

Dir mit Wohlgeruch zu kosen,
Deine Freuden zu erhöhn,
Knospend müssen tausend Rosen
Erst in Gluten untergehn.

Um ein Fläschchen zu besitzen.
Das den Ruch auf ewig hält,
Schlank wie deine Fingerspitzen.
Da bedarf es einer Welt;

Einer Welt von Lebenstrieben,
Die in ihrer Fülle Drang
Ahneten schon Bulbuls Lieben,
Seeleregenden Gesang.

Sollte jene Qual uns quälen,
Da sie unsre Lust vermehrt?
Hat nicht Myriaden Seelen
Timurs Herrschaft aufgezehrt?

Suleika Nameh / Buch Suleika

Ich gedachte in der Nacht,
Dass ich den Mond sähe im Schlaf;
Als ich aber erwachte,
Ging unvermutet die Sonne auf.

Einladung

Musst nicht vor dem Tage fliehen:
Denn der Tag, den du ereilest,
Ist nicht besser als der heut'ge;
Aber wenn du froh verweilest,
Wo ich mir die Welt beseit'ge,
Um die Welt an mich zu ziehen,

Bist du gleich mit mir geborgen:
Heut ist heute, morgen morgen,
Und was folgt und was vergangen,
Reißt nicht hin und bleibt nicht hangen.
Bleibe du, mein Allerliebstes;
Denn du bringst es, und du gibst es.

Dass Suleika von Jussuph entzückt war,
Ist keine Kunst;
Er war jung, Jugend hat Gunst,
Er war schön, sie sagen: zum Entzücken,
Schön war sie, konnten einander beglücken.
Aber dass du, die so lange mir erharrt war.
Feurige Jugendblicke mir schickst,
Jetzt mich liebst, mich später beglückst,
Das sollen meine Lieder preisen,
Sollst mir ewig Suleika heißen.

Da du nun Suleika heißest,
Sollt ich auch benamset sein.
Wenn du deinen Geliebten preisest,
Hatem! das soll der Name sein.
Nur dass man mich daran erkennet,
Keine Anmaßung soll es sein:
Wer sich Sankt-Georgen-Ritter nennet,
Denkt nicht gleich Sankt Georg zu sein.
Nicht Hatem Thai, nicht der alles Gebende
Kann ich in meiner Armut sein;
Hatem Zograi nicht, der reichlichst Lebende
Von allen Dichtern, möcht ich sein.
Aber beide doch im Auge zu haben,
Es wird nicht ganz verwerflich sein:
Zu nehmen, zu geben des Glückes Gaben
Wird immer ein groß Vergnügen sein.
Sich liebend aneinander zu laben
Wird Paradieses Wonne sein.

Hatem

Nicht Gelegenheit macht Diebe,
Sie ist selbst der größte Dieb;
Denn sie stahl den Rest der Liebe,
Die mir noch im Herzen blieb.

Dir hat sie ihn übergeben,
Meines Lebens Vollgewinn,
Dass ich nun, verarmt, mein Leben
Nur von dir gewärtig bin.

Doch ich fühle schon Erbarmen
Im Karfunkel deines Blicks
Und erfreu in deinen Armen
Mich erneuerten Geschicks.

Suleika

Hochbeglückt in deiner Liebe
Schelt ich nicht Gelegenheit;
Ward sie auch an dir zum Diebe,
Wie mich solch ein Raub erfreut!

Und wozu denn auch berauben?
Gib dich mir aus freier Wahl;
Gar zu gerne möcht ich glauben –
Ja, ich bin's, die dich bestahl.

Was so willig du gegeben,
Bringt dir herrlichen Gewinn,
Meine Ruh, mein reiches Leben
Geb ich freudig, nimm es hin!

Scherze nicht! Nichts von Verarmen!
Macht uns nicht die Liebe reich?
Halt ich dich in meinen Armen,
Jedem Glück ist meines gleich.

Der Liebende wird nicht irregehn,
Wär's um ihn her auch noch so trübe.
Sollten Leila und Medschnun auferstehn,
Von mir erführen sie den Weg der Liebe.

Ist's möglich, dass ich, Liebchen, dich kose,
Vernehme der göttlichen Stimme Schall!
Unmöglich scheint immer die Rose,
Unbegreiflich die Nachtigall.

Suleika

Als ich auf dem Euphrat schiffte,
Streifte sich der goldne Ring

Fingerab in Wasserklüfte,
Den ich jüngst von dir empfing.

Also träumt ich. Morgenröte
Blitzt ins Auge durch den Baum.
Sag, Poete, sag, Prophete!
Was bedeutet dieser Traum?

Hatem

Dies zu deuten, bin erbötig!
Hab ich dir nicht oft erzählt,
Wie der Doge von Venedig
Mit dem Meere sich vermählt?

So von deinen Fingergliedern
Fiel der Ring dem Euphrat zu.
Ach, zu tausend Himmelsliedern,
Süßer Traum, begeisterst du!

Mich, der von den Indostanen
Streifte bis Damaskus hin,
Um mit neuen Karawanen
Bis ans Rote Meer zu ziehn,

Mich vermählst du deinem Flusse,
Der Terrasse, diesem Hain,
Hier soll bis zum letzten Kusse
Dir mein Geist gewidmet sein.

Kenne wohl der Männer Blicke,
Einer sagt: Ich liebe, leide!
Ich begehre, ja verzweifle!
Und was sonst ist, kennt ein Mädchen.
Alles das kann mir nicht helfen,
Alles das kann mich nicht rühren;
Aber, Hatem, deine Blicke
Geben erst dem Tage Glanz.
Denn sie sagen: *Die* gefällt mir,
Wie mir sonst nichts mag gefallen.
Seh ich Rosen, seh ich Lilien,
Aller Gärten Zier und Ehre,
So Zypressen, Myrten, Veilchen,
Aufgeregt zum Schmuck der Erde;
Und geschmückt ist sie ein Wunder,
Mit Erstaunen uns umfangen,

Uns erquickend, heilend, segnend,
Dass wir uns gesundet fühlen,
Wieder gern erkranken möchten.
Da erblicktest du Suleika
Und gesundetest erkrankend,
Und erkranketest gesundend,
Lächeltest und sahst herüber,
Wie du nie der Welt gelächelt.
Und Suleika fühlt des Blickes
Ew'ge Rede: *Die* gefällt mir,
Wie mir sonst nichts mag gefallen.

Gingo Biloba

Dieses Baums Blatt, der von Osten
Meinem Garten anvertraut,
Gibt geheimen Sinn zu kosten,
Wie's den Wissenden erbaut.

Ist es *ein* lebendig Wesen,
Das sich in sich selbst getrennt?
Sind es zwei, die sich erlesen,
Dass man sie als *eines* kennt?

Solche Frage zu erwidern,
Fand ich wohl den rechten Sinn;
Fühlst du nicht an meinen Liedern,
Dass ich eins und doppelt bin?

Suleika

Sag, du hast wohl viel gedichtet,
Hin und her dein Lied gerichtet,
Schöne Schrift von deiner Hand,
Prachtgebunden, goldgerändet,
Bis auf Punkt und Strich vollendet,
Zierlich lockend, manchen Band?
Stets, wo du sie hingewendet,
War's gewiss ein Liebespfand?

Hatem

Ja, von mächtig holden Blicken,
Wie von lächelndem Entzücken
Und von Zähnen blendend klar,
Wimpern-Pfeilen, Locken-Schlangen,
Hals und Busen reizumhangen,

Tausendfältige Gefahr!
Denke nun, wie von so langem
Prophezeit Suleika war.

Suleika

Die Sonne kommt! Ein Prachterscheinen!
Der Sichelmond umklammert sie.
Wer konnte solch ein Paar vereinen?
Dies Rätsel, wie erklärt sich's? wie?

Hatem

Der Sultan konnt es, er vermählte
Das allerhöchste Weltenpaar,
Um zu bezeichnen Auserwählte,
Die Tapfersten der treuen Schar.

Auch sei's ein Bild von unsrer Wonne!
Schon seh ich wieder mich und dich,
Du nennst mich, Liebchen, deine Sonne,
Komm, süßer Mond, umklammre mich!

Komm, Liebchen, komm! umwinde mir die Mütze!
Aus deiner Hand nur ist der Tulbend schön.
Hat Abbas doch, auf Irans höchstem Sitze,
Sein Haupt nicht zierlicher umwinden sehn!

Ein Tulbend war das Band, das Alexandern
In Schleifen schön vom Haupte fiel
Und allen Folgeherrschern, jenen andern,
Als Königszierde wohlgefiel.

Ein Tulbend ist's, der unsern Kaiser schmücket,
Sie nennen's Krone. Name geht wohl hin!
Juwel und Perle! sei das Aug entzücket!
Der schönste Schmuck ist stets der Musselin.

Und diesen hier, ganz rein und silberstreifig,
Umwinde, Liebchen, um die Stirn umher.
Was ist denn Hoheit? Mir ist sie geläufig!
Du schaust mich an, ich bin so groß als er.

Nur wenig ist's, was ich verlange,
Weil eben alles mir gefällt,
Und dieses wenige, wie lange,
Gibt mir gefällig schon die Welt!

Oft sitz ich heiter in der Schenke
Und heiter im beschränkten Haus;
Allein sobald ich dein gedenke,
Dehnt sich mein Geist erobernd aus.

Dir sollten Timurs Reiche dienen,
Gehorchen sein gebietend Heer,
Badakschan zollte dir Rubinen,
Türkise das Hyrkansche Meer.

Getrocknet honigsüße Früchte
Von Bochara, dem Sonnenland,
Und tausend liebliche Gedichte
Auf Seidenblatt von Samarkand.

Da solltest du mit Freude lesen,
Was ich von Ormus dir verschrieb,
Und wie das ganze Handelswesen
Sich nur bewegte dir zulieb;

Wie in dem Lande der Brahmanen
Viel tausend Finger sich bemüht,
Dass alle Pracht der Indostanen
Für dich auf Woll und Seide blüht;

Ja, zu Verherrlichung der Lieben,
Gießbäche Soumelpours durchwühlt,
Aus Erde, Grus, Gerill, Geschieben
Dir Diamanten ausgespült;

Wie Taucherschar verwegner Männer
Der Perle Schatz dem Golf entriss,
Darauf ein Divan scharfer Kenner
Sie dir zu reihen sich befliss;

Wenn nun Bassora noch das Letzte,
Gewürz und Weihrauch, beigetan,
Bringt alles, was die Welt ergetzte,
Die Karawane dir heran.

Doch alle diese Kaisergüter
Verwirrten doch zuletzt den Blick;
Und wahrhaft liebende Gemüter
Eins nur im andern fühlt sein Glück.

Hätt ich irgend wohl Bedenken.
Balch, Bochâra, Samarkand,
Süßes Liebchen, dir zu schenken,
Dieser Städte Rausch und Tand?

Aber frag einmal den Kaiser,
Ob er dir die Städte gibt?
Er ist herrlicher und weiser;
Doch er weiß nicht, wie man liebt.

Herrscher, zu dergleichen Gaben
Nimmermehr bestimmst du dich!
Solch ein Mädchen muss man haben
Und ein Bettler sein wie ich.

Die schön geschriebenen,
Herrlich umgüldeten
Belächeltest du,
Die anmaßlichen Blätter,
Verziehst mein Prahlen
Von deiner Lieb und meinem
Durch dich glücklichen Gelingen,
Verziehst anmutigem Selbstlob.

Selbstlob! Nur dem Neide stinkt's,
Wohlgeruch Freunden
Und eignem Schmack!

Freude des Daseins ist groß,
Größer die Freud am Dasein,
Wenn du, Suleika,
Mich überschwänglich beglückst,
Deine Leidenschaft mir zuwirfst,
Als wär's ein Ball,
Dass ich ihn fange,
Dir zurückwerfe
Mein gewidmetes Ich;
Das ist ein Augenblick!
Und dann reißt mich von dir
Bald der Franke, bald der Armenier.

Aber Tage währt's,
Jahre dauert's, dass ich neu erschaffe
Tausendfältig deiner Verschwendungen Fülle,
Auftrösle die bunte Schnur meines Glücks,
Geklöppelt tausendfadig
Von dir, o Suleika.

Hier nun dagegen
Dichtrische Perlen,
Die mir deiner Leidenschaft
Gewaltige Brandung

Warf an des Lebens
Verödeten Strand aus.
Mit spitzen Fingern
Zierlich gelesen,
Durchreiht mit juwelenem
Goldschmuck,
Nimm sie an deinen Hals,
An deinen Busen!
Die Regentropfen Allahs,
Gereift in bescheidener Muschel.

Lieb um Liebe, Stund um Stunde,
Wort um Wort und Blick um Blick;
Kuss um Kuss, vom treusten Munde,
Hauch um Hauch und Glück um Glück.
So am Abend, so am Morgen!
Doch du fühlst an meinen Liedern
Immer noch geheime Sorgen;
Jussuphs Reize möcht ich borgen,
Deine Schönheit zu erwidern.

Suleika

Volk und Knecht und Überwinder,
Sie gestehn, zu jeder Zeit:
Höchstes Glück der Erdenkinder
Sei nur die Persönlichkeit.

Jedes Leben sei zu führen,
Wenn man sich nicht selbst vermisst;
Alles könne man verlieren,
Wenn man bliebe, was man ist.

Hatem

Kann wohl sein! so wird gemeinet;
Doch ich bin auf andrer Spur:
Alles Erdenglück vereinet
Find ich in Suleika nur.

Wie sie sich an mich verschwendet.
Bin ich mir ein wertes Ich;
Hätte sie sich weggewendet,
Augenblicks verlör ich mich.

Nun mit Hatem wär's zu Ende;
Doch schon hab ich umgelost:

Ich verkörpre mich behände
In den Holden, den sie kost.

Wollte, wo nicht gar ein Rabbi,
Das will mir so recht nicht ein,
Doch Ferdusi, Motanabbi,
Allenfalls der Kaiser sein.

Hatem

Wie des Goldschmieds Basarlädchen
Vielgefärbt geschliffne Lichter,
So umgeben hübsche Mädchen
Den beinah ergrauten Dichter.

Mädchen

Singst du schon Suleika wieder!
Diese können wir nicht leiden,
Nicht um dich – um deine Lieder
Wollen, müssen wir sie neiden.

Denn wenn sie auch garstig wäre,
Machst du sie zum schönsten Wesen,
Und so haben wir von Dschemil
Und Boteinah viel gelesen.

Aber eben weil wir hübsch sind,
Möchten wir auch gern gemalt sein.
Und, wenn du es billig machest,
Sollst du auch recht hübsch bezahlt sein.

Hatem

Bräunchen, komm, es wird schon gehen;
Zöpfe, Kämme, groß' und kleine,
Zieren Köpfchens nette Reine,
Wie die Kuppel ziert Moscheen.

Du, Blondinchen, bist so zierlich,
Aller Weis' und Weg' so nette,
Man gedenkt nicht ungebührlich
Alsogleich der Minarette.

Du dahinten hast der Augen
Zweierlei, du kannst die beiden
Einzeln nach Belieben brauchen;
Doch ich sollte dich vermeiden.

Leichtgedrückt der Augenlider

Eines, die den Stern behelmen,
Deutet auf den Schelm der Schelmen,
Doch das andre schaut so bieder.

Dies, wenn jens verwundend angelt,
Heilend, nährend wird sich's weisen.
Niemand kann ich glücklich preisen,
Der des Doppelblicks ermangelt.

Und so könnt ich alle loben,
Und so könnt ich alle lieben:
Denn so wie ich euch erhoben,
War die Herrin mit beschrieben.

Mädchen

Dichter will so gerne Knecht sein,
Weil die Herrschaft draus entspringet;
Doch vor allem sollt ihm recht sein,
Wenn das Liebchen selber singet.

Ist sie denn des Liedes mächtig,
Wie's auf unsern Lippen waltet?
Denn es macht sie gar verdächtig,
Dass sie im Verborgnen schaltet.

Hatem

Nun, wer weiß, was sie erfüllet!
Kennt ihr solcher Tiefe Grund?
Selbstgefühltes Lied entquillet,
Selbstgedichtetes dem Mund.

Von euch Dichterinnen allen
Ist ihr eben keine gleich:
Denn sie singt, mir zu gefallen,
Und ihr singt und liebt nur euch.

Mädchen

Merken wohl, du hast uns eine
Jener Huris vorgeheuchelt!
Mag schon sein! wenn es nur keine
Sich auf dieser Erde schmeichelt.

Hatem

Locken, haltet mich gefangen
In dem Kreise des Gesichts!
Euch geliebten braunen Schlangen

Zu erwidern hab ich nichts.

Nur dies Herz, es ist von Dauer,
Schwillt in jugendlichstem Flor;
Unter Schnee und Nebelschauer
Rast ein Ätna dir hervor.

Du beschämst wie Morgenröte
Jener Gipfel ernste Wand,
Und noch einmal fühlet Hatem
Frühlingshauch und Sommerbrand.

Schenke, her! Noch eine Flasche!
Diesen Becher bring ich ihr!
Findet sie ein Häufchen Asche,
Sagt sie: der verbrannte mir.

Suleika

Nimmer will ich dich verlieren!
Liebe gibt der Liebe Kraft.
Magst du meine Jugend zieren
Mit gewalt'ger Leidenschaft.
Ach! wie schmeichelt's meinem Triebe,
Wenn man meinen Dichter preist.
Denn das Leben ist die Liebe,
Und des Lebens Leben Geist.

Lass deinen süßen Rubinenmund
Zudringlichkeiten nicht verfluchen;
Was hat Liebesschmerz andern Grund,
Als seine Heilung zu suchen?

Bist du von deiner Geliebten getrennt
Wie Orient vom Okzident,
Das Herz durch alle Wüsten rennt;
Es gibt sich überall selbst das Geleit,
Für Liebende ist Bagdad nicht weit.

Mag sie sich immer ergänzen
Eure brüchige Welt in sich!
Diese klaren Augen, sie glänzen,
Dieses Herz, es schlägt für mich!

Oh! dass der Sinnen doch so viele sind!
Verwirrung bringen sie ins Glück herein.

Wenn ich dich sehe, wünsch ich taub zu sein,
Wenn ich dich höre, blind.

Auch in der Ferne dir so nah!
Und unerwartet kommt die Qual.
Da hör ich wieder dich einmal,
Auf einmal bist du wieder da!

Wie sollt ich heiter bleiben,
Entfernt von Tag und Licht?
Nun aber will ich schreiben,
Und trinken mag ich nicht.

Wenn sie mich an sich lockte,
War Rede nicht im Brauch,
Und wie die Zunge stockte,
So stockt die Feder auch.

Nur zu! geliebter Schenke,
Den Becher fülle still!
Ich sage nur: Gedenke!
Schon weiß man, was ich will.

Wenn ich dein gedenke,
Fragt mich gleich der Schenke:
»Herr, warum so still?
Da von deinen Lehren
Immer weiter hören
Saki gerne will.«

Wenn ich mich vergesse
Unter der Zypresse,
Hält er nichts davon,
Und im stillen Kreise
Bin ich doch so weise,
Klug wie Salomon.

Buch Suleika

Ich möchte dieses Buch wohl gern zusammenschürzen,
Dass es den andern wäre gleich geschnürt.
Allein wie willst du Wort und Blatt verkürzen,
Wenn Liebeswahnsinn dich ins Weite führt?

An vollen Büschelzweigen,
Geliebte, sieh nur hin!
Lass dir die Früchte zeigen,
Umschalet stachlig grün.

Sie hängen längst geballet,
Still, unbekannt mit sich,
Ein Ast, der schaukelnd wallet,
Wiegt sie geduldiglich.

Doch immer reift von innen
Und schwillt der braune Kern,
Er möchte Luft gewinnen
Und säh die Sonne gern.

Die Schale platzt, und nieder
Macht er sich freudig los;
So fallen meine Lieder
Gehäuft in deinen Schoß.

Suleika

An des lust'gen Brunnens Rand,
Der in Wasserfäden spielt,
Wusst ich nicht, was fest mich hielt;
Doch da war von deiner Hand
Meine Chiffer leis gezogen,
Nieder blickt ich, dir gewogen.

Hier, am Ende des Kanals
Der gereihten Hauptallee,
Blick ich wieder in die Höh.
Und da seh ich abermals
Meine Lettern fein gezogen:
Bleibe! bleibe mir gewogen!

Hatem

Möge Wasser, springend, wallend,
Die Zypressen dir gestehn:
Von Suleika zu Suleika
Ist mein Kommen und mein Gehn.

Suleika

Kaum dass ich dich wieder habe,
Dich mit Kuss und Liedern labe,
Bist du still in dich gekehret;

Was beengt und drückt und störet?

Hatem

Ach, Suleika, soll ich's sagen?
Statt zu loben, möcht ich klagen!
Sangest sonst nur meine Lieder,
Immer neu und immer wieder.

Sollte wohl auch diese loben,
Doch sie sind nur eingeschoben;
Nicht von Hafis, nicht Nisami,
Nicht Saadi, nicht von Dschami.

Kenn ich doch der Väter Menge,
Silb um Silbe, Klang um Klänge,
Im Gedächtnis unverloren;
Diese da sind neugeboren.

Gestern wurden sie gedichtet.
Sag! hast du dich neu verpflichtet?
Hauchest du so froh-verwegen
Fremden Atem mir entgegen,

Der dich ebenso belebet,
Ebenso in Liebe schwebet,
Lockend, ladend zum Vereine,
So harmonisch als der meine?

Suleika

War Hatem lange doch entfernt,
Das Mädchen hatte was gelernt,
Von ihm war sie so schön gelobt,
Da hat die Trennung sich erprobt.
Wohl, dass sie dir nicht fremde scheinen;
Sie sind Suleikas, sind die deinen!

Behramgur, sagt man, hat den Reim erfunden,
Er sprach entzückt aus reiner Seele Drang;
Dilaram schnell, die Freundin seiner Stunden,
Erwiderte mit gleichem Wort und Klang.

Und so, Geliebte, warst du mir beschieden,
Des Reims zu finden holden Lustgebrauch,
Dass auch Behramgur ich, den Sassaniden,
Nicht mehr beneiden darf: mir ward es auch.

Hast mir dies Buch geweckt, du hast's gegeben;
Denn was ich froh, aus vollem Herzen sprach,

Das klang zurück aus deinem holden Leben,
Wie Blick dem Blick, so Reim dem Reime nach.

Nun tön es fort zu dir, auch aus der Ferne;
Das Wort erreicht, und schwände Ton und Schall.
Ist's nicht der Mantel noch gesäter Sterne?
Ist's nicht der Liebe hochverklärtes All?

Deinem Blick mich zu bequemen,
Deinem Munde, deiner Brust,
Deine Stimme zu vernehmen
War die letzt' und erste Lust.

Gestern, ach, war sie die letzte,
Dann verlosch mir Leucht und Feuer,
Jeder Scherz, der mich ergetzte,
Wird nun schuldenschwer und teuer.

Eh es Allah nicht gefällt,
Uns aufs Neue zu vereinen,
Gibt mir Sonne, Mond und Welt
Nur Gelegenheit zum Weinen.

Suleika

Was bedeutet die Bewegung?
Bringt der Ost mir frohe Kunde?
Seiner Schwingen frische Regung
Kühlt des Herzens tiefe Wunde.

Kosend spielt er mit dem Staube,
Jagt ihn auf in leichten Wölkchen,
Treibt zur sichern Rebenlaube
Der Insekten frohes Völkchen.

Lindert sanft der Sonne Glühen,
Kühlt auch mir die heißen Wangen,
Küsst die Reben noch im Fliehen,
Die auf Feld und Hügel prangen.

Und mir bringt sein leises Flüstern
Von dem Freunde tausend Grüße;
Eh noch diese Hügel düstern,
Grüßen mich wohl tausend Küsse.

Und so kannst du weiterziehen!
Diene Freunden und Betrübten.
Dort, wo hohe Mauern glühen,

Find ich bald den Vielgeliebten.

Ach, die wahre Herzenskunde,
Liebeshauch, erfrischtes Leben
Wird mir nur aus seinem Munde,
Kann mir nur sein Atem geben.

Hochbild

Die Sonne, Helios der Griechen,
Fährt prächtig auf der Himmelsbahn,
Gewiss, das Weltall zu besiegen,
Blickt er umher, hinab, hinan.

Er sieht die schönste Göttin weinen,
Die Wolkentochter, Himmelskind,
Ihr scheint er nur allein zu scheinen;
Für alle heitre Räume blind,

Versenkt er sich in Schmerz und Schauer,
Und häuf'ger quillt ihr Tränenguss:
Er sendet Lust in ihre Trauer
Und jeder Perle Kuss auf Kuss.

Nun fühlt sie tief des Blicks Gewalten,
Und unverwandt schaut sie hinauf;
Die Perlen wollen sich gestalten:
Denn jede nahm sein Bildnis auf.

Und so, umkränzt von Farb und Bogen,
Erheitert leuchtet ihr Gesicht,
Entgegen kommt er ihr gezogen;
Doch er, doch ach! erreicht sie nicht.

So, nach des Schicksals hartem Lose,
Weichst du mir, Lieblichste, davon;
Und wär ich Helios der Große,
Was nützte mir der Wagenthron?

Nachklang

Es klingt so prächtig, wenn der Dichter
Der Sonne bald, dem Kaiser sich vergleicht;
Doch er verbirgt die traurigen Gesichter,
Wenn er in düstern Nächten schleicht.

Von Wolken streifenhaft befangen,
Versank zu Nacht des Himmels reinstes Blau;
Vermagert bleich sind meine Wangen

126

Und meine Herzenstränen grau.

Lass mich nicht so der Nacht, dem Schmerze,
Du Allerliebstes, du mein Mondgesicht!
Oh, du mein Phosphor, meine Kerze,
Du meine Sonne, du mein Licht!

Suleika

Ach, um deine feuchten Schwingen,
West, wie sehr ich dich beneide:
Denn du kannst ihm Kunde bringen,
Was ich in der Trennung leide!

Die Bewegung deiner Flügel
Weckt im Busen stilles Sehnen;
Blumen, Augen, Wald und Hügel
Stehn bei deinem Hauch in Tränen.

Doch dein mildes sanftes Wehen
Kühlt die wunden Augenlider;
Ach, für Leid müsst ich vergehen,
Hofft ich nicht, zu sehn ihn wieder.

Eile denn zu meinem Lieben,
Spreche sanft zu seinem Herzen;
Doch vermeid, ihn zu betrüben,
Und verbirg ihm meine Schmerzen.

Sag ihm aber, sag's bescheiden:
Seine Liebe sei mein Leben,
Freudiges Gefühl von beiden
Wird mir seine Nähe geben.

Wiederfinden

Ist es möglich! Stern der Sterne,
Drück ich wieder dich ans Herz!
Ach, was ist die Nacht der Ferne
Für ein Abgrund, für ein Schmerz!
Ja, du bist es! meiner Freuden
Süßer, lieber Widerpart;
Eingedenk vergangner Leiden,
Schaudr' ich vor der Gegenwart.

Als die Welt im tiefsten Grunde
Lag an Gottes ew'ger Brust,
Ordnet' er die erste Stunde

Mit erhabner Schöpfungslust,
Und er sprach das Wort: »Es werde!«
Da erklang ein schmerzlich Ach!
Als das All mit Machtgebärde
In die Wirklichkeiten brach.

Auf tat sich das Licht: so trennte
Scheu sich Finsternis von ihm,
Und sogleich die Elemente
Scheidend auseinander fliehn.
Rasch, in wilden, wüsten Träumen
Jedes nach der Weite rang,
Starr, in ungemessnen Räumen,
Ohne Sehnsucht, ohne Klang.

Stumm war alles, still und öde,
Einsam Gott zum erstenmal!
Da erschuf er Morgenröte,
Die erbarmte sich der Qual;
Sie entwickelte dem Trüben
Ein erklingend Farbenspiel,
Und nun konnte wieder lieben,
Was erst auseinander fiel.

Und mit eiligem Bestreben
Sucht sich, was sich angehört;
Und zu ungemessnem Leben
Ist Gefühl und Blick gekehrt.
Sei's Ergreifen, sei es Raffen,
Wenn es nur sich fasst und hält!
Allah braucht nicht mehr zu schaffen,
Wir erschaffen seine Welt.

So, mit morgenroten Flügeln,
Riss es mich an deinen Mund,
Und die Nacht mit tausend Siegeln
Kräftigt sternenhell den Bund.
Beide sind wir auf der Erde
Musterhaft in Freud und Qual,
Und ein zweites Wort: Es werde!
Trennt uns nicht zum zweitenmal.

Vollmondnacht

Herrin, sag, was heißt das Flüstern?
Was bewegt dir leis die Lippen?

Lispelst immer vor dich hin,
Lieblicher als Weines Nippen!
Denkst du deinen Mundgeschwistern
Noch ein Pärchen herzuziehn?

»Ich will küssen! Küssen! sagt ich.«

Schau! Im zweifelhaften Dunkel
Glühen blühend alle Zweige,
Nieder spielet Stern auf Stern;
Und smaragden durchs Gesträuche
Tausendfältiger Karfunkel;
Doch dein Geist ist allem fern.

»Ich will küssen! Küssen! sagt ich.«

Dein Geliebter, fern, erprobet
Gleicherweis im Sauersüßen,
Fühlt ein unglücksel'ges Glück.
Euch im Vollmond zu begrüßen.
Habt ihr heilig angelobet,
Dieses ist der Augenblick.

»Ich will küssen! Küssen! sag ich.«

Geheimschrift

Lasst euch, o Diplomaten!
Recht angelegen sein,
Und eure Potentaten
Beratet rein und fein.
Geheimer Chiffern Sendung
Beschäftige die Welt,
Bis endlich jede Wendung
Sich selbst ins Gleiche stellt.

Mir von der Herrin süße
Die Chiffer ist zur Hand,
Woran ich schon genieße,
Weil sie die Kunst erfand.
Es ist die Liebesfülle
Im lieblichsten Revier,
Der holde, treue Wille
Wie zwischen mir und ihr.

Von abertausend Blüten
Ist es ein bunter Strauß,
Von englischen Gemüten
Ein vollbewohntes Haus;

Von buntesten Gefiedern
Der Himmel übersät,
Ein klingend Meer von Liedern,
Geruchvoll überweht.

Ist unbedingten Strebens
Geheime Doppelschrift,
Die in das Mark des Lebens
Wie Pfeil um Pfeile trifft.
Was ich euch offenbaret,
War längst ein frommer Brauch,
Und wenn ihr es gewahret,
So schweigt und nutzt es auch.

Abglanz

Ein Spiegel, er ist mir geworden,
Ich sehe so gerne hinein,
Als hinge des Kaisers Orden
An mir mit Doppelschein;
Nicht etwa selbstgefällig
Such ich mich überall;
Ich bin so gerne gesellig,
Und das ist hier der Fall.

Wenn ich nun vorm Spiegel stehe
Im stillen Witwerhaus,
Gleich guckt, eh ich mich versehe,
Das Liebchen mit heraus.
Schnell kehr ich mich um, und wieder
Verschwand sie, die ich sah;
Dann blick ich in meine Lieder,
Gleich ist sie wieder da.

Die schreib ich immer schöner
Und mehr nach meinem Sinn,
Trotz Krittler und Verhöhner,
Zu täglichem Gewinn.
Ihr Bild in reichen Schranken
Verherrlichet sich nur
In goldnen Rosenranken
Und Rähmchen von Lasur.

Suleika

Wie mit innigstem Behagen,

Lied, empfind ich deinen Sinn!
Liebevoll du scheinst zu sagen:
Dass ich ihm zur Seite bin.

Dass er ewig mein gedenket,
Seiner Liebe Seligkeit
Immerdar der Fernen schenket,
Die ein Leben ihm geweiht.

Ja, mein Herz, es ist der Spiegel,
Freund, worin du dich erblickt,
Diese Brust, wo deine Siegel
Kuss auf Kuss hereingedrückt.

Süßes Dichten, lautre Wahrheit
Fesselt mich in Sympathie!
Rein verkörpert Liebesklarheit
Im Gewand der Poesie.

Lass den Weltenspiegel Alexandern;
Denn was zeigt er? – Da und dort
Stille Völker, die er mit den andern
Zwingend rütteln möchte fort und fort.

Du! nicht weiter, nicht zu Fremdem strebe!
Singe mir, die du dir eigen sangst.
Denke, dass ich liebe, dass ich lebe,
Denke, dass du mich bezwangst.

Die Welt durchaus ist lieblich anzuschauen,
Vorzüglich aber schön die Welt der Dichter;
Auf bunten, hellen oder silbergrauen
Gefilden, Tag und Nacht, erglänzen Lichter.
Heut ist mir alles herrlich; wenn's nur bliebe!
Ich sehe heut durchs Augenglas der Liebe.

In tausend Formen magst du dich verstecken,
Doch, Allerliebste, gleich erkenn ich dich;
Du magst mit Zauberschleiern dich bedecken,
Allgegenwärt'ge, gleich erkenn ich dich.

An der Zypresse reinstem, jungem Streben,
Allschöngewachsne, gleich erkenn ich dich;
In des Kanales reinem Wellenleben,
Allschmeichelhafte, wohl erkenn ich dich.

Wenn steigend sich der Wasserstrahl entfaltet,

Allspielende, wie froh erkenn ich dich;
Wenn Wolke sich gestaltend umgestaltet,
Allmannigfalt'ge, dort erkenn ich dich.

An des geblümten Schleiers Wiesenteppich,
Allbuntbesternte, schön erkenn ich dich;
Und greift umher ein tausendarm'ger Eppich,
O Allumklammernde, da kenn ich dich.

Wenn am Gebirg der Morgen sich entzündet,
Gleich, Allerheiternde, begrüß ich dich;
Dann über mir der Himmel rein sich ründet,
Allherzerweiternde, dann atm' ich dich.

Was ich mit äußerm Sinn, mit innerm kenne,
Du Allbelehrende, kenn ich durch dich;
Und wenn ich Allahs Namenhundert nenne,
Mit jedem klingt ein Name nach für dich.

Saki Nameh / Das Schenkenbuch

Ja, in der Schenke hab ich auch gesessen,
Mir ward wie andern zugemessen,
Sie schwatzten, schrieen, händelten von heut,
So froh und traurig, wie's der Tag gebeut;
Ich aber saß, im Innersten erfreut,
An meine Liebste dacht ich – wie sie liebt?
Das weiß ich nicht; was aber mich bedrängt!
Ich liebe sie, wie es ein Busen gibt,
Der treu sich *einer* gab und knechtisch hängt.
Wo war das Pergament, der Griffel wo,
Die alles fassten? – Doch so war's! ja, so!

Sitz ich allein,
Wo kann ich besser sein?
Meinen Wein
Trink ich allein,
Niemand setzt mir Schranken,
Ich hab so meine eignen Gedanken.

So weit bracht es Muley, der Dieb,
Dass er trunken schöne Lettern schrieb.

Ob der Koran von Ewigkeit sei?

Darnach frag ich nicht!
Ob der Koran geschaffen sei?
Das weiß ich nicht!
Dass er das Buch der Bücher sei,
Glaub ich aus Mosleminenpflicht.
Dass aber der Wein von Ewigkeit sei,
Daran zweifl' ich nicht;
Oder dass er vor den Engeln geschaffen sei,
Ist vielleicht auch kein Gedicht.
Der Trinkende, wie es auch immer sei,
Blickt Gott frischer ins Angesicht.

Trunken müssen wir alle sein!
Jugend ist Trunkenheit ohne Wein;
Trinkt sich das Alter wieder zu Jugend,
So ist es wundervolle Tugend.
Für Sorgen sorgt das liebe Leben,
Und Sorgenbrecher sind die Reben.

Da wird nicht mehr nachgefragt!
Wein ist ernstlich untersagt.
Soll denn doch getrunken sein,
Trinke nur vom besten Wein:
Doppelt wärest du ein Ketzer
In Verdammnis um den Krätzer.

Solang man nüchtern ist,
Gefällt das Schlechte;
Wie man getrunken hat,
Weiß man das Rechte;
Nur ist das Übermaß
Auch gleich zuhanden;
Hafis, o lehre mich,
Wie du's verstanden!

Denn meine Meinung ist
Nicht übertrieben:
Wenn man nicht trinken kann,
Soll man nicht lieben;
Doch sollt ihr Trinker euch
Nicht besser dünken,
Wenn man nicht lieben kann,
Soll man nicht trinken.

Suleika

Warum du nur oft so unhold bist?

Hatem

Du weißt, dass der Leib ein Kerker ist;
Die Seele hat man hinein betrogen;
Da hat sie nicht freie Ellebogen.
Will sie sich da- und dorthin retten,
Schnürt man den Kerker selbst in Ketten,
Da ist das Liebchen doppelt gefährdet,
Deshalb sie sich oft so seltsam gebärdet.

Wenn der Körper ein Kerker ist,
Warum nur der Kerker so durstig ist?
Seele befindet sich wohl darinnen
Und bliebe gern vergnügt bei Sinnen;
Nun aber soll eine Flasche Wein,
Frisch eine nach der andern herein.
Seele will's nicht länger ertragen,
Sie an der Türe in Stücke schlagen.

Dem Kellner

Setze mir nicht, du Grobian,
Mir den Krug so derb vor die Nase!
Wer mir Wein bringt, sehe mich freundlich an,
Sonst trübt sich der Elfer im Glase.

Dem Schenken

Du zierlicher Knabe, du komm herein,
Was stehst du denn da auf der Schwelle?
Du sollst mir künftig der Schenke sein,
Jeder Wein ist schmackhaft und helle.

Schenke

spricht

Du, mit deinen braunen Locken,
Geh mir weg, verschmitzte Dirne!
Schenk ich meinem Herrn zu Danke,
Nun, so küsst er mir die Stirne.

Aber du, ich wollte wetten,

Bist mir nicht damit zufrieden,
Deine Wangen, deine Brüste
Werden meinen Freund ermüden.

Glaubst du wohl mich zu betriegen,
Dass du jetzt verschämt entweichest?
Auf der Schwelle will ich liegen
Und erwachen, wenn du schleichest.

Sie haben wegen der Trunkenheit
Vielfältig uns verklagt
Und haben von unsrer Trunkenheit
Lange nicht genug gesagt.
Gewöhnlich der Betrunkenheit
Erliegt man, bis es tagt;
Doch hat mich meine Betrunkenheit
In der Nacht umhergejagt.
Es ist die Liebestrunkenheit,
Die mich erbärmlich plagt,
Von Tag zu Nacht, von Nacht zu Tag
In meinem Herzen zagt.
Dem Herzen, das in Trunkenheit
Der Lieder schwillt und ragt,
Dass keine nüchterne Trunkenheit
Sich gleich zu heben wagt.
Lieb-, Lied- und Weinestrunkenheit,
Ob's nachtet oder tagt,
Die göttlichste Betrunkenheit,
Die mich entzückt und plagt.

Du kleiner Schelm du!
Dass ich mir bewusst sei,
Darauf kommt es überall an.
Und so erfreu ich mich
Auch deiner Gegenwart,
Du Allerliebster,
Obgleich betrunken.

Was in der Schenke waren heute
Am frühsten Morgen für Tumulte!
Der Wirt und Mädchen! Fackeln, Leute!
Was gab's für Händel, für Insulte!
Die Flöte klang, die Trommel scholl!

Es war ein wüstes Wesen –
Doch bin ich, Lust und Liebe voll,
Auch selbst dabeigewesen.

Dass ich von Sitte nichts gelernt,
Darüber tadelt mich ein jeder;
Doch bleib ich weislich weit entfernt
Vom Streit der Schulen und Katheder.

Schenke

Welch ein Zustand! Herr, so späte
Schleichst du heut aus deiner Kammer;
Perser nennen's Bidamag buden,
Deutsche sagen Katzenjammer.

Dichter

Lass mich jetzt, geliebter Knabe,
Mir will nicht die Welt gefallen,
Nicht der Schein, der Duft der Rose,
Nicht der Sang der Nachtigallen.

Schenke

Eben das will ich behandeln,
Und ich denk, es soll mir klecken,
Hier! genieß die frischen Mandeln,
Und der Wein wird wieder schmecken.

Dann will ich auf der Terrasse
Dich mit frischen Lüften tränken;
Wie ich dich ins Auge fasse,
Gibst du einen Kuss dem Schenken.

Schau! die Welt ist keine Höhle,
Immer reich an Brut und Nestern,
Rosenduft und Rosenöle;
Bulbul auch, sie singt wie gestern.

Jene garstige Vettel,
Die buhlerische,
Welt heißt man sie,
Mich hat sie betrogen
Wie die übrigen alle.
Glaube nahm sie mir weg,
Dann die Hoffnung,

Nun wollte sie
An die Liebe,
Da riss ich aus.
Den geretteten Schatz
Für ewig zu sichern,
Teilt ich ihn weislich
Zwischen Suleika und Saki.
Jedes der beiden
Beeifert sich um die Wette,
Höhere Zinsen zu entrichten.
Und ich bin reicher als je:
Den Glauben hab ich wieder!
An ihre Liebe den Glauben;
Er, im Becher, gewährt mir
Herrliches Gefühl der Gegenwart;
Was will da die Hoffnung!

Schenke

Heute hast du gut gegessen,
Doch du hast noch mehr getrunken;
Was du bei dem Mahl vergessen,
Ist in diesen Napf gesunken.

Sieh, das nennen wir ein Schwänchen.
Wie's dem satten Gast gelüstet;
Dieses bring ich meinem Schwane,
Der sich auf den Wellen brüstet.

Doch vom Singschwan will man wissen,
Dass er sich zu Grabe läutet;
Lass mich jedes Lied vermissen,
Wenn es auf dein Ende deutet.

Schenke

Nennen dich den großen Dichter,
Wenn dich auf dem Markte zeigest;
Gerne hör ich, wenn du singest,
Und ich horche, wenn du schweigest.

Doch ich liebe dich noch lieber,
Wenn du küssest zum Erinnern;
Denn die Worte gehn vorüber,
Und der Kuss, der bleibt im Innern.

Reim auf Reim will was bedeuten;

Besser ist es, viel zu denken.
Singe du den andern Leuten,
Und verstumme mit dem Schenken.

Dichter

Schenke, komm! Noch einen Becher!

Schenke

Herr, du hast genug getrunken;
Nennen dich den wilden Zecher!

Dichter

Sahst du je, dass ich gesunken?

Schenke

Mahomet verbietet's.

Dichter

Liebchen!
Hört es niemand, will dir's sagen.

Schenke

Wenn du einmal gerne redest,
Brauch ich gar nicht viel zu fragen.

Dichter

Horch! wir andren Muselmanen,
Nüchtern sollen wir gebückt sein,
Er, in seinem heil'gen Eifer,
Möchte gern allein verrückt sein.

Saki

Denk, o Herr! wenn du getrunken,
Sprüht um dich des Feuers Glast!
Prasselnd blitzen tausend Funken,
Und du weißt nicht, wo es fasst.

Mönche seh ich in den Ecken,
Wenn du auf die Tafel schlägst.
Die sich gleisnerisch verstecken,
Wenn dein Herz du offen trägst.

Sag mir nur, warum die Jugend.
Noch von keinem Fehler frei,

So ermangelnd jeder Tugend,
Klüger als das Alter sei.

Alles weißt du, was der Himmel.
Alles, was die Erde trägt,
Und verbirgst nicht das Gewimmel,
Wie sich's dir im Busen regt.

Hatem

Eben drum, geliebter Knabe,
Bleibe jung und bleibe klug;
Dichten zwar ist Himmelsgabe,
Doch im Erdeleben Trug.

Erst sich im Geheimnis wiegen,
Dann verplaudern früh und spat!
Dichter ist umsonst verschwiegen,
Dichten selbst ist schon Verrat.

Sommernacht

Dichter

Niedergangen ist die Sonne,
Doch im Westen glänzt es immer;
Wissen möcht ich wohl, wie lange
Dauert noch der goldne Schimmer?

Schenke

Willst du, Herr, so will ich bleiben,
Warten außer diesen Zelten;
Ist die Nacht des Schimmers Herrin,
Komm ich gleich, es dir zu melden.

Denn ich weiß, du liebst, das Droben.
Das Unendliche zu schauen,
Wenn sie sich einander loben,
Jene Feuer in dem Blauen.

Und das hellste will nur sagen:
Jetzo glänz ich meiner Stelle;
Wollte Gott euch mehr betagen,
Glänztet ihr wie ich so helle. –

Denn vor Gott ist alles herrlich,
Eben weil er ist der Beste;
Und so schläft nun aller Vogel
In dem groß und kleinen Neste.

Einer sitzt auch wohl gestängelt
Auf den Ästen der Zypresse,
Wo der laue Wind ihn gängelt,
Bis zu Taues luft'ger Nässe.

Solches hast du mich gelehret
Oder etwas auch dergleichen;
Was ich je dir abgehöret,
Wird dem Herzen nicht entweichen.

Eule will ich deinetwegen
Kauzen hier auf der Terrasse,
Bis ich erst des Nordgestirnes
Zwillingswendung wohl erpasse.

Und da wird es Mitternacht sein,
Wo du oft zu früh ermunterst,
Und dann wird es eine Pracht sein,
Wenn das All mit mir bewunderst.

Dichter

Zwar in diesem Duft und Garten
Tönet Bulbul ganze Nächte;
Doch du könntest lange warten,
Bis die Nacht so viel vermöchte.

Denn in dieser Zeit der Flora,
Wie das Griechenvolk sie nennet,
Die Strohwitwe, die Aurora,
Ist in Hesperus entbrennet.

Sieh dich um! sie kommt! wie schnelle!
Über Blumenfelds Gelänge! –
Hüben hell und drüben helle,
Ja, die Nacht kommt ins Gedränge.

Und auf roten leichten Sohlen
Ihn, der mit der Sonn entlaufen,
Eilt sie irrig einzuholen;
Fühlst du nicht ein Liebeschnaufen?

Geh nur, lieblichster der Söhne,
Tief ins Innre, schließ die Türen;
Denn sie möchte deine Schöne
Als den Hesperus entführen.

Der Schenke

schläfrig

So hab ich endlich von dir erharrt:
In allen Elementen Gottes Gegenwart.
Wie du mir das so lieblich gibst!
Am lieblichsten aber, dass du liebst.

Hatem

Der schläft recht süß und hat ein Recht zu schlafen.
Du guter Knabe hast mir eingeschenkt,
Vom Freund und Lehrer, ohne Zwang und Strafen,
So jung vernommen, wie der Alte denkt.
Nun aber kommt Gesundheit holder Fülle
Dir in die Glieder, dass du dich erneust.
Ich trinke noch, bin aber stille, stille,
Damit du mich, erwachend nicht, erfreust.

Mathal Nameh / Buch der Parabeln

Vom Himmel sank in wilder Meere Schauer
Ein Tropfe bangend, grässlich schlug die Flut,
Doch lohnte Gott bescheidnen Glaubensmut
Und gab dem Tropfen Kraft und Dauer.
Ihn schloss die stille Muschel ein.
Und nun, zu ew'gem Ruhm und Lohne,
Die Perle glänzt an unsers Kaisers Krone
Mit holdem Blick und mildem Schein.

Bulbuls Nachtlied durch die Schauer
Drang zu Allahs lichtem Throne,
Und dem Wohlgesang zu Lohne
Sperrt' er sie in goldnen Bauer.
Dieser sind des Menschen Glieder.
Zwar sie fühlet sich beschränket;
Doch, wenn sie es recht bedenket,
Singt das Seelchen immer wieder.

Wunderglaube

Zerbrach einmal eine schöne Schal'
Und wollte schier verzweifeln;
Unart und Übereil zumal
Wünscht ich zu allen Teufeln.
Erst rast' ich aus, dann weint ich weich

Beim traurigen Scherbelesen;
Das jammerte Gott, er schuf es gleich
So ganz, als wie es gewesen.

Die Perle, die der Muschel entrann,
Die schönste, hochgeboren,
Zum Juwelier, dem guten Mann,
Sprach sie: »Ich bin verloren!
Durchbohrst du mich, mein schönes All,
Es ist sogleich zerrüttet,
Mit Schwestern muss ich, Fall für Fall,
Zu schlechten sein geküttet.«

»Ich denke jetzt nur an Gewinn,
Du musst es mir verzeihen:
Denn wenn ich hier nicht grausam bin,
Wie soll die Schnur sich reihen?«

Ich sah mit Staunen und Vergnügen
Eine Pfauenfeder im Koran liegen:
Willkommen an dem heil'gen Platz,
Der Erdgebilde höchster Schatz!
An dir, wie an des Himmels Sternen,
Ist Gottes Größe im Kleinen zu lernen.
Dass er, der Welten überblickt,
Sein Auge hier hat aufgedrückt
Und so den leichten Flaum geschmückt,
Dass Könige kaum unternahmen,
Die Pracht des Vogels nachzuahmen.
Bescheiden freue dich des Ruhms,
So bist du wert des Heiligtums.

Ein Kaiser hatte zwei Kassiere,
Einen zum Nehmen, einen zum Spenden;
Diesem fiel's nur so aus den Händen,
Jener wusste nicht, woher zu nehmen.
Der Spendende starb; der Herrscher wusste nicht gleich,
Wem das Geberamt sei anzuvertrauen,
Und wie man kaum tät um sich schauen,
So war der Nehmer unendlich reich;
Man wusste kaum vor Gold zu leben,
Weil man *einen* Tag nichts ausgegeben.
Da ward nun erst dem Kaiser klar,

Was schuld an allem Unheil war.
Den Zufall wusst er wohl zu schätzen,
Nie wieder die Stelle zu besetzen.

Zum Kessel sprach der neue Topf:
»Was hast du einen schwarzen Bauch!«
»Das ist bei uns nun Küchgebrauch;
Herbei, herbei du glatter Tropf,
Bald wird dein Stolz sich mindern.
Behält der Henkel ein klar Gesicht,
Darob erhebe du dich nicht,
Besieh nur deinen Hintern.«

Alle Menschen groß und klein
Spinnen sich ein Gewebe fein,
Wo sie mit ihrer Scheren Spitzen
Gar zierlich in der Mitte sitzen.
Wenn nun darein ein Besen fährt,
Sagen sie, es sei unerhört,
Man habe den größten Palast zerstört.

Vom Himmel steigend, Jesus bracht
Des Evangeliums ewige Schrift,
Den Jüngern las er sie Tag und Nacht;
Ein göttlich Wort, es wirkt und trifft.
Er stieg zurück, nahm's wieder mit;
Sie aber hatten's gut gefühlt,
Und jeder schrieb, so Schritt vor Schritt,
Wie er's in seinem Sinn behielt,
Verschieden. Es hat nichts zu bedeuten:
Sie hatten nicht gleiche Fähigkeiten;
Doch damit können sich die Christen
Bis zu dem Jüngsten Tage fristen.

Es ist gut

Bei Mondeschein im Paradeis
Fand Jehova im Schlafe tief
Adam versunken, legte leis
Zur Seit ein Evchen, das auch entschlief.
Da lagen nun, in Erdeschranken,
Gottes zwei lieblichste Gedanken. –
»Gut!!!« rief er sich zum Meisterlohn,

Er ging sogar nicht gern davon.

Kein Wunder, dass es uns berückt,
Wenn Auge frisch in Auge blickt,
Als hätten wir's so weit gebracht,
Bei dem zu sein, der uns gedacht.
Und ruft er uns, wohlan, es sei!
Nur, das beding ich, alle zwei.
Dich halten dieser Arme Schranken,
Liebster von allen Gottesgedanken.

Parsi Nameh / Buch des Parsen

Vermächtnis altpersischen Glaubens

Welch Vermächtnis, Brüder, sollt euch kommen
Von dem Scheidenden, dem armen Frommen,
Den ihr Jüngeren geduldig nährtet,
Seine letzten Tage pflegend ehrtet?

Wenn wir oft gesehn den König reiten,
Gold an ihm und Gold an allen Seiten,
Edelstein' auf ihn und seine Großen
Ausgesät wie dichte Hagelschloßen,

Habt ihr jemals ihn darum beneidet?
Und nicht herrlicher den Blick geweidet,
Wenn die Sonne sich auf Morgenflügeln
Darnawends unzähl'gen Gipfelhügeln

Bogenhaft hervorhob? Wer enthielte
Sich des Blicks dahin? Ich fühlte, fühlte
Tausendmal, in so viel Lebenstagen,
Mich mit ihr, der kommenden, getragen,

Gott auf seinem Throne zu erkennen,
Ihn den Herrn des Lebensquells zu nennen,
Jenes hohen Anblicks wert zu handeln
Und in seinem Lichte fortzuwandeln.

Aber stieg der Feuerkreis vollendet,
Stand ich als in Finsternis geblendet,
Schlug den Busen, die erfrischten Glieder
Warf ich, Stirn voran, zur Erde nieder.

Und nun sei ein heiliges Vermächtnis
Brüderlichem Wollen und Gedächtnis:
Schwerer Dienste tägliche Bewahrung,

Sonst bedarf es keiner Offenbarung.

Regt ein Neugeborner fromme Hände,
Dass man ihn sogleich zur Sonne wende,
Tauche Leib und Geist im Feuerbade!
Fühlen wird es jeden Morgens Gnade.

Dem Lebend'gen übergebt die Toten,
Selbst die Tiere deckt mit Schutt und Boden,
Und, so weit sich eure Kraft erstrecket,
Was euch unrein dünkt, es sei bedecket.

Grabet euer Feld ins zierlich Reine,
Dass die Sonne gern den Fleiß bescheine;
Wenn ihr Bäume pflanzt, so sei's in Reihen,
Denn sie lässt Geordnetes gedeihen.

Auch dem Wasser darf es in Kanälen
Nie am Laufe, nie an Reine fehlen;
Wie euch Senderud aus Bergrevieren
Rein entspringt, soll er sich rein verlieren.

Sanften Fall des Wassers nicht zu schwächen,
Sorgt, die Gräben fleißig auszustechen;
Rohr und Binse, Molch und Salamander,
Ungeschöpfe, tilgt sie miteinander!

Habt ihr Erd und Wasser so im Reinen,
Wird die Sonne gern durch Lüfte scheinen,
Wo sie, ihrer würdig aufgenommen,
Leben wirkt, dem Leben Heil und Frommen.

Ihr, von Müh zu Mühe so gepeinigt,
Seid getrost, nun ist das All gereinigt,
Und nun darf der Mensch als Priester wagen,
Gottes Gleichnis aus dem Stein zu schlagen.

Wo die Flamme brennt, erkennet freudig,
Hell ist Nacht, und Glieder sind geschmeidig.
An des Herdes raschen Feuerkräften
Reift das Rohe Tier- und Pflanzensäften.

Schleppt ihr Holz herbei, so tut's mit Wonne,
Denn ihr tragt den Samen ird'scher Sonne;
Pflückt ihr Pambeh, mögt ihr traulich sagen:
Diese wird als Docht das Heil'ge tragen.

Werdet ihr in jeder Lampe Brennen
Fromm den Abglanz höhern Lichts erkennen,
Soll euch nie ein Missgeschick verwehren,
Gottes Thron am Morgen zu verehren.

Da ist unsers Daseins Kaisersiegel,
Uns und Engeln reiner Gottesspiegel,
Und was nur am Lob des Höchsten stammelt,
Ist in Kreis' um Kreise dort versammelt.

Will dem Ufer Senderuds entsagen,
Auf zum Darnawend die Flügel schlagen,
Wie sie tagt, ihr freudig zu begegnen
Und von dorther ewig euch zu segnen.

Wenn der Mensch die Erde schätzet,
Weil die Sonne sie bescheinet,
An der Rebe sich ergetzet,
Die dem scharfen Messer weinet,
Da sie fühlt, dass ihre Säfte,
Wohlgekocht, die Welt erquickend,
Werden regsam vielen Kräften,
Aber mehreren erstickend:
Weiß er das der Glut zu danken,
Die das alles lässt gedeihen;
Wird Betrunkner stammelnd wanken,
Mäß'ger wird sich singend freuen.

Chuld Nameh / Buch des Paradieses

Vorschmack

Der echte Moslem spricht vom Paradiese,
Als wenn er selbst allda gewesen wäre,
Er glaubt dem Koran, wie es der verhieße,
Hierauf begründet sich die reine Lehre.

Doch der Prophet, Verfasser jenes Buches,
Weiß unsre Mängel droben auszuwittern
Und sieht, dass trotz dem Donner seines Fluches
Die Zweifel oft den Glauben uns verbittern.

Deshalb entsendet er den ew'gen Räumen
Ein Jugendmuster, alles zu verjüngen;
Sie schwebt heran und fesselt, ohne Säumen,
Um meinen Hals die allerliebsten Schlingen.

Auf meinem Schoß, an meinem Herzen halt ich
Das Himmelswesen, mag nichts weiter wissen;
Und glaube nun ans Paradies gewaltig,

146

Denn ewig möcht ich sie so treulich küssen.

Berechtigte Männer
Nach der Schlacht von Bedr, unterm Sternenhimmel

Mahomet spricht

Seine Toten mag der Feind betrauern:
Denn sie liegen ohne Wiederkehren;
Unsre Brüder sollt ihr nicht bedauern:
Denn sie wandeln über jenen Sphären.

Die Planeten haben alle sieben
Die metallnen Tore weit getan,
Und schon klopfen die verklärten Lieben
Paradieses Pforten kühnlich an.

Finden, ungehofft und überglücklich,
Herrlichkeiten, die mein Flug berührt,
Als das Wunderpferd mich augenblicklich
Durch die Himmel alle durchgeführt.

Weisheitsbaum an Baum, zypresseragend,
Heben Äpfel goldner Zierd empor,
Lebensbäume, breite Schatten schlagend,
Decken Blumensitz und Kräuterflor.

Und nun bringt ein süßer Wind von Osten
Hergeführt die Himmelsmädchenschar;
Mit den Augen fängst du an zu kosten,
Schon der Anblick sättigt ganz und gar.

Forschend stehn sie, was du unternahmest?
Große Pläne? fährlich blut'gen Strauß?
Dass du Held seist, sehn sie, weil du kamest;
Welch ein Held du seist? sie forschen's aus.

Und sie sehn es bald an deiner Wunden,
Die sich selbst ein Ehrendenkmal schreibt.
Glück und Hoheit, alles ist verschwunden,
Nur die Wunde für den Glauben bleibt.

Führen zu Kiosken dich und Lauben,
Säulenreich von buntem Lichtgestein,
Und zum edlen Saft verklärter Trauben
Laden sie mit Nippen freundlich ein.

Jüngling! mehr als Jüngling bist willkommen!
Alle sind wie alle licht und klar;
Hast du *eine* dir ans Herz genommen,

Herrin, Freundin ist sie deiner Schar.

Doch die allertrefflichste gefällt sich
Keineswegs in solchen Herrlichkeiten,
Heiter, neidlos, redlich unterhält dich
Von den mannigfalt'gen andrer Trefflichkeiten.

Eine führt dich zu der andern Schmause,
Den sich jede äußerst ausersinnt;
Viele Frauen hast und Ruh im Hause,
Wert, dass man darob das Paradies gewinnt.

Und so schicke dich in diesen Frieden:
Denn du kannst ihn weiter nicht vertauschen;
Solche Mädchen werden nicht ermüden,
Solche Weine werden nicht berauschen.

Und so war das wenige zu melden,
Wie der sel'ge Muselman sich brüstet:
Paradies der Männer, Glaubenshelden,
Ist hiemit vollkommen ausgerüstet.

Auserwählte Frauen

Frauen sollen nichts verlieren,
Reiner Treue ziemt zu hoffen;
Doch wir wissen nur von vieren,
Die alldort schon eingetroffen.

Erst Suleika, Erdensonne,
Gegen Jussuph ganz Begierde,
Nun, des Paradieses Wonne,
Glänzt sie, der Entsagung Zierde.

Dann die Allgebenedeite,
Die den Heiden Heil geboren
Und getäuscht, in bittrem Leide,
Sah den Sohn am Kreuz verloren.

Mahoms Gattin auch, sie baute
Wohlfahrt ihm und Herrlichkeiten
Und empfahl bei Lebenszeiten
Einen Gott und *eine* Traute.

Kommt Fatima dann, die Holde,
Tochter, Gattin sonder Fehle,
Englisch allerreinste Seele
In dem Leib von Honiggolde.

Diese finden wir alldorten;

Und wer Frauenlob gepriesen,
Der verdient, an ew'gen Orten
Lustzuwandeln wohl mit diesen.

Einlass

Huri

Heute steh ich meine Wache
Vor des Paradieses Tor,
Weiß nicht grade, wie ich's mache,
Kommst mir so verdächtig vor!

Ob du unsern Mosleminen
Auch recht eigentlich verwandt?
Ob dein Kämpfen, dein Verdienen
Dich ans Paradies gesandt?

Zählst du dich zu jenen Helden?
Zeige deine Wunden an,
Die mir Rühmliches vermelden,
Und ich führe dich heran.

Dichter

Nicht so vieles Federlesen!
Lass mich immer nur herein:
Denn ich bin ein Mensch gewesen,
Und das heißt ein Kämpfer sein.

Schärfe deine kräft'gen Blicke!
Hier! – durchschaue diese Brust,
Sieh der Lebenswunden Tücke,
Sieh der Liebeswunden Lust.

Und doch sang ich gläub'ger Weise:
Dass mir die Geliebte treu,
Dass die Welt, wie sie auch kreise,
Liebevoll und dankbar sei.

Mit den Trefflichsten zusammen
Wirkt ich, bis ich mir erlangt,
Dass mein Nam' in Liebesflammen
Von den schönsten Herzen prangt.

Nein! du wählst nicht den Geringern!
Gib die Hand, dass Tag für Tag
Ich an deinen zarten Fingern
Ewigkeiten zählen mag.

Anklang

Huri

Draußen am Orte,
Wo ich dich zuerst sprach,
Wacht ich oft an der Pforte,
Dem Gebote nach.
Da hört ich ein wunderlich Gesäusel,
Ein Ton- und Silbengekräusel,
Das wollte herein;
Niemand aber ließ sich sehen,
Da verklang es, klein zu klein;
Es klang aber fast wie deine Lieder,
Das erinnr' ich mich wieder.

Dichter

Ewig Geliebte! wie zart
Erinnerst du dich deines Trauten!
Was auch, in irdischer Luft und Art,
Für Töne lauten,
Die wollen alle herauf;
Viele verklingen da unten zuhauf;
Andere mit Geistes Flug und Lauf,
Wie das Flügelpferd des Propheten,
Steigen empor und flöten
Draußen an dem Tor.

Kommt deinen Gespielen so etwas vor,
So sollen sie's freundlich vermerken,
Das Echo lieblich verstärken,
Dass es wieder hinunter halle,
Und sollen achthaben,
Dass, in jedem Falle,
Wenn er kommt, seine Gaben
Jedem zugute kommen;
Das wird beiden Welten frommen.

Sie mögen's ihm freundlich lohnen,
Auf liebliche Weise fügsam,
Sie lassen ihn mit sich wohnen:
Alle Guten sind genügsam.
Du aber bist mir beschieden,
Dich lass ich nicht aus dem ewigen Frieden;
Auf die Wache sollst du nicht ziehn,
Schick eine ledige Schwester dahin.

Dichter

Deine Liebe, dein Kuss mich entzückt!
Geheimnisse mag ich nicht erfragen;
Doch sag mir, ob du an irdischen Tagen
    Jemals teilgenommen?
Mir ist es oft so vorgekommen,
Ich wollt es beschwören, ich wollt es beweisen,
Du hast einmal Suleika geheißen.

Huri

Wir sind aus den Elementen geschaffen,
    Aus Wasser, Feuer, Erd und Luft
    Unmittelbar; und irdischer Duft
    Ist unserm Wesen ganz zuwider.
Wir steigen nie zu euch hernieder;
Doch wenn ihr kommt, bei uns zu ruhn,
    Da haben wir genug zu tun.

Denn, siehst du, wie die Gläubigen kamen,
Von dem Propheten so wohl empfohlen,
    Besitz vom Paradiese nahmen,
    Da waren wir, wie er befohlen,
    So liebenswürdig, so scharmant,
Wie uns die Engel selbst nicht gekannt.

Allein der erste, zweite, dritte,
    Die hatten vorher eine Favorite,
    Gegen uns waren's garstige Dinger,
    Sie aber hielten uns doch geringer,
    Wir waren reizend, geistig, munter;
Die Moslems wollten wieder hinunter.

Nun war uns himmlisch Hochgebornen
    Ein solch Betragen ganz zuwider,
    Wir aufgewiegelten Verschwornen
    Besannen uns schon hin und wieder;
Als der Prophet durch alle Himmel fuhr,
    Da passten wir auf seine Spur;
Rückkehrend hatt er sich's nicht versehn,
    Das Flügelpferd, es musste stehn.

Da hatten wir ihn in der Mitte! –
    Freundlich ernst, nach Prophetensitte,
Wurden wir kürzlich von ihm beschieden;
    Wir aber waren sehr unzufrieden.
Denn seine Zwecke zu erreichen,

Sollten wir eben alles lenken,
So wie ihr dächtet, sollten wir denken,
Wir sollten euren Liebchen gleichen.

Unsere Eigenliebe ging verloren,
Die Mädchen krauten hinter den Ohren,
Doch, dachten wir, im ewigen Leben
Muss man sich eben in alles ergeben.

Nun sieht ein jeder, was er sah,
Und ihm geschieht, was ihm geschah.
Wir sind die Blonden, wir sind die Braunen,
Wir haben Grillen und haben Launen,
Ja, wohl auch manchmal eine Flause,
Ein jeder denkt, er sei zu Hause,
Und wir darüber sind frisch und froh,
Dass sie meinen, es wäre so.

Du aber bist von freiem Humor,
Ich komme dir paradiesisch vor;
Du gibst dem Blick, dem Kuss die Ehre,
Und wenn ich auch nicht Suleika wäre.
Doch da sie gar zu lieblich war,
So glich sie mir wohl auf ein Haar.

Dichter

Du blendest mich mit Himmelsklarheit,
Es sei nun Täuschung oder Wahrheit,
Genug, ich bewundre dich vor allen.
Um ihre Pflicht nicht zu versäumen,
Um einem Deutschen zu gefallen,
Spricht eine Huri in Knittelreimen.

Huri

Ja, reim auch du nur unverdrossen,
Wie es dir aus der Seele steigt!
Wir paradiesische Genossen
Sind Wort' und Taten reinen Sinns geneigt.
Die Tiere, weißt du, sind nicht ausgeschlossen,
Die sich gehorsam, die sich treu erzeigt!
Ein derbes Wort kann Huri nicht verdrießen;
Wir fühlen, was vom Herzen spricht,
Und was aus frischer Quelle bricht,
Das darf im Paradiese fließen.

Huri

Wieder einen Finger schlägst du mir ein!
Weißt du denn, wieviel Äonen
Wir vertraut schon zusammen wohnen?

Dichter

Nein! – Will's auch nicht wissen. Nein!
Mannigfaltiger frischer Genuss,
Ewig bräutlich keuscher Kuss! –
Wenn jeder Augenblick mich durchschauert,
Was soll ich fragen, wie lang es gedauert!

Huri

Abwesend bist denn doch auch einmal,
Ich merk es wohl, ohne Maß und Zahl.
Hast in dem Weltall nicht verzagt,
An Gottes Tiefen dich gewagt;
Nun sei der Liebsten auch gewärtig!
Hast du nicht schon das Liedchen fertig?
Wie klang es draußen an dem Tor?
Wie klingt's? – Ich will nicht stärker in dich dringen,
Sing mir die Lieder an Suleika vor.
Denn weiter wirst du's doch im Paradies nicht bringen.

Begünstigte Tiere

Vier Tieren auch verheißen war,
Ins Paradies zu kommen,
Dort leben sie das ew'ge Jahr
Mit Heiligen und Frommen.

Den Vortritt hier ein Esel hat,
Er kommt mit muntern Schritten:
Denn Jesus zur Prophetenstadt
Auf ihm ist eingeritten.

Halb schüchtern kommt ein Wolf sodann,
Dem Mahomet befohlen:
»Lass dieses Schaf dem armen Mann,
Dem Reichen magst du's holen!«

Nun, immer wedelnd, munter, brav,
Mit seinem Herrn, dem braven,
Das Hündlein, das den Siebenschlaf
So treulich mitgeschlafen.

Abuherriras Katze hier
Knurrt um den Herrn und schmeichelt:
Denn immer ist's ein heilig Tier,
Das der Prophet gestreichelt.

Höheres und Höchstes

Dass wir solche Dinge lehren,
Möge man uns nicht bestrafen:
Wie das alles zu erklären,
Dürft ihr euer Tiefstes fragen.

Und so werdet ihr vernehmen:
Dass der Mensch, mit sich zufrieden,
Gern sein Ich gerettet sähe,
So da droben wie hienieden.

Und mein liebes Ich bedürfte
Mancherlei Bequemlichkeiten,
Freuden, wie ich hier sie schlürfte,
Wünscht ich auch für ew'ge Zeiten.

So gefallen schöne Gärten,
Blum' und Frucht und hübsche Kinder,
Die uns allen hier gefielen,
Auch verjüngtem Geist nicht minder.

Und so möcht ich alle Freunde,
Jung und alt, in *eins* versammeln,
Gar zu gern in deutscher Sprache
Paradiesesworte stammeln.

Doch man horcht nun Dialekten,
Wie sich Mensch und Engel kosen,
Der Grammatik, der versteckten,
Deklinierend Mohn und Rosen.

Mag man ferner auch in Blicken
Sich rhetorisch gern ergehen
Und zu himmlischem Entzücken
Ohne Klang und Ton erhöhen.

Ton und Klang jedoch entwindet
Sich dem Worte selbstverständlich,
Und entschiedener empfindet
Der Verklärte sich unendlich.

Ist somit dem Fünf der Sinne
Vorgesehn im Paradiese,

Sicher ist es, ich gewinne
Einen Sinn für alle diese.

Und nun dring ich allerorten
Leichter durch die ew'gen Kreise,
Die durchdrungen sind vom Worte
Gottes rein-lebend'ger Weise.

Ungehemmt mit heißem Triebe
Lässt sich da kein Ende finden,
Bis im Anschaun ew'ger Liebe
Wir verschweben, wir verschwinden.

Siebenschläfer

Sechs Begünstigte des Hofes
Fliehen vor des Kaisers Grimme,
Der als Gott sich lässt verehren,
Doch als Gott sich nicht bewähret:
Denn ihn hindert eine Fliege,
Guter Bissen sich zu freuen.
Seine Diener scheuchen wedelnd,
Nicht verjagen sie die Fliege.
Sie umschwärmt ihn, sticht und irret
Und verwirrt die ganze Tafel,
Kehret wieder wie des häm'schen
Fliegengottes Abgesandter.

Nun – so sagen sich die Knaben –
Sollt ein Flieglein Gott verhindern?
Sollt ein Gott auch trinken, speisen,
Wie wir andern? Nein, der Eine,
Der die Sonn erschuf, den Mond auch,
Und der Sterne Glut uns wölbte,
Dieser ist's, wir fliehn! – Die zarten
Leicht beschuht', beputzten Knaben
Nimmt ein Schäfer auf, verbirgt sie
Und sich selbst in Felsenhöhle.
Schäfershund, er will nicht weichen,
Weggescheucht, den Fuß zerschmettert,
Drängt er sich an seinen Herren
Und gesellt sich zum Verborgnen,
Zu den Lieblingen des Schlafes.

Und der Fürst, dem sie entflohen,
Liebentrüstet, sinnt auf Strafen,

Weiset ab so Schwert als Feuer,
In die Höhle sie mit Ziegeln
Und mit Kalk sie lässt vermauern.

Aber jene schlafen immer,
Und der Engel, ihr Beschützer,
Sagt vor Gottes Thron berichtend:
»So zur Rechten, so zur Linken
Hab ich immer sie gewendet,
Dass die schönen jungen Glieder
Nicht des Moders Qualm verletze.
Spalten riss ich in die Felsen,
Dass die Sonne, steigend, sinkend,
Junge Wangen frisch erneute:
Und so liegen sie beseligt. –
Auch, auf heilen Vorderpfoten,
Schläft das Hündlein süßen Schlummer.«

Jahre fliehen, Jahre kommen,
Wachen endlich auf die Knaben,
Und die Mauer, die vermorschte,
Altershalben ist gefallen.
Und Jamblika sagt, der Schöne,
Ausgebildete vor allen,
Als der Schäfer fürchtend zaudert:
»Lauf ich hin! und hol euch Speise,
Leben wag ich und das Goldstück!«
Ephesus, gar manches Jahr schon,
Ehrt die Lehre des Propheten
Jesus. (Friede sei dem Guten!)

Und er lief, da war der Tore
Wart und Turn und alles anders.
Doch zum nächsten Bäckerladen.
Wandt er sich nach Brot in Eile. –
»Schelm!« so rief der Bäcker, »hast du,
Jüngling, einen Schatz gefunden!
Gib mir, dich verrät das Goldstück,
Mir die Hälfte zum Versöhnen!«

Und sie hadern. – Vor den König
Kommt der Handel; auch der König
Will nun teilen wie der Bäcker.

Nun betätigt sich das Wunder
Nach und nach aus hundert Zeichen.
An dem selbsterbauten Palast

Weiß er sich sein Recht zu sichern.
Denn ein Pfeiler, durchgegraben,
Führt zu scharfbenamsten Schätzen.
Gleich versammeln sich Geschlechter,
Ihre Sippschaft zu beweisen.
Und als Ururvater prangend
Steht Jamblikas Jugendfülle.
Wie von Ahnherrn hört er sprechen
Hier von seinem Sohn und Enkeln.
Der Urenkel Schar umgibt ihn,
Als ein Volk von tapfern Männern,
Ihn, den jüngsten, zu verehren.
Und ein Merkmal übers andre
Dringt sich auf, Beweis vollendend;
Sich und den Gefährten hat er
Die Persönlichkeit bestätigt.

Nun zur Höhle kehrt er wieder,
Volk und König ihn geleiten. –
Nicht zum König, nicht zum Volke
Kehrt der Auserwählte wieder:
Denn die Sieben, die von lang her,
Achte waren's mit dem Hunde,
Sich von aller Welt gesondert,
Gabriels geheim Vermögen
Hat, gemäß dem Willen Gottes,
Sie dem Paradies geeignet,
Und die Höhle schien vermauert.

Gute Nacht!

Nun, so legt euch, liebe Lieder,
An den Busen meinem Volke!
Und in einer Moschuswolke
Hüte Gabriel die Glieder
Des Ermüdeten gefällig;
Dass er frisch und wohlerhalten,
Froh, wie immer, gern gesellig,
Möge Felsenklüfte spalten,
Um des Paradieses Weiten,
Mit Heroen aller Zeiten,
Im Genusse zu durchschreiten;
Wo das Schöne, stets das Neue,
Immer wächst nach allen Seiten,

157

Dass die Unzahl sich erfreue.
Ja, das Hündlein gar, das treue,
Darf die Herren hinbegleiten.

Noten und Abhandlungen zu besserem Verständnis des west-östlichen Divans

Wer das Dichten will verstehen,
Muss ins Land der Dichtung gehen;
Wer den Dichter will verstehen,
Muss in Dichters Lande gehen.

Einleitung

Alles hat seine Zeit! – Ein Spruch, dessen Bedeutung man bei längerem Leben immer mehr anerkennen lernt; diesem nach gibt es eine Zeit zu schweigen, eine andere zu sprechen, und zum letzten entschließt sich diesmal der Dichter. Denn wenn dem früheren Alter Tun und Wirken gebührt, so ziemt dem späteren Betrachtung und Mitteilung.

Ich habe die Schriften meiner ersten Jahre ohne Vorwort in die Welt gesandt, ohne auch nur im Mindesten anzudeuten, wie es damit gemeint sei; dies geschah im Glauben an die Nation, dass sie früher oder später das Vorgelegte benutzen werde. Und so gelang mehreren meiner Arbeiten augenblickliche Wirkung, andere, nicht ebenso fasslich und eindringend, bedurften, um anerkannt zu werden, mehrerer Jahre. Indessen gingen auch diese vorüber, und ein zweites, drittes nachwachsendes Geschlecht entschädigt mich doppelt und dreifach für die Unbilden, die ich von meinen früheren Zeitgenossen zu erdulden hatte.

Nun wünscht ich aber, dass nichts den ersten guten Eindruck des gegenwärtigen Büchleins hindern möge. Ich entschließe mich daher, zu erläutern, zu erklären, nachzuweisen, und zwar bloß in der Absicht, dass ein unmittelbares Verständnis Lesern daraus erwachse, die mit dem Osten wenig oder nicht bekannt sind. Dagegen bedarf derjenige dieses Nachtrags nicht, der sich um Geschichte und Literatur einer so höchst merkwürdigen Weltregion näher umgetan hat. Er wird vielmehr die Quellen und Bäche leicht bezeichnen, deren erquickliches Nass ich auf meine Blumenbeete geleitet.

Am liebsten aber wünschte der Verfasser vorstehender Gedichte als ein Reisender angesehen zu werden, dem es zum Lobe gereicht, wenn er sich der fremden Landesart mit Neigung bequemt, deren Sprachgebrauch sich anzueignen trachtet, Gesinnungen zu teilen, Sitten aufzunehmen versteht. Man entschuldigt ihn, wenn es ihm auch nur bis auf einen gewissen Grad gelingt, wenn er immer noch an einem eignen Akzent, an einer unbezwinglichen Unbiegsamkeit seiner Landsmannschaft als Fremdling kenntlich bleibt. In diesem Sinne möge nun Verzeihung dem Büchlein gewährt sein! Kenner vergeben mit Einsicht, Liebhaber, weniger gestört durch solche Mängel, nehmen das Dargebotene unbefangen auf.

Damit aber alles, was der Reisende zurückbringt, den Seinigen schneller behage, übernimmt er die Rolle eines Handelsmannes, der seine Waren gefällig auslegt und sie auf mancherlei Weise angenehm zu machen sucht; ankündigende, beschreibende, ja lobpreisende Redensarten wird man ihm nicht verargen.

Zuvörderst also darf unser Dichter wohl aussprechen, dass er sich, im Sittlichen und Ästhetischen, Verständlichkeit zur ersten Pflicht gemacht, daher er sich denn auch der schlichtesten Sprache, in dem leichtesten, fasslichsten Silbenmaße seiner Mundart befleißigt und nur von weitem auf dasjenige hindeutet, wo der Orientale durch Künstlichkeit und Künstelei zu gefallen strebt.

Das Verständnis jedoch wird durch manche nicht zu vermeidende fremde Worte gehindert, die deshalb dunkel sind, weil sie sich auf bestimmte Gegenstände beziehen, auf Glauben, Meinungen, Herkommen, Fabeln und Sitten. Diese zu erklären, hielt man für die nächste Pflicht und hat dabei das Bedürfnis berücksichtigt, das aus Fragen und Einwendungen deutscher Hörender und Lesender hervorging. Ein angefügtes Register bezeichnet die Seite, wo dunkle Stellen vorkommen und auch, wo sie erklärt werden. Dieses Erklären aber geschieht in einem gewissen Zusammenhang, damit nicht abgerissene Noten, sondern ein selbständiger Text erscheine, der, obgleich nur flüchtig behandelt und lose verknüpft, dem Lesenden jedoch Übersicht und Erläuterung gewähre.

Möge das Bestreben unseres diesmaligen Berufes angenehm sein! Wir dürfen es hoffen: denn in einer Zeit, wo so vieles aus dem Orient unserer Sprache treulich angeeignet wird, mag es verdienstlich erscheinen, wenn auch wir von unserer Seite die Aufmerksamkeit dorthin zu lenken suchen, woher so manches Große, Schöne und Gute seit Jahrtausenden zu uns gelangte, woher täglich mehr zu hoffen ist.

Hebräer

Naive Dichtkunst ist bei jeder Nation die erste, sie liegt allen folgenden zugrunde; je frischer, je naturgemäßer sie hervortritt, desto glücklicher entwickeln sich die nachherigen Epochen.

Da wir von orientalischer Poesie sprechen, so wird notwendig, der Bibel, als der ältesten Sammlung, zu gedenken. Ein großer Teil des Alten Testaments ist mit erhöhter Gesinnung, ist enthusiastisch geschrieben und gehört dem Felde der Dichtkunst an.

Erinnern wir uns nun lebhaft jener Zeit, wo *Herder* und *Eichhorn* uns hierüber persönlich aufklärten, so gedenken wir eines hohen Genusses, dem reinen orientalischen Sonnenaufgang zu vergleichen. Was solche Männer uns verliehen und hinterlassen, darf nur angedeutet werden, und man verzeiht uns die Eilfertigkeit, mit welcher wir an diesen Schätzen vorübergehen.

Beispielswillen jedoch gedenken wir des Buches Ruth, welches bei seinem hohen Zweck, einem König von Israel anständige, interessante Voreltern zu verschaffen, zugleich als das lieblichste kleine Ganze betrachtet werden kann, das uns episch und idyllisch überliefert worden ist.

Wir verweilen sodann einen Augenblick bei dem Hohelied, als dem Zartesten und Unnachahmlichsten, was uns von Ausdruck leidenschaftlicher, anmutiger Liebe zugekommen. Wir beklagen freilich, dass uns die fragmentarisch durcheinander geworfenen, übereinander geschobenen Gedichte keinen vollen, reinen Genuss gewähren, und doch sind wir entzückt, uns in jene Zustände hineinzuahnen, in welchen die Dichtenden gelebt. Durch und durch wehet eine milde Luft des lieblichsten Bezirks von Kanaan; ländlich trauliche Verhältnisse, Wein-, Garten- und Gewürzbau, etwas von städtischer Beschränkung, sodann aber ein königlicher Hof mit seinen Herrlichkeiten im Hintergrund. Das Hauptthema jedoch bleibt glühende Neigung jugendlicher Herzen, die sich suchen, finden, abstoßen, anziehen, unter mancherlei höchst einfachen Zuständen.

Mehrmals gedachten wir aus dieser lieblichen Verwirrung einiges herauszuheben, aneinander zu reihen; aber gerade das Rätselhaft-Unauflösliche gibt den wenigen Blättern Anmut und Eigentümlichkeit. Wie oft sind nicht wohldenkende, ordnungsliebende Geister angelockt worden, irgendeinen verständigen Zusammenhang zu finden oder hineinzulegen, und einem folgenden bleibt immer dieselbige Arbeit.

Ebenso hat das Buch Ruth seinen unbezwinglichen Reiz über manchen wackern Mann schon ausgeübt, dass er dem Wahn sich hingab, das in seinem Lakonismus unschätzbar dargestellte Ereignis könne durch eine ausführliche, paraphrastische Behandlung noch einigermaßen gewinnen.

Und so dürfte, Buch für Buch, das Buch aller Bücher dartun, dass es uns deshalb gegeben sei, damit wir uns daran, wie an einer zweiten Welt, versuchen, uns daran verirren, aufklären und ausbilden mögen.

Araber

Bei einem östlichern Volke, den Arabern, finden wir herrliche Schätze an den *Moallakat*. Es sind Preisgesänge, die aus dichterischen Kämpfen siegreich hervorgingen; Gedichte, entsprungen vor Mahomets Zeiten, mit goldenen Buchstaben geschrieben, aufgehängt an den Pforten des Gotteshauses zu Mekka. Sie deuten auf eine wandernde, herdenreiche, kriegerische Nation, durch den Wechselstreit mehrerer Stämme innerlich beunruhigt. Dargestellt sind: festeste Anhänglichkeit an Stammesgenossen, Ehrbegierde, Tapferkeit, unversöhnbare Rachelust, gemildert durch Liebestrauer, Wohltätigkeit, Aufopferung, sämtlich grenzenlos. Diese Dichtungen geben uns einen hinlänglichen Begriff von der hohen Bildung des Stammes der Koraischiten, aus welchem Mahomet selbst entsprang, ihnen aber eine düstre Religionshülle überwarf und jede Aussicht auf reinere Fortschritte zu verhüllen wusste.

Der Wert dieser trefflichen Gedichte, an Zahl sieben, wird noch dadurch erhöht, dass die größte Mannigfaltigkeit in ihnen herrscht. Hiervon können wir nicht kürzere und würdigere Rechenschaft geben, als wenn wir einschaltend hinlegen, wie der einsichtige *Jones* ihren Charakter ausspricht. »*Amralkais* Gedicht ist weich, froh, glänzend, zierlich, mannigfaltig und anmutig. *Tarafas:* kühn, aufgeregt, aufspringend und doch mit einiger Fröhlichkeit durchwebt. Das Gedicht von *Zoheir* scharf, ernst, keusch, voll moralischer Gebote und ernster Sprüche. *Lebids* Dichtung ist leicht, verliebt, zierlich, zart; sie erinnert an Virgils zweite Ekloge: denn er beschwert sich über der Geliebten Stolz und Hochmut und nimmt daher Anlass, seine Tugenden herzuzählen, den Ruhm seines Stammes in den Himmel zu erheben. Das Lied *Antaras* zeigt sich stolz, drohend, treffend, prächtig, doch nicht ohne Schönheit der Beschreibungen und Bilder. *Amru* ist heftig, erhaben, ruhmredig; *Harez* darauf voll Weisheit, Scharfsinn und Würde. Auch erscheinen die beiden letzten als poetisch-politische Streitreden, welche vor einer Versammlung Araber gehalten wurden, um den verderblichen Hass zweier Stämme zu beschwichtigen.«

Wie wir nun durch dieses wenige unsere Leser gewiss aufregen, jene Gedichte zu lesen oder wieder zu lesen, so fügen wir ein anderes bei, aus Mahomets Zeit, und völlig im Geiste jener. Man könnte den Charakter desselben als düster, ja finster ansprechen, glühend, rachlustig und von Rache gesättigt.

1
Unter dem Felsen am Wege
Erschlagen liegt er,
In dessen Blut
Kein Tau herabträuft.

2
Große Last legt' er mir auf
Und schied;
Fürwahr, diese Last
Will ich tragen.

3
»Erbe meiner Rache
Ist der Schwestersohn,
Der Streitbare,
Der Unversöhnliche.

4
Stumm schwitzt er Gift aus,
Wie die Otter schweigt,
Wie die Schlange Gift haucht,
Gegen die kein Zauber gilt.«

5
Gewaltsame Botschaft kam über uns,
Großen, mächtigen Unglücks;
Den Stärksten hätte sie
Überwältigt.

161

6

Mich hat das Schicksal geplündert,
Den Freundlichen verletzend,
Dessen Gastfreund
Nie beschädigt ward.

7

Sonnenhitze war er
Am kalten Tag,
Und brannte der Sirius,
War er Schatten und Kühlung.

8

Trocken von Hüften,
Nicht kümmerlich,
Feucht von Händen,
Kühn und gewaltsam.

9

Mit festem Sinn
Verfolgt' er sein Ziel,
Bis er ruhte;
Da ruht' auch der feste Sinn.

10

Wolkenregen war er,
Geschenke verteilend;
Wenn er anfiel,
Ein grimmiger Löwe.

11

Staatlich vor dem Volke,
Schwarzen Haares, langen Kleides,
Auf den Feind rennend
Ein magrer Wolf.

12

Zwei Geschmäcke teilt' er aus,
Honig und Wermut,
Speise solcher Geschmäcke
Kostete jeder.

13

Schreckend ritt er allein,
Niemand begleitet' ihn
Als das Schwert von Jemen,

Mit Scharten geschmückt.

14

Mittags begannen wir Jünglinge
Den feindseligen Zug,
Zogen die Nacht hindurch,
Wie schwebende Wolken ohne Ruh.

15

Jeder war ein Schwert,
Schwertumgürtet,
Aus der Scheide gerissen
Ein glänzender Blitz.

16

Sie schlürften die Geister des Schlafes,
Aber wie sie mit den Köpfen nickten,
Schlugen wir sie,
Und sie waren dahin.

17

Rache nahmen wir völlige;
Es entrannen von zwei Stämmen
Gar wenige,
Die wenigsten.

18

Und hat der Hudseilite,
Ihn zu verderben, die Lanze gebrochen,
Weil er mit seiner Lanze
Die Hudseiliten zerbrach.

19

Auf rauen Ruhplatz
Legten sie ihn,
An schroffen Fels, wo selbst Kamele
Die Klauen zerbrachen.

20

Als der Morgen ihn da begrüßt',
Am düstern Ort, den Gemordeten,
War er beraubt,
Die Beute entwendet.

21

Nun aber sind gemordet von mir

Die Hudseiliten mit tiefen Wunden.
Mürbe macht mich nicht das Unglück,
Es selbst wird mürbe.

22

Des Speeres Durst ward gelöscht
Mit erstem Trinken,
Versagt war ihm nicht
Wiederholtes Trinken.

23

Nun ist der Wein wieder erlaubt.
Der erst versagt war,
Mit vieler Arbeit
Gewann ich mir die Erlaubnis.

24

Auf Schwert und Spieß
Und aufs Pferd erstreckt ich
Die Vergünstigung,
Das ist nun alles Gemeingut.

25

Reiche den Becher denn,
Oh! Sawad Ben Amre:
Denn mein Körper um des Oheims willen
Ist eine große Wunde.

26

Und den Todeskelch
Reichten wir den Hudseiliten,
Dessen Wirkung ist Jammer,
Blindheit und Erniedrigung.

27

Da lachten die Hyänen
Beim Tode der Hudseiliten.
Und du sahest Wölfe,
Denen glänzte das Angesicht.

28

Die edelsten Geier flogen daher,
Sie schritten von Leiche zu Leiche,
Und von dem reichlich bereiteten Mahle
Nicht in die Höhe konnten sie steigen.

Wenig bedarf es, um sich über dieses Gedicht zu verständigen. Die Größe des Charakters, der Ernst, die rechtmäßige Grausamkeit des Handelns sind hier eigentlich das Mark der Poesie. Die zwei ersten Strophen geben die klare Exposition, in der dritten und vierten spricht der Tote und legt seinem Verwandten die Last auf, ihn zu rächen. Die fünfte und sechste schließt sich dem Sinne nach an die ersten, sie stehen lyrisch versetzt; die siebente bis dreizehnte erhebt den Erschlagenen, dass man die Größe seines Verlustes empfinde. Die vierzehnte bis siebzehnte Strophe schildert die Expedition gegen die Feinde; die achtzehnte führt wieder rückwärts; die neunzehnte und zwanzigste könnte gleich nach den beiden ersten stehen. Die einundzwanzigste und zweiundzwanzigste könnte nach der siebzehnten Platz finden; sodann folgt Siegeslust und Genuss beim Gastmahl, den Schluss aber macht die furchtbare Freude, die erlegten Feinde, Hyänen und Geiern zum Raube, vor sich liegen zu sehen.

Höchst merkwürdig erscheint uns bei diesem Gedicht, dass die reine Prosa der Handlung durch Transposition der einzelnen Ereignisse poetisch wird. Dadurch, und dass das Gedicht fast alles äußern Schmucks ermangelt, wird der Ernst desselben erhöht, und wer sich recht hineinliest, muss das Geschehene, von Anfang bis zu Ende, nach und nach vor der Einbildungskraft aufgebaut erblicken.

Übergang

Wenn wir uns nun zu einem friedlichen, gesitteten Volke, den Persern, wenden, so müssen wir, da ihre Dichtungen eigentlich diese Arbeit veranlassten, in die früheste Zeit zurückgehen, damit uns dadurch die neuere verständlich werde. Merkwürdig bleibt es immer dem Geschichtsforscher, dass, mag auch ein Land noch so oft von Feinden erobert, unterjocht, ja vernichtet sein, sich doch ein gewisser Kern der Nation immer in seinem Charakter erhält und, ehe man sich's versieht, eine altbekannte Volkserscheinung wieder auftritt.

In diesem Sinne möge es angenehm sein, von den ältesten Persern zu vernehmen und einen desto sicherern und freieren Schritt bis auf den heutigen Tag eilig durchzuführen.

Ältere Perser

Auf das Anschauen der Natur gründete sich der alten Parsen Gottesverehrung. Sie wendeten sich, den Schöpfer anbetend, gegen die aufgehende Sonne, als der auffallend herrlichsten Erscheinung. Dort glaubten sie den Thron Gottes, von Engeln umfunkelt, zu erblicken. Die Glorie dieses herzerhebenden Dienstes konnte sich jeder, auch der Geringste, täglich vergegenwärtigen. Aus der Hütte trat der Atme, der Krieger aus dem Zelt hervor, und die religiöseste aller Funktionen war vollbracht. Dem neugebornen Kinde erteilte man die Feuertaufe in solchen Strahlen, und den ganzen Tag über, das ganze Leben hindurch, sah der Parse sich von dem Urgestirne bei allen seinen Handlungen begleitet. Mond und Sterne erhellten die Nacht, ebenfalls unerreichbar, dem Grenzenlosen angehörig. Dagegen stellt sich das

Feuer ihnen zur Seite, erleuchtend, erwärmend, nach seinem Vermögen. In Gegenwart dieses Stellvertreters Gebete zu verrichten, sich vor dem unendlich Empfundenen zu beugen wird angenehme, fromme Pflicht. Reinlicher ist nichts als ein heiterer Sonnenaufgang, und so reinlich musste man auch die Feuer entzünden und bewahren, wenn sie heilig, sonnenähnlich sein und bleiben sollten.

Zoroaster scheint die edle, reine Naturreligion zuerst in einen umständlichen Kultus verwandelt zu haben. Das mentale Gebet, das alle Religionen einschließt und ausschließt und nur bei wenigen, gottbegünstigten Menschen den ganzen Lebenswandel durchdringt, entwickelt sich bei den meisten nur als flammendes, beseligendes Gefühl des Augenblicks, nach dessen Verschwinden sogleich der sich selbst zurückgegebene, unbefriedigte, unbeschäftigte Mensch in die unendlichste Langeweile zurückfällt.

Diese mit Zeremonien, mit Weihen und Entsühnen, mit Kommen und Gehen, Neigen und Beugen umständlich auszufüllen ist Pflicht und Vorteil der Priesterschaft, welche denn ihr Gewerbe durch Jahrhunderte durch in unendliche Kleinlichkeiten zersplittert. Wer von der ersten kindlich-frohen Verehrung einer aufgehenden Sonne bis zur Verrücktheit der Guebern, wie sie noch diesen Tag in Indien stattfindet, sich einen schnellen Überblick verschaffen kann, der mag dort eine frische, vom Schlaf dem ersten Tageslicht sich entgegenregende Nation erblicken, hier aber ein verdüstertes Volk, welches gemeine Langeweile durch fromme Langeweile zu töten trachtet.

Wichtig ist es jedoch, zu bemerken, dass die alten Parsen nicht etwa nur das Feuer verehrt; ihre Religion ist durchaus auf die Würde der sämtlichen Elemente gegründet, insofern sie das Dasein und die Macht Gottes verkündigen. Daher die heilige Scheu, das Wasser, die Luft, die Erde zu besudeln. Eine solche Ehrfurcht vor allem, was den Menschen Natürliches umgibt, leitet auf alle bürgerliche Tugenden: Aufmerksamkeit, Reinlichkeit, Fleiß wird angeregt und genährt. Hierauf war die Landeskultur gegründet; denn wie sie keinen Fluss verunreinigten, so wurden auch die Kanäle mit sorgfältiger Wasserersparnis angelegt und rein gehalten, aus deren Zirkulation die Fruchtbarkeit des Landes entquoll, sodass das Reich damals über das Zehnfache mehr bebaut war. Alles, wozu die Sonne lächelte, ward mit höchstem Fleiß betrieben, vor anderm aber die Weinrebe, das eigentlichste Kind der Sonne, gepflegt.

Die seltsame Art, ihre Toten zu bestatten, leitet sich her aus eben dem übertriebenen Vorsatz, die reinen Elemente nicht zu verunreinigen. Auch die Stadtpolizei wirkt aus diesen Grundsätzen: Reinlichkeit der Straßen war eine Religionsangelegenheit, und noch jetzt, da die Guebern vertrieben, verstoßen, verachtet sind und nur allenfalls in Vorstädten in verrufenen Quartieren ihre Wohnung finden, vermacht ein Sterbender dieses Bekenntnisses irgendeine Summe, damit eine oder die andere Straße der Hauptstadt sogleich möge völlig gereinigt werden. Durch eine so lebendige praktische Gottesverehrung ward jene unglaubliche Bevölkerung möglich, von der die Geschichte ein Zeugnis gibt.

Eine so zarte Religion, gegründet auf die Allgegenwart Gottes in seinen Werken der

Sinnenwelt, muss einen eignen Einfluss auf die Sitten ausüben. Man betrachte ihre Hauptgebote und Verbote: nicht lügen, keine Schulden machen, nicht undankbar sein! Die Fruchtbarkeit dieser Lehren wird sich jeder Ethiker und Asket leicht entwickeln. Denn eigentlich enthält das erste Verbot die beiden andern und alle übrigen, die doch eigentlich nur aus Unwahrheit und Untreue entspringen; und daher mag der Teufel im Orient bloß unter Beziehung des ewigen Lügners angedeutet werden.

Da diese Religion jedoch zur Beschaulichkeit führt, so könnte sie leicht zur Weichlichkeit verleiten, so wie denn in den langen und weiten Kleidern auch etwas Weibliches angedeutet scheint. Doch war auch in ihren Sitten und Verfassungen die Gegenwirkung groß. Sie trugen Waffen, auch im Frieden und geselligen Leben, und übten sich im Gebrauch derselben auf alle mögliche Weise. Das geschickteste und heftigste Reiten war bei ihnen herkömmlich, auch ihre Spiele, wie das mit Bällen und Schlägeln, auf großen Rennbahnen, erhielt sie rüstig, kräftig, behänd; und eine unbarmherzige Konskription machte sie sämtlich zu Helden auf den ersten Wink des Königs.

Schauen wir zurück auf ihren Gottessinn. Anfangs war der öffentliche Kultus auf wenige Feuer eingeschränkt und daher desto ehrwürdiger, dann vermehrte sich ein hochwürdiges Priestertum nach und nach zahlreich, womit sich die Feuer vermehrten. Dass diese innigst verbundene geistliche Macht sich gegen die weltliche gelegentlich auflehnen würde, liegt in der Natur dieses ewig unverträglichen Verhältnisses. Nicht zu gedenken, dass der falsche Smerdis, der sich des Königreichs bemächtigte, ein Magier gewesen, durch seine Genossen erhöht und eine Zeitlang gehalten worden, so treffen wir die Magier mehrmals den Regenten fürchterlich.

Durch Alexanders Invasion zerstreut, unter seinen parthischen Nachfolgern nicht begünstigt, von den Sassaniden wieder hervorgehoben und versammelt, bewiesen sie sich immer fest auf ihren Grundsätzen und widerstrebten dem Regenten, der diesen zuwiderhandelte. Wie sie denn die Verbindung des Chosru mit der schönen Schirin, einer Christin, auf alle Weise beiden Teilen widersetzlich verleideten.

Endlich von den Arabern auf immer verdrängt und nach Indien vertrieben und, was von ihnen oder ihren Geistesverwandten in Persien zurückblieb, bis auf den heutigen Tag verachtet und beschimpft, bald geduldet, bald verfolgt nach Willkür der Herrscher, hält sich noch diese Religion hie und da in der frühesten Reinheit, selbst in kümmerlichen Winkeln, wie der Dichter solches durch das *Vermächtnis des alten Parsen* auszudrücken gesucht hat.

Dass man daher dieser Religion durch lange Zeiten durch sehr viel schuldig geworden, dass in ihr die Möglichkeit einer höhern Kultur lag, die sich im westlichen Teil der östlichen Welt verbreitete, ist wohl nicht zu bezweifeln. Zwar ist es höchst schwierig, einen Begriff zu geben, wie und woher sich diese Kultur ausbreitete. Viele Städte lagen als Lebenspunkte in vielen Regionen zerstreut; am bewundernswürdigsten aber ist mir, dass die fatale Nähe des indischen Götzendienstes nicht auf sie wirken konnte. Auffallend bleibt es, da die Städte von Balch und Bamian so nah aneinander lagen, hier die verrücktesten Götzen in riesenhafter Größe verfertigt und angebetet zu sehen, indessen sich dort die Tempel des reinen Feuers erhielten, große Klöster dieses Bekenntnisses entstanden und eine Unzahl von Mobeden sich versammelten. Wie herrlich aber die Einrichtung solcher Anstalten müsse gewesen sein, bezeugen die außerordentlichen Männer, die von dort ausgegangen sind. Die Familie der Barmekiden stammte daher, die so lange als einflussreiche Staatsdiener glänzten, bis sie zuletzt, wie ein ungefähr ähnliches Geschlecht dieser Art zu unsern Zeiten, ausgerottet und vertrieben worden.

Regiment

Wenn der Philosoph aus Prinzipien sich ein Natur-, Völker- und Staatsrecht auferbaut, so forscht der Geschichtsfreund nach, wie es wohl mit solchen menschlichen Verhältnissen und Verbindungen von jeher gestanden habe. Da finden wir denn im ältesten Orient: dass alle Herrschaft sich ableiten lasse von dem Recht, Krieg zu erklären. Dieses Recht liegt, wie alle übrigen, anfangs in dem Willen, in der Leidenschaft des Volkes. Ein Stammesglied wird verletzt, sogleich regt sich die Masse unaufgefordert, Rache zu nehmen am Beleidiger. Weil aber die Menge zwar handeln und wirken, nicht aber sich führen mag, überträgt sie, durch Wahl, Sitte, Gewohnheit, die Anführung zum Kampf einem einzigen, es sei für *einen* Kriegszug, für mehrere; dem tüchtigen Manne verleiht sie den gefährlichen Posten auf Lebenszeit, auch wohl endlich für seine Nachkommen. Und so verschafft sich der Einzelne, durch die Fähigkeit, Krieg zu führen, das Recht, den Krieg zu erklären.

Hieraus fließt nun ferner die Befugnis, jeden Staatsbürger, der ohnehin als kampflustig und streitfertig angesehen werden darf, in die Schlacht zu rufen, zu fordern, zu zwingen. Diese Konskription musste von jeher, wenn sie sich gerecht und wirksam erzeigen wollte, unbarmherzig sein. Der *erste Darius* rüstet sich gegen verdächtige Nachbarn, das unzählige Volk gehorcht dem Wink. Ein Greis liefert drei Söhne, er bittet, den jüngsten vom Feldzug zu befreien, der König sendet ihm den Knaben in Stücken zerhauen zurück. Hier ist also das Recht über Leben und Tod schon ausgesprochen. In der Schlacht selbst leidet's keine Frage: denn wird nicht oft willkürlich, ungeschickt ein ganzer Heeresteil vergebens aufgeopfert, und niemand fordert Rechenschaft vom Anführer?

Nun zieht sich aber bei kriegerischen Nationen derselbe Zustand durch die kurzen Friedenszeiten. Um den König her ist's immer Krieg und niemandem bei Hofe das Leben gesichert. Ebenso werden die Steuern fort erhoben, die der Krieg nötig machte. Deshalb setzte denn auch Darius Codomannus, vorsichtig, regelmäßige Abgaben fest, statt freiwilliger Geschenke. Nach diesem Grundsatz, mit dieser Verfassung stieg die persische Monarchie zu höchster Macht und Glückseligkeit, die denn doch zuletzt an dem Hochsinn einer benachbarten, kleinen, zerstückelten Nation endlich scheiterte.

Die Perser, nachdem außerordentliche Fürsten ihre Streitkräfte in eins versammelt und die Elastizität der Masse aufs Höchste gesteigert, zeigten sich selbst entfernten Völkern gefährlich, um so mehr den benachbarten.

Alle waren überwunden, nur die Griechen, uneins unter sich, vereinigten sich gegen den zahlreichen, mehrmals herandringenden Feind und entwickelten musterhafte Aufopferung, die erste und letzte Tugend, worin alle übrigen enthalten sind. Dadurch ward Frist gewonnen, dass, in dem Maße wie die persische Macht innerlich zerfiel, Philipp von Mazedonien eine Einheit gründen konnte, die übrigen Griechen um sich zu versammeln und ihnen für den Verlust ihrer innern Freiheit den Sieg über äußere Dränger vorzubereiten. Sein Sohn überzog die Perser und gewann das Reich.

Nicht nur furchtbar, sondern äußerst verhasst hatten sich diese der griechischen Nation gemacht, indem sie Staat und Gottesdienst zugleich bekriegten. Sie, einer Religion ergeben, wo die himmlischen Gestirne, das Feuer, die Elemente als gottähnliche Wesen in freier Welt verehrt wurden, fanden höchst scheltenswert, dass man die Götter in Wohnungen einsperrte, sie unter Dach anbetete. Nun verbrannte und zerstörte man die Tempel und schuf dadurch sich selbst ewig Hass erregende Denkmäler, indem die Weisheit der Griechen beschloss, diese Ruinen niemals wieder aus ihrem Schutt zu erheben, sondern, zu Anreizung künftiger Rache, ahndungsvoll liegen zu lassen. Diese Gesinnungen, ihren beleidigten Gottesdienst zu rächen, brachten die Griechen mit auf persischen Grund und Boden; manche Grausamkeit erklärt sich daher, auch will man den Brand von Persepolis damit entschuldigen.

Die gottesdienstlichen Übungen der Magier, die freilich, von ihrer ersten Einfalt entfernt, auch schon Tempel und Klostergebäude bedurften, wurden gleichfalls zerstört, die Magier verjagt und zerstreut, von welchen jedoch immer eine große Menge versteckt sich sammelten und auf bessere Zeiten Gesinnung und Gottesdienst aufbewahrten. Ihre Geduld wurde freilich sehr geprüft: denn als mit Alexanders Tod die kurze Alleinherrschaft zerfiel und das Reich zersplitterte, bemächtigten sich die Parther des Teils, der uns gegenwärtig besonders beschäftigt. Sprache, Sitten, Religion der Griechen ward bei ihnen einheimisch. Und so vergingen fünfhundert Jahre über der Asche der alten Tempel und Altäre, unter welchen das heilige Feuer immerfort glimmend sich erhielt, so dass die Sassaniden zu Anfang des dritten Jahrhunderts unserer Zeitrechnung, als sie, die alte Religion wieder bekennend, den frühern Dienst herstellten, sogleich eine Anzahl Magier und Mobeden vorfanden, welche an und über der Grenze Indiens sich und ihre Gesinnungen im Stillen erhalten hatten. Die altpersische Sprache wurde hervorgezogen, die griechische verdrängt und zu einer eignen Nationalität wieder Grund gelegt. Hier finden wir nun in einem Zeitraum von vierhundert Jahren die mythologische Vorgeschichte persischer Ereignisse durch poetisch-prosaische Nachklänge einigermaßen erhalten. Die glanzreiche Dämmerung derselben erfreut uns immerfort, und eine Mannigfaltigkeit von Charakteren und Ereignissen erweckt großen Anteil. – Was wir aber auch von Bild- und Baukunst dieser Epoche vernehmen, so ging es damit doch bloß auf Pracht und Herrlichkeit, Größe und Weitläufigkeit und unförmliche Gestalten hinaus; und wie konnt es auch anders werden? da sie ihre Kunst vom Abendlande hernehmen mussten, die schon dort so tief entwürdigt war. Der Dichter besitzt selbst einen Siegelring Sapor des Ersten, einen Onyx, offenbar von einem westlichen Künstler damaliger Zeit, vielleicht einem Kriegsgefangenen, geschnitten. Und sollte der Siegelschneider des überwindenden Sassaniden geschickter gewesen sein als der Stempelschneider des überwundenen Valentinian? Wie es aber mit den Münzen damaliger Zeit aussehe, ist uns leider nur zu wohl bekannt. Auch hat sich das Dichterisch-Märchenhafte jener überbliebenen Monumente nach und nach, durch Bemühung der Kenner, zur historischen Prosa herabgestimmt. Da wir denn nun deutlich auch in diesem Beispiel begreifen, dass ein Volk auf einer hohen sittlich-religiösen Stufe stehen, sich mit Pracht und Prunk umgeben und in Bezug auf Künste noch immer unter die barbarischen gezählt werden kann.

Ebenso müssen wir auch, wenn wir orientalische und besonders persische Dichtkunst der Folgezeit redlich schätzen und nicht, zu künftigem eignem Verdruss und Beschämung, solche überschätzen wollen, gar wohl bedenken, wo denn eigentlich die werte, wahre Dichtkunst in jenen Tagen zu finden gewesen.

Aus dem Westlande scheint sich nicht viel selbst nach dem nächsten Osten verloren zu haben, Indien hielt man vorzüglich im Auge; und da denn doch den Verehrern des Feuers und der Elemente jene verrückt-monströse Religion, dem Lebemenschen aber eine abstruse Philosophie keineswegs annehmlich sein konnte, so nahm man von dorther, was allen Menschen immer gleich willkommen ist, Schriften, die sich auf Weltklugheit beziehen; da man denn auf die Fabeln des Bidpai den höchsten Wert legte und dadurch schon eine künftige Poesie in ihrem tiefsten Grund zerstörte. Zugleich hatte man aus derselben Quelle das Schachspiel erhalten, welches, in Bezug mit jener Weltklugheit, allem Dichtersinn den Garaus zu machen völlig geeignet ist. Setzen wir dieses voraus, so werden wir das Naturell der späteren persischen Dichter, sobald sie durch günstige Anlässe hervorgerufen wurden, höchlich rühmen und bewundern, wie sie so manche Ungunst bekämpfen, ihr ausweichen oder vielleicht gar überwinden können.

Die Nähe von Byzanz, die Kriege mit den westlichen Kaisern und daraus entspringenden wechselseitigen Verhältnisse bringen endlich ein Gemisch hervor, wobei die christliche Religion zwischen die der alten Parsen sich einschlingt, nicht ohne Widerstreben der Mobeden und dortigen Religionsbewahrer. Wie denn doch die mancherlei Verdrießlichkeiten, ja großes Unglück selbst, das den trefflichen Fürsten Chosru Parvis überfiel, bloß daher seinen Ursprung nahm, weil Schirin, liebenswürdig und reizend, am christlichen Glauben festhielt.

Dieses alles, auch nur obenhin betrachtet, nötigt uns zu gestehen, dass die Vorsätze, die Verfahrungsweise der Sassaniden alles Lob verdienen; nur waren sie nicht mächtig genug, in einer von Feinden rings umgebenen Lage zur bewegtesten Zeit sich zu erhalten. Sie wurden nach tüchtigem Widerstand von den Arabern unterjocht, welche Mahomet durch Einheit zur furchtbarsten Macht erhoben hatte.

Mahomet

Da wir bei unseren Betrachtungen vom Standpunkt der Poesie entweder ausgehen oder doch auf denselben zurückkehren, so wird es unsern Zwecken angemessen sein, von genanntem außerordentlichen Manne vorerst zu erzählen, wie er heftig behauptet und beteuert: er sei Prophet und nicht Poet und daher auch sein Koran als göttliches Gesetz und nicht etwa als menschliches Buch, zum Unterricht oder zum Vergnügen, anzusehen. Wollen wir nun den Unterschied zwischen Poeten und Propheten näher andeuten, so sagen wir: beide sind von *einem* Gott ergriffen und befeuert, der Poet aber vergeudet die ihm verliehene Gabe im Genuss, um Genuss hervorzubringen, Ehre durch das Hervorgebrachte zu erlangen, allenfalls ein bequemes Leben. Alle übrigen Zwecke versäumt er, sucht mannigfaltig zu sein, sich in Gesinnung und Darstellung grenzenlos zu zeigen. Der Prophet hingegen sieht nur auf einen einzigen bestimmten Zweck; solchen zu erlangen, bedient er sich der einfachsten Mittel. Irgendeine Lehre will er verkünden und, wie um eine Standarte, durch sie und um sie die Völker versammeln. Hiezu bedarf es nur, dass die Welt glaube; er muss also eintönig werden und bleiben, denn das Mannigfaltige glaubt man nicht, man erkennt es.

Der ganze Inhalt des Korans, um mit wenigem viel zu sagen, findet sich zu Anfang der zweiten Sure und lautet folgendermaßen: »Es ist kein Zweifel in diesem Buch. Es ist eine Unterrichtung der Frommen, welche die Geheimnisse des *Glaubens* für wahr halten, die bestimmten Zeiten des *Gebets* beobachten und von demjenigen, was wir ihnen verliehen haben, *Almosen* austeilen und welche der Offenbarung glauben, die den *Propheten* vor dir herabgesandt worden, und gewisse Versicherung des zukünftigen Lebens haben: diese werden von ihrem Herrn geleitet und sollen glücklich und selig sein. Die Ungläubigen betreffend, wird es ihnen gleichviel sein, ob du sie vermahnest oder nicht vermahnest; sie werden doch nicht glauben. Gott hat ihre Herzen und Ohren versiegelt. Eine Dunkelheit bedecket ihr Gesicht, und sie werden eine schwere Strafe leiden.«

Und so wiederholt sich der Koran Sure für Sure. Glauben und Unglauben teilen sich in Oberes und Unteres; Himmel und Hölle sind den Bekennern und Leugnern zugedacht. Nähere Bestimmung des Gebotenen und Verbotenen, fabelhafte Geschichten jüdischer und christlicher Religion, Amplifikationen aller Art, grenzenlose Tautologien und Wiederholungen bilden den Körper dieses heiligen Buches, das uns, sooft wir auch darangehen, immer von Neuem anwidert, dann aber anzieht, in Erstaunen setzt und am Ende Verehrung abnötigt.

Worin es daher jedem Geschichtsforscher von der größten Wichtigkeit bleiben muss, sprechen wir aus mit den Worten eines vorzüglichen Mannes: »Die Hauptabsicht des Korans scheint diese gewesen zu sein, die Bekenner der drei verschiedenen, in dem volkreichen Arabien damals herrschenden Religionen, die meistenteils vermischt untereinander in den Tag hinein lebten und ohne Hirten und Wegweiser herumirrten, indem der größte Teil Götzendiener und die übrigen entweder

Juden oder Christen eines höchst irrigen und ketzerischen Glaubens waren, in der Erkenntnis und Verehrung des einigen ewigen und unsichtbaren Gottes, durch dessen Allmacht alle Dinge geschaffen sind und die, so es nicht sind, geschaffen werden können, des allerhöchsten Herrschers, Richters und Herrn aller Herren, unter der Bestätigung gewisser Gesetze und den äußerlichen Zeichen gewisser Zeremonien, teils von alter und teils von neuer Einsetzung, und die durch Vorstellung sowohl zeitlicher als ewiger Belohnungen und Strafen eingeschärft wurden, zu vereinigen und sie alle zu dem Gehorsam des Mahomet, als des Propheten und Gesandten Gottes, zu bringen, der nach den wiederholten Erinnerungen, Verheißungen und Drohungen der vorigen Zeiten endlich Gottes wahre Religion auf Erden durch Gewalt der Waffen fortpflanzen und bestätigen sollte, um sowohl für den Hohepriester, Bischof oder Papst in geistlichen als auch höchsten Prinzen in weltlichen Dingen erkannt zu werden.«

Behält man diese Ansicht fest im Auge, so kann man es dem Muselmann nicht verargen, wenn er die Zeit vor Mahomet die Zeit der Unwissenheit benennt und völlig überzeugt ist, dass mit dem Islam Erleuchtung und Weisheit erst beginne. Der Stil des Korans ist, seinem Inhalt und Zweck gemäß, streng, groß, furchtbar, stellenweis wahrhaft erhaben; so treibt ein Keil den andern, und darf sich über die große Wirksamkeit des Buches niemand verwundern. Weshalb es denn auch von den echten Verehrern für unerschaffen und mit Gott gleich ewig erklärt wurde. Dessen ungeachtet aber fanden sich gute Köpfe, die eine bessere Dicht- und Schreibart der Vorzeit anerkannten und behaupteten: dass, wenn es Gott nicht gefallen hätte, durch Mahomet auf einmal seinen Willen und eine entschieden gesetzliche Bildung zu offenbaren, die Araber nach und nach von selbst eine solche Stufe und eine noch höhere würden erstiegen und reinere Begriffe in einer reinen Sprache entwickelt haben.

Andere, verwegener, behaupteten, Mahomet habe ihre Sprache und Literatur verdorben, sodass sie sich niemals wieder erholen werde. Der Verwegenste jedoch, ein geistvoller Dichter, war kühn genug zu versichern: alles, was Mahomet gesagt habe, wollte er auch gesagt haben, und besser, ja er sammelte sogar eine Anzahl Sektierer um sich her. Man bezeichnete ihn deshalb mit dem Spottnamen *Motanabbi,* unter welchem wir ihn kennen, welches soviel heißt als: einer, der gern den Propheten spielen möchte.

Ob nun gleich die muselmännische Kritik selbst an dem Koran manches Bedenken findet, indem Stellen, die man früher aus demselben angeführt, gegenwärtig nicht mehr darin zu finden sind, andere, sich widersprechend, einander aufheben, und was dergleichen bei allen schriftlichen Überlieferungen nicht zu vermeidende Mängel sind, so wird doch dieses Buch für ewige Zeiten höchst wirksam verbleiben, indem es durchaus praktisch und den Bedürfnissen einer Nation gemäß verfasst worden, welche ihren Ruhm auf alte Überlieferungen gründet und an herkömmlichen Sitten festhält.

In seiner Abneigung gegen Poesie erscheint Mahomet auch höchst konsequent, indem er alle Märchen verbietet. Diese Spiele einer leichtfertigen Einbildungskraft, die vom Wirklichen bis zum Unmöglichen hin und wider schwebt und das Unwahrscheinliche als ein Wahrhaftes und Zweifelloses vorträgt, waren der orientalischen Sinnlichkeit, einer weichen Ruhe und bequemem Müßiggang höchst angemessen. Diese Luftgebilde, über einem wunderlichen Boden schwankend, hatten sich zur Zeit der Sassaniden ins Unendliche vermehrt, wie sie uns Tausendundeine Nacht, an einen losen Faden gereiht, als Beispiele darlegt. Ihr eigentlicher Charakter ist, dass sie keinen sittlichen Zweck haben und daher den Menschen nicht auf sich selbst zurück, sondern außer sich hinaus ins unbedingte Freie führen und tragen. Gerade das Entgegengesetzte wollte Mahomet bewirken. Man sehe, wie er die Überlieferungen des Alten Testaments und die Ereignisse patriarchalischer Familien, die freilich auch auf einem unbedingten Glauben an Gott, einem unwandelbaren Gehorsam und also gleichfalls auf einem Islam beruhen, in Legenden zu verwandeln weiß, mit kluger Ausführlichkeit den Glauben an Gott, Vertrauen und Gehorsam immer mehr auszusprechen und einzuschärfen versteht; wobei er sich denn manches Märchenhafte, obgleich immer zu seinen Zwecken dienlich, zu erlauben pflegt. Bewundernswürdig ist er, wenn man in diesem Sinne die Begebenheiten Noahs, Abrahams, Josephs betrachtet und beurteilt.

Kalifen

Um aber in unsern eigensten Kreis zurückzukehren, wiederholen wir, dass die Sassaniden bei vierhundert Jahre regierten, vielleicht zuletzt nicht mit früherer Kraft und Glanz; doch hätten sie sich wohl noch eine Weile erhalten, wäre die Macht der Araber nicht dergestalt gewachsen, dass ihr zu widerstehen kein älteres Reich imstande war. Schon unter Omar, bald nach Mahomet, ging jene Dynastie zugrunde, welche die altpersische Religion gehegt und einen seltenen Grad der Kultur verbreitet hatte.

Die Araber stürmten sogleich auf alle Bücher los, nach ihrer Ansicht nur überflüssige oder schädliche Schreibereien; sie zerstörten alle Denkmale der Literatur, sodass kaum die geringsten Bruchstücke zu uns gelangen konnten. Die sogleich eingeführte arabische Sprache verhinderte jede Wiederherstellung dessen, was national heißen konnte. Doch auch hier überwog die Bildung des Überwundenen nach und nach die Rohheit des Überwinders, und die mahometanischen Sieger gefielen sich in der Prachtliebe, den angenehmen Sitten und den dichterischen Resten der Besiegten. Daher bleibt noch immer als die glänzendste Epoche berühmt die Zeit, wo die Barmekiden Einfluss hatten zu Bagdad. Diese, von Balch abstammend, nicht sowohl selbst Mönche als Patrone und Beschützer großer Klöster und Bildungsanstalten, bewahrten unter sich das heilige Feuer der Dicht- und Redekunst und behaupteten durch ihre Weltklugheit und Charaktergröße einen hohen Rang auch in der politischen Sphäre. Die Zeit der Barmekiden heißt daher sprichwörtlich: eine Zeit lokalen, lebendigen Wesens und Wirkens, von der man, wenn sie vorüber ist, nur hoffen kann, dass sie erst nach geraumen Jahren an fremden Orten unter ähnlichen Umständen vielleicht wieder aufquellen werde.

Aber auch das Kalifat war von kurzer Dauer; das ungeheure Reich erhielt sich kaum vierhundert Jahre; die entfernteren Statthalter machten sich nach und nach mehr und mehr unabhängig, indem sie den Kalifen als eine geistliche, Titel und Pfründen spendende Macht allenfalls gelten ließen.

Fortleitende Bemerkung

Physisch-klimatische Einwirkung auf Bildung menschlicher Gestalt und körperlicher Eigenschaften leugnet niemand, aber man denkt nicht immer daran, dass Regierungsform eben auch einen moralisch-klimatischen Zustand hervorbringe, worin die Charaktere auf verschiedene Weise sich ausbilden. Von der Menge reden wir nicht, sondern von bedeutenden, ausgezeichneten Gestalten.

In der Republik bilden sich große, glückliche, ruhig-rein tätige Charaktere; steigert sie sich zur Aristokratie, so entstehen würdige, konsequente, tüchtige, im Befehlen und Gehorchen bewunderungswürdige Männer. Gerät ein Staat in Anarchie, sogleich tun sich verwegene, kühne, sittenverachtende Menschen hervor, augenblicklich gewaltsam wirkend, bis zum Entsetzen, alle Mäßigung verbannend. Die Despotie dagegen schafft große Charaktere; kluge, ruhige Übersicht, strenge Tätigkeit, Festigkeit, Entschlossenheit, alles Eigenschaften, die man braucht, um den Despoten zu dienen, entwickeln sich in fähigen Geistern und verschaffen ihnen die ersten Stellen des Staats, wo sie sich zu Herrschern ausbilden. Solche erwuchsen unter Alexander dem Großen, nach dessen frühzeitigem Tode seine Generäle sogleich als Könige dastanden. Auf die Kalifen häufte sich ein ungeheures Reich, das sie durch Statthalter mussten regieren lassen, deren Macht und Selbständigkeit gedieh, indem die Kraft der obersten Herrscher abnahm. Ein solcher trefflicher Mann, der ein eigenes Reich sich zu gründen und zu verdienen wusste, ist derjenige, von dem wir nun zu reden haben, um den Grund der neueren persischen Dichtkunst und ihre bedeutenden Lebensanfänge kennenzulernen.

Mahmud von Gasna

Mahmud, dessen Vater im Gebirge gegen Indien ein starkes Reich gegründet hatte, indessen die Kalifen in der Fläche des Euphrats zur Nichtigkeit versanken, setzte die Tätigkeit seines Vorgängers fort und machte sich berühmt wie Alexander und Friedrich. Er lässt den Kalifen als eine Art geistlicher Macht gelten, die man wohl, zu eigenem Vorteil, einigermaßen anerkennen mag; doch erweitert er erst sein Reich um sich her, dringt sodann auf Indien los, mit großer Kraft und besonderm Glück. Als eifrigster Mahometaner beweist er sich unermüdlich und streng in Ausbreitung seines Glaubens und Zerstörung des Götzendienstes. Der Glaube an den einigen Gott wirkt immer geisterhebend, indem er den Menschen auf die Einheit seines eignen Innern zurückweist. Näher steht der Nationalprophet, der nur Anhänglichkeit und Förmlichkeiten fordert und eine Religion auszubreiten befiehlt, die, wie eine jede, zu unendlichen Auslegungen und Missdeutungen dem Sekten- und Parteigeist Raum lässt und dessen ungeachtet immer dieselbige bleibt.

Eine solche einfache Gottesverehrung musste mit dem Indischen Götzendienst im herbsten Widerspruch stehen, Gegenwirkung und Kampf, ja blutige Vernichtungskriege hervorrufen, wobei sich der Eifer des Zerstörens und Bekehrens noch durch Gewinn unendlicher Schätze erhöht fühlte. Ungeheure, fratzenhafte Bilder, deren hohler Körper mit Gold und Juwelen ausgefüllt gefunden ward, schlug man in Stücke und sendete sie, gevierteilt, verschiedene Schwellen mahometanischer Heilorte zu pflastern. Noch jetzt sind die indischen Ungeheuer jedem reinen Gefühle verhasst, wie grässlich mögen sie den bildlosen Mahometaner angeschaut haben!

Nicht ganz am unrechten Ort wird hier die Bemerkung stehen, dass der ursprüngliche Wert einer jeden Religion erst nach Verlauf von Jahrhunderten aus ihren Folgen beurteilt werden kann. Die jüdische Religion wird immer einen gewissen starren Eigensinn, dabei aber auch freien Klugsinn und lebendige Tätigkeit verbreiten; die mahometanische lässt ihren Bekenner nicht aus einer dumpfen Beschränktheit heraus, indem sie, keine schweren Pflichten fordernd, ihm innerhalb derselben alles Wünschenswerte verleiht und zugleich, durch Aussicht auf die Zukunft, Tapferkeit und Religionspatriotismus einflößt und erhält.

Die indische Lehre taugte von Haus aus nichts, so wie denn gegenwärtig ihre vielen tausend Götter, und zwar nicht etwa untergeordnete, sondern alle gleich unbedingt mächtige Götter, die Zufälligkeiten des Lebens nur noch mehr verwirren, den Unsinn jeder Leidenschaft fördern und die Verrücktheit des Lasters, als die höchste Stufe der Heiligkeit und Seligkeit, begünstigen.

Auch selbst eine reinere Vielgötterei, wie die der Griechen und Römer, musste doch zuletzt auf falschem Weg ihre Bekenner und sich selbst verlieren. Dagegen gebührt der christlichen das höchste Lob, deren reiner, edler Ursprung sich immerfort dadurch betätigt, dass nach den größten Verirrungen, in welche sie der dunkle Mensch hineinzog, eh man sich's versieht, sie sich in ihrer ersten lieblichen Eigentümlichkeit, als Mission, als Hausgenossen- und Brüderschaft, zu Erquickung des sittlichen Menschenbedürfnisses immer wieder hervortut.

Billigen wir nun den Eifer des Götzenstürmers Mahmud, so gönnen wir ihm die zu gleicher Zeit gewonnenen unendlichen Schätze und verehren besonders in ihm den Stifter persischer Dichtkunst und höherer Kultur. Er, selbst aus persischem Stamme, ließ sich nicht etwa in die Beschränktheit der Araber hineinziehen, er fühlte gar wohl, dass der schönste Grund und Boden für Religion in der Nationalität zu finden sei; diese ruht auf der Poesie, die uns älteste Geschichte in fabelhaften Bildern überliefert, nach und nach sodann ins Klare hervortritt und ohne Sprung die Vergangenheit an die Gegenwart heranführt.

Unter diesen Betrachtungen gelangen wir also in das zehnte Jahrhundert unserer Zeitrechnung. Man werfe einen Blick auf die höhere Bildung, die sich dem Orient, ungeachtet der ausschließenden Religion, immerfort aufdrang. Hier sammelten sich, fast wider Willen der wilden und schwachen Beherrscher, die Reste griechischer und römischer Verdienste und so vieler geistreichen Christen, deren Eigenheiten aus der Kirche ausgestoßen worden, weil auch diese, wie der Islam, auf Eingläubigkeit losarbeiten musste.

Doch zwei große Verzweigungen des menschlichen Wissens und Wirkens gelangten zu einer freiern Tätigkeit!

Die Medizin sollte die Gebrechen des Mikrokosmos heilen und die Sternkunde dasjenige dolmetschen, womit uns für die Zukunft der Himmel schmeicheln oder bedrohen möchte; jene musste der Natur, diese der Mathematik huldigen, und so waren beide wohl empfohlen und versorgt.

Die Geschäftsführung sodann unter despotischen Regenten blieb auch bei größter Aufmerksamkeit und Genauigkeit immer gefahrvoll, und ein Kanzleiverwandter bedurfte so viel Mut, sich in den Divan zu bewegen, als ein Held zur Schlacht; einer war nicht sicherer, seinen Herd wiederzusehn, als der andere.

Reisende Handelsleute brachten immer neuen Zuwachs an Schätzen und Kenntnissen herbei, das Innere des Landes, vom Euphrat bis zum Indus, bot eine eigne Welt von Gegenständen dar. Eine Masse wider einander streitender Völkerschaften, vertriebene, vertreibende Herrscher stellten überraschenden Wechsel von Sieg zur Knechtschaft, von Obergewalt zur Dienstbarkeit nur gar zu oft vor Augen und ließen geistreiche Männer über die traumartige Vergänglichkeit irdischer Dinge die traurigsten Betrachtungen anstellen.

Dieses alles und noch weit mehr, im weitesten Umfange unendlicher Zersplitterung und augenblicklicher Wiederherstellung, sollte man vor Augen haben, um billig gegen die folgenden Dichter, besonders gegen die persischen, zu sein; denn jedermann wird eingestehen, dass die geschilderten Zustände keineswegs für ein Element gelten können, worin der Dichter sich nähren, erwachsen und gedeihen dürfte. Deswegen sei uns erlaubt, schon das edle Verdienst der persischen Dichter des ersten Zeitalters als problematisch anzusprechen. Auch diese darf man nicht nach dem Höchsten messen, man muss ihnen manches zugeben, indem man sie liest, manches verzeihen, wenn man sie gelesen hat.

Dichterkönige

Viele Dichter versammelten sich an Mahmuds Hofe, man spricht von vierhundert, die daselbst ihr Wesen getrieben. Und wie nun alles im Orient sich unterordnen, sich höhern Geboten fügen muss, so bestellte ihnen auch der Fürst einen Dichterfürsten, der sie prüfen, beurteilen, sie zu Arbeiten, jedem Talent gemäß, aufmuntern sollte. Diese Stelle hat man als eine der vorzüglichsten am Hofe zu betrachten: er war Minister aller wissenschaftlichen, historisch-poetischen Geschäfte; durch ihn wurden die Gunstbezeigungen seinen Untergebenen zuteil, und wenn er den Hof begleitete, geschah es in so großem Gefolge, in so stattlichem Aufzug, dass man ihn wohl für einen Wesir halten konnte.

Überlieferungen

Wenn der Mensch daran denken soll, von Ereignissen, die ihn zunächst betreffen, künftigen Geschlechtern Nachricht zu hinterlassen, so gehört dazu ein gewisses Behagen an der Gegenwart, ein Gefühl von dem hohen Werte derselben. Zuerst also

176

befestigt er im Gedächtnis, was er von Vätern vernommen, und überliefert solches in fabelhaften Umhüllungen; denn mündliche Überlieferung wird immer märchenhaft wachsen. Ist aber die Schrift erfunden, ergreift die Schreibseligkeit ein Volk vor dem andern, so entstehen alsdann Chroniken, welche den poetischen Rhythmus behalten, wenn die Poesie der Einbildungskraft und des Gefühls längst verschwunden ist. Die späteste Zeit versorgt uns mit ausführlichen Denkschriften, Selbstbiographien unter mancherlei Gestalten.

Auch im Orient finden wir gar frühe Dokumente einer bedeutenden Weltausbildung. Sollten auch unsere heiligen Bücher später in Schriften verfasst sein, so sind doch die Anlässe dazu als Überlieferungen uralt und können nicht dankbar genug beachtet werden. Wie vieles musste nicht auch in dem mittleren Orient, wie wir Persien und seine Umgebungen nennen dürfen, jeden Augenblick entstehen und sich trotz aller Verwüstung und Zersplitterung erhalten! Denn wenn es zu höherer Ausbildung großer Landstrecken dienlich ist, dass solche nicht *einem* Herrn unterworfen, sondern unter mehrere geteilt seien, so ist derselbe Zustand gleichfalls der Erhaltung nütze, weil das, was an dem einen Ort zugrunde geht, an dem andern fortbestehen, was aus dieser Ecke vertrieben wird, sich in jene flüchten kann.

Auf solche Weise müssen, ungeachtet aller Zerstörung und Verwüstung, sich manche Abschriften aus frühern Zeiten erhalten haben, die man von Epoche zu Epoche teils abgeschrieben, teils erneuert. So finden wir, dass unter Jesdedschird, dem letzten Sassaniden, eine Reichsgeschichte verfasst worden, wahrscheinlich aus alten Chroniken zusammengestellt, dergleichen sich schon Ahasverus in dem Buch Esther bei schlaflosen Nächten vorlesen lässt. Kopien jenes Werkes, *welches »Bastan Nameh«* betitelt war, erhielten sich: denn vierhundert Jahre später wird unter Mansur I., aus dem Hause der Samaniden, eine Bearbeitung desselben vorgenommen, bleibt aber unvollendet, und die Dynastie wird von den Gasnewiden verschlungen. Mahmud jedoch, genannten Stammes zweiter Beherrscher, ist von gleichem Triebe belebt und verteilt sieben Abteilungen des »Bastan Nameh« unter sieben Hofdichter. Es gelingt Ansari, seinen Herrn am meisten zu befriedigen, er wird zum Dichterkönig ernannt und beauftragt, das Ganze zu bearbeiten. Er aber, bequem und klug genug, weiß das Geschäft zu verspäten und mochte sich im Stillen umtun, ob er nicht jemand fände, dem es zu übertragen wäre.

Ferdusi

Starb 1030

Die wichtige Epoche persischer Dichtkunst, die wir nun erreichen, gibt uns zur Betrachtung Anlass, wie große Weltereignisse nur alsdann sich entwickeln, wenn gewisse Neigungen, Begriffe, Vorsätze hie und da, ohne Zusammenhang, einzeln ausgesät, sich bewegen und im Stillen fortwachsen, bis endlich früher oder später ein allgemeines Zusammenwirken hervortritt. In diesem Sinne ist es merkwürdig genug, dass zu gleicher Zeit, als ein mächtiger Fürst auf die Wiederherstellung einer Volks- und Stammesliteratur bedacht war, ein Gärtnersohn zu Tus gleichfalls ein

Exemplar des »*Bastan Nameh*« sich zueignete und das eingeborene schöne Talent solchen Studien eifrig widmete.

In Absicht, über den dortigen Statthalter wegen irgendeiner Bedrängnis zu klagen, begibt er sich nach Hofe, ist lange vergebens bemüht, zu Ansari durchzudringen und durch dessen Fürsprache seinen Zweck zu erreichen. Endlich macht eine glückliche, gehaltvolle Reimzeile, aus dem Stegreif gesprochen, ihn dem Dichterkönig bekannt, welcher, Vertrauen zu seinem Talent fassend, ihn empfiehlt und ihm den Auftrag des großen Werkes verschafft. Ferdusi beginnt das »*Schah Nameh*« unter günstigen Umständen; er wird im Anfang teilweis hinlänglich belohnt, nach dreißigjähriger Arbeit hingegen entspricht das königliche Geschenk seiner Erwartung keineswegs. Erbittert verlässt er den Hof und stirbt, eben da der König seiner mit Gunst abermals gedenkt. Mahmud überlebt ihn kaum ein Jahr, innerhalb welches der alte Essedi, Ferdusis Meister, das »*Schah Nameh*« völlig zu Ende schreibt.

Dieses Werk ist ein wichtiges, ernstes, mythisch-historisches Nationalfundament, worin das Herkommen, das Dasein, die Wirkung alter Helden aufbewahrt wird. Es bezieht sich auf frühere und spätere Vergangenheit, deshalb das eigentlich Geschichtliche zuletzt mehr hervortritt, die früheren Fabeln jedoch manche uralte Traditionswahrheit verhüllt überliefern.

Ferdusi scheint überhaupt zu einem solchen Werk sich vortrefflich dadurch zu qualifizieren, dass er leidenschaftlich am Alten, echt Nationalen festgehalten und auch in Absicht auf Sprache frühe Reinigkeit und Tüchtigkeit zu erreichen gesucht, wie er denn arabische Worte verbannt und das alte Pehlewi zu beachten bemüht war.

Enweri

Stirbt 1152

Er studiert zu Tus, einer wegen bedeutender Lehranstalten berühmten, ja sogar wegen Überbildung verdächtigen Stadt; und als er, an der Türe des Kollegiums sitzend, einen mit Gefolge und Prunk vorbeireitenden Großen erblickt, zu seiner großen Verwunderung aber hört, dass es ein Hofdichter sei, entschließt er sich, zu gleicher Höhe des Glücks zu gelangen. Ein über Nacht geschriebenes Gedicht, wodurch er sich die Gunst des Fürsten erwirbt, ist uns übriggeblieben.

Aus diesem und aus mehreren Poesien, die uns mitgeteilt worden, blickt ein heiterer Geist hervor, begabt mit unendlicher Umsicht und scharfem, glücklichem Durchschauen. Er beherrscht einen unübersehbaren Stoff. Er lebt in der Gegenwart, und wie er vom Schüler sogleich zum Hofmann übergeht, wird er ein freier Enkomiast und findet, dass kein besser Handwerk sei, als mitlebende Menschen durch Lob zu ergötzen. Fürsten, Wesire, edle und schöne Frauen, Dichter und Musiker schmückt er mit seinem Preis und weiß auf einen jeden etwas Zierliches aus dem breiten Weltvorrat anzuwenden.

Wir können daher nicht billig finden, dass man ihm die Verhältnisse, in denen er gelebt und sein Talent genutzt, nach so viel hundert Jahren zum Verbrechen macht. Was sollt' aus dem Dichter werden, wenn es nicht hohe, mächtige, kluge, tätige, schöne und geschickte Menschen gäbe, an deren Vorzügen er sich auferbauen kann? An ihnen, wie die Rebe am Ulmenbaum, wie Efeu an der Mauer, rankt er sich hinauf, Auge und Sinn zu erquicken. Sollte man einen Juwelier schelten, der, die Edelsteine beider Indien zum herrlichen Schmuck trefflicher Menschen zu verwenden, sein Leben zubringt? Sollte man von ihm verlangen, dass er das freilich sehr nützliche Geschäft eines Straßenpflasterers übernähme?

So gut aber unser Dichter mit der Erde stand, ward ihm der Himmel verderblich. Eine bedeutende, das Volk aufregende Weissagung: als werde an einem gewissen Tag ein ungeheurer Sturm das Land verwüsten, traf nicht ein, und der Schah selbst konnte gegen den allgemeinen Unwillen des Hofes und der Stadt seinen Liebling nicht retten. Dieser floh. Auch in entfernter Provinz schützte ihn nur der entschiedene Charakter eines freundlichen Statthalters.

Die Ehre der Astrologie kann jedoch gerettet werden, wenn man annimmt, dass die Zusammenkunft so vieler Planeten in *einem* Zeichen auf die Zukunft von Dschingis Khan hindeute, welcher in Persien mehr Verwüstung anrichtete, als irgendein Sturmwind hätte bewirken können.

Nisami

Stirbt 1180

Ein zarter, hochbegabter Geist, der, wenn Ferdusi die sämtlichen Heldenüberlieferungen erschöpfte, nunmehr die lieblichsten Wechselwirkungen innigster Liebe zum Stoff seiner Gedichte wählt. Medschnun und Leila, Chosru und Schirin, Liebespaare, führt er vor; durch Ahnung, Geschick, Natur, Gewohnheit, Neigung, Leidenschaft füreinander bestimmt, sich entschieden gewogen; dann aber durch Grille, Eigensinn, Zufall, Nötigung und Zwang getrennt, ebenso wunderlich wieder zusammengeführt und am Ende doch wieder auf eine oder die andere Weise weggerissen und geschieden.

Aus diesen Stoffen und ihrer Behandlung erwächst die Erregung einer ideellen Sehnsucht. Befriedigung finden wir nirgends. Die Anmut ist groß, die Mannigfaltigkeit unendlich.

Auch in seinen andern, unmittelbar moralischem Zweck gewidmeten Gedichten atmet gleiche liebenswürdige Klarheit. Was auch dem Menschen Zweideutiges begegnen mag, führt er jederzeit wieder ans Praktische heran und findet in einem sittlichen Tun allen Rätseln die beste Auflösung.

Übrigens führt er, seinem ruhigen Geschäft gemäß, ein ruhiges Leben unter den Seldschugiden und wird in seiner Vaterstadt Gendsche begraben.

Dschelâl-Eddîn Rumi

Stirbt 1262

Er begleitet seinen Vater, der wegen Verdrießlichkeiten mit dem Sultan sich von Balch hinwegbegibt, auf dem langen Reisezug. Unterwegs nach Mekka treffen sie *Attar*, der ein Buch göttlicher Geheimnisse dem Jünglinge verehrt und ihn zu heiligen Studien entzündet. – Hierbei ist soviel zu bemerken, dass der eigentliche Dichter die Herrlichkeit der Welt in sich aufzunehmen berufen ist und deshalb immer eher zu loben als zu tadeln geneigt sein wird. Daraus folgt, dass er den würdigsten Gegenstand aufzufinden sucht und, wenn er alles durchgegangen, endlich sein Talent am liebsten zu Preis und Verherrlichung Gottes anwendet. Besonders aber liegt dieses Bedürfnis dem Orientalen am nächsten, weil er immer dem Überschwänglichen zustrebt und solches bei Betrachtung der Gottheit in größter Fülle gewahr zu werden glaubt, so wie ihm denn bei jeder Ausführung niemand Übertriebenheit Schuld geben darf.

Schon der sogenannte mahometanische Rosenkranz, wodurch der Name Allah mit neunundneunzig Eigenschaften verherrlicht wird, ist eine solche Lob- und Preislitanei. Bejahende, verneinende Eigenschaften bezeichnen das unbegreiflichste Wesen; der Anbeter staunt, ergibt und beruhigt sich. Und wenn der weltliche Dichter die ihm vorschwebenden Vollkommenheiten an vorzügliche Personen verwendet, so flüchtet sich der gottergebene in das unpersönliche Wesen, das von Ewigkeit her alles durchdringt.

So flüchtete sich Attar vom Hofe zur Beschaulichkeit, und Dschelâl-eddîn, ein reiner Jüngling, der sich soeben auch vom Fürsten und der Hauptstadt entfernte, war um desto eher zu tieferen Studien zu entzünden.

Nun zieht er mit seinem Vater nach vollbrachten Wallfahrten durch Kleinasien; sie bleiben zu Iconium. Dort lehren sie, werden verfolgt, vertrieben, wieder eingesetzt und liegen daselbst mit einem ihrer treusten Lehrgenossen begraben. Indessen hatte Dschingis Khan Persien erobert, ohne den ruhigen Ort ihres Aufenthaltes zu berühren.

Nach obiger Darstellung wird man diesem großen Geiste nicht verargen, wenn er sich ins Abstruse gewendet. Seine Werke sehen etwas bunt aus; Geschichtchen, Märchen, Parabeln, Legenden, Anekdoten, Beispiele, Probleme behandelt er, um eine geheimnisvolle Lehre eingängig zu machen, von der er selbst keine deutliche Rechenschaft zu geben weiß. Unterricht und Erhebung ist sein Zweck, im Ganzen aber sucht er durch die Einheitslehre alle Sehnsucht wo nicht zu erfüllen, doch aufzulösen und anzudeuten, dass im göttlichen Wesen zuletzt alles untertauche und sich verkläre.

Saadi

Stirbt 1291, alt 102 Jahre

Gebürtig von Schiras, studiert er zu Bagdad, wird als Jüngling durch Liebesunglück zum unsteten Leben eines Derwisch bestimmt. Wallfahrtet fünfzehnmal nach Mekka, gelangt auf seinen Wanderungen nach Indien und Kleinasien, ja als Gefangener der Kreuzfahrer ins Westland. Er übersteht wundersame Abenteuer, erwirbt aber schöne Länder- und Menschenkenntnis. Nach dreißig Jahren zieht er sich zurück, bearbeitet seine Werke und macht sie bekannt. Er lebt und webt in einer großen Erfahrungsbreite und ist reich an Anekdoten, die er mit Sprüchen und Versen ausschmückt. Leser und Hörer zu unterrichten ist sein entschiedener Zweck.

Sehr eingezogen in Schiras erlebt er das hundertundzweite Jahr und wird daselbst begraben. Dschingis' Nachkommen hatten Iran zum eignen Reiche gebildet, in welchem sich ruhig wohnen ließ.

Hafis

Stirbt 1389

Wer sich noch aus der Hälfte des vorigen Jahrhunderts erinnert, wie unter den Protestanten Deutschlands nicht allein Geistliche, sondern auch wohl Laien gefunden wurden, welche mit den heiligen Schriften sich dergestalt bekannt gemacht, dass sie als lebendige Konkordanz von allen Sprüchen, wo und in welchem Zusammenhange sie zu finden, Rechenschaft zu geben sich geübt haben, die Hauptstellen aber auswendig wussten und solche zu irgendeiner Anwendung immerfort bereit hielten, der wird zugleich gestehen, dass für solche Männer eine große Bildung daraus erwachsen musste, weil das Gedächtnis, immer mit würdigen Gegenständen beschäftigt, dem Gefühl, dem Urteil reinen Stoff zu Genuss und Behandlung aufbewahrte. Man nannte sie *bibelfest,* und ein solcher Beiname gab eine vorzügliche Würde und unzweideutige Empfehlung.

Das, was nun bei uns Christen aus natürlicher Anlage und gutem Willen entsprang, war bei den Mahometanern Pflicht: denn indem es einem solchen Glaubensgenossen zum größten Verdienst gereichte, Abschriften des Korans selbst zu vervielfältigen oder vervielfältigen zu lassen, so war es kein Geringeres, denselben auswendig zu lernen, um bei jedem Anlass die gehörigen Stellen anführen, Erbauung befördern, Streitigkeit schlichten zu können. Man benannte solche Personen mit dem Ehrentitel *Hafis,* und dieser ist unserem Dichter als bezeichnender Hauptname geblieben.

Nun ward gar bald nach seinem Ursprunge der Koran ein Gegenstand der unendlichsten Auslegungen, gab Gelegenheit zu den spitzfindigsten Subtilitäten, und indem er die Sinnesweise eines jeden aufregte, entstanden grenzenlos abweichende Meinungen, verrückte Kombinationen, ja die unvernünftigsten Beziehungen aller Art wurden versucht, sodass der eigentlich geistreiche, verständige Mann eifrig bemüht sein musste, um nur wieder auf den Grund des reinen, guten Textes zurückzugelangen. Daher finden wir denn auch in der Geschichte des Islam Auslegung, Anwendung und Gebrauch oft bewundernswürdig.

Zu einer solchen Gewandtheit war das schönste dichterische Talent erzogen und herangebildet; ihm gehörte der ganze Koran, und was für Religionsgebäude man darauf gegründet, war ihm kein Rätsel. Er sagt selbst:

> Durch den Koran hab ich alles,
> Was mir je gelang, gemacht.

Als Derwisch, Sofi, Scheich lehrte er in seinem Geburtsort Schiras, auf welchen er sich beschränkte, wohlgelitten und geschätzt von der Familie Mosaffer und ihren Beziehungen. Er beschäftigte sich mit theologischen und grammatischen Arbeiten und versammelte eine große Anzahl Schüler um sich her.

Mit solchen ernsten Studien, mit einem wirklichen Lehramte stehen seine Gedichte völlig im Widerspruch, der sich wohl dadurch heben lässt, wenn man sagt: dass der Dichter nicht geradezu alles denken und leben müsse, was er ausspricht, am wenigsten derjenige, der in späterer Zeit in verwickelte Zustände gerät, wo er sich immer der rhetorischen Verstellung nähern und dasjenige vortragen wird, was seine Zeitgenossen gerne hören. Dies scheint uns bei Hafis durchaus der Fall. Denn wie ein Märchenerzähler auch nicht an die Zaubereien glaubt, die er vorspiegelt, sondern sie nur aufs Beste zu beleben und auszustatten gedenkt, damit seine Zuhörer sich daran ergötzen, ebenso wenig braucht gerade der lyrische Dichter dasjenige alles selbst auszuüben, womit er hohe und geringe Leser und Sänger ergötzt und beschmeichelt. Auch scheint unser Dichter keinen großen Wert auf seine so leicht hinfließenden Lieder gelegt zu haben, denn seine Schüler sammelten sie erst nach seinem Tode.

Nur wenig sagen wir von diesen Dichtungen, weil man sie genießen, sich damit in Einklang setzen sollte. Aus ihnen strömt eine fortquellende, mäßige Lebendigkeit. Im Engen genügsam, froh und klug, von der Fülle der Welt seinen Teil dahinnehmend, in die Geheimnisse der Gottheit von fern hineinblickend, dagegen aber auch einmal Religionsübung und Sinnenlust ablehnend, eins wie das andere; wie denn überhaupt diese Dichtart, was sie auch zu befördern und zu lehren scheint, durchaus eine skeptische Beweglichkeit behalten muss.

Dschami

Stirbt 1494, alt 82 Jahre

Dschami fasst die ganze Ernte der bisherigen Bemühungen zusammen und zieht die Summe der religiösen, philosophischen, wissenschaftlichen, prosaisch- poetischen Kultur. Er hat einen großen Vorteil, dreiundzwanzig Jahre nach Hafis' Tod geboren zu werden und als Jüngling abermals ein ganz freies Feld vor sich zu finden. Die größte Klarheit und Besonnenheit ist sein Eigentum. Nun versucht und leistet er alles, erscheint sinnlich und übersinnlich zugleich; die Herrlichkeit der wirklichen und Dichterwelt liegt vor ihm, er bewegt sich zwischen beiden. Die Mystik konnte ihn nicht anmuten; weil er aber ohne dieselbe den Kreis des Nationalinteresses nicht ausgefüllt hätte, so gibt er historisch Rechenschaft von allen den Torheiten, durch welche stufenweise der in seinem irdischen Wesen befangene Mensch sich der Gottheit unmittelbar anzunähern und sich zuletzt mit ihr zu vereinigen gedenkt; da denn doch zuletzt nur widernatürliche und widergeistige, krasse Gestalten zum Vorschein kommen. Denn was tut der Mystiker anderes, als dass er sich an Problemen vorbeischleicht oder sie weiterschiebt, wenn es sich tun lässt?

Übersicht

Man hat aus der sehr schicklich-geregelten Folge der sieben ersten römischen Könige schließen wollen, dass diese Geschichte klüglich und absichtlich erfunden sei, welches wir dahingestellt sein lassen, dagegen aber bemerken, dass die sieben Dichter, welche von dem Perser für die ersten gehalten werden und innerhalb eines Zeitraums von fünfhundert Jahren nach und nach erschienen, wirklich ein ethisch-poetisches Verhältnis gegeneinander haben, welches uns erdichtet scheinen könnte, wenn nicht ihre hinterlassenen Werke von ihrem wirklichen Dasein das Zeugnis gäben.

Betrachten wir aber dieses Siebengestirn genauer, wie es uns aus der Ferne vergönnt sein mag, so finden wir, dass sie alle ein fruchtbares, immer sich erneuendes Talent besaßen, wodurch sie sich über die Mehrzahl sehr vorzüglicher Männer, über die Unzahl mittlerer, täglicher Talente erhoben sahen, dabei aber auch in eine besondere Zeit, in eine Lage gelangten, wo sie eine große Ernte glücklich wegnehmen und gleich talentvollen Nachkommen sogar die Wirkung auf eine Zeitlang verkümmern durften, bis wieder ein Zeitraum verging, in welchem die Natur dem Dichter neue Schätze abermals aufschließen konnte.

In diesem Sinne nehmen wir die Dargestellten einzeln nochmals durch und bemerken: dass

Ferdusi die ganzen vergangenen Staats- und Reichsereignisse, fabelhaft oder historisch aufbehalten, vorwegnahm, sodass einem Nachfolger nur Bezug und Anmerkung, nicht aber neue Behandlung und Darstellung übrigblieb.

Enweri hielt sich fest an der Gegenwart. Glänzend und prächtig, wie die Natur ihm erschien, freud- und gabenvoll erblickt' er auch den Hof seines Schahs; beide Welten und ihre Vorzüge mit den lieblichsten Worten zu verknüpfen war Pflicht und Behagen. Niemand hat es ihm hierin gleichgetan.

Nisami griff mit freundlicher Gewalt alles auf, was von Liebes- und Halbwunderlegende in seinem Bezirk vorhanden sein mochte. Schon im Koran war die Andeutung gegeben, wie man uralte lakonische Überlieferungen zu eigenen Zwecken behandeln, ausführen und in gewisser Weitläufigkeit könne ergötzlich machen.

Dschelâl-eddîn Rumi findet sich unbehaglich auf dem problematischen Boden der Wirklichkeit und sucht die Rätsel der innern und äußern Erscheinungen auf geistige, geistreiche Weise zu lösen, daher sind seine Werke neue Rätsel, neuer Auflösungen und Kommentare bedürftig. Endlich fühlt er sich gedrungen, in die Alleinigkeitslehre zu flüchten, wodurch so viel gewonnen als verloren wird und zuletzt das so tröstliche als untröstliche Zero übrigbleibt. Wie sollte nun also irgendeine Redemitteilung poetisch oder prosaisch weiter gelingen? Glücklicherweise wird

Saadi, der Treffliche, in die weite Welt getrieben, mit grenzenlosen Einzelheiten der Empirie überhäuft, denen er allen etwas abzugewinnen weiß. Er fühlt die Notwendigkeit, sich zu sammeln, überzeugt sich von der Pflicht zu belehren, und so ist er uns Westländern zuerst fruchtbar und segenreich geworden.

Hafis, ein großes heiteres Talent, das sich begnügt, alles abzuweisen, wonach die Menschen begehren, alles beiseite zu schieben, was sie nicht entbehren mögen, und dabei immer als lustiger Bruder ihresgleichen erscheint. Er lässt sich nur in seinem National- und Zeitkreise richtig anerkennen. Sobald man ihn aber gefasst hat, bleibt er ein lieblicher Lebensgeleiter. Wie ihn denn auch noch jetzt, unbewusst mehr als bewusst, Kamel- und Maultiertreiber fortsingen, keineswegs um des Sinnes halben, den er selbst mutwillig zerstückelt, sondern der Stimmung wegen, die er ewig rein und erfreulich verbreitet. Wer konnte denn nun auf diesen folgen, da alles andere von den Vorgängern weggenommen war, als

Dschami, allem gewachsen, was vor ihm geschehen und neben ihm geschah; wie er nun dies alles zusammen in Garben band, nachbildete, erneuerte, erweiterte, mit der größten Klarheit die Tugenden und Fehler seiner Vorgänger in sich vereinigte, so blieb der Folgezeit nichts übrig, als zu sein wie er, insofern sie sich nicht verschlimmerte; und so ist es denn auch drei Jahrhunderte durch geblieben. Wobei wir nur noch bemerken, dass, wenn früher oder später das Drama hätte durchbrechen und ein Dichter dieser Art sich hervortun können, der ganze Gang der Literatur eine andere Wendung genommen hätte.

Wagten wir nun mit diesem wenigen, fünfhundert Jahre persischer Dicht- und Redekunst zu schildern, so sei es, um mit Quintilian, unserem alten Meister, zu reden, von Freunden aufgenommen in der Art, wie man runde Zahlen erlaubt, nicht um genauer Bestimmung willen, sondern um etwas Allgemeines bequemlichkeitshalber annähernd auszusprechen.

Allgemeines

Die Fruchtbarkeit und Mannigfaltigkeit der persischen Dichter entspringt aus einer unübersehbaren Breite der Außenwelt und ihrem unendlichen Reichtum. Ein immer bewegtes öffentliches Leben, in welchem alle Gegenstände gleichen Wert haben, wogt vor unserer Einbildungskraft, deswegen uns ihre Vergleichungen oft so sehr auffallend und missbeliebig sind. Ohne Bedenken verknüpfen sie die edelsten und niedrigsten Bilder, an welches Verfahren wir uns nicht so leicht gewöhnen.

Sprechen wir es aber aufrichtig aus: ein eigentlicher Lebemann, der frei und praktisch atmet, hat kein ästhetisches Gefühl und keinen Geschmack, ihm genügt Realität im Handeln, Genießen, Betrachten ebenso wie im Dichten; und wenn der Orientale, seltsame Wirkung hervorzubringen, das Ungereimte zusammenreimt, so soll der Deutsche, dem dergleichen wohl auch begegnet, dazu nicht scheel sehen.

Die Verwirrung, die durch solche Produktionen in der Einbildungskraft entsteht, ist derjenigen zu vergleichen, wenn wir durch einen orientalischen Basar, durch eine europäische Messe gehen. Nicht immer sind die kostbarsten und niedrigsten Waren im Raume weit gesondert, sie vermischen sich in unseren Augen, und oft gewahren wir auch die Fässer, Kisten, Säcke, worin sie transportiert worden. Wie auf einem Obst- und Gemüsemarkt sehen wir nicht allein Kräuter, Wurzeln und Früchte, sondern auch hier und dort allerlei Arten Abwürflinge, Schalen und Strunke.

Ferner kostet's dem orientalischen Dichter nichts, uns von der Erde in den Himmel zu erheben und von da wieder herunterzustürzen oder umgekehrt. Dem Aas eines faulenden Hundes versteht Nisami eine sittliche Betrachtung abzulocken, die uns in Erstaunen setzt und erbaut.

Herr Jesus, der die Welt durchwandert',
Ging einst an einem Markt vorbei;

Ein toter Hund lag auf dem Wege,
Geschleppet vor des Hauses Tor,
Ein Haufe stand ums Aas umher,
Wie Geier sich um Äser sammeln.
Der eine sprach: »Mir wird das Hirn
Von dem Gestank ganz ausgelöscht.«
Der andre sprach: »Was braucht es viel,
Der Gräber Auswurf bringt nur Unglück.«
So sang ein jeder seine Weise,
Des toten Hundes Leib zu schmähen.
Als nun an Jesus kam die Reih,
Sprach, ohne Schmähn, er guten Sinns,
Er sprach aus gütiger Natur:
»Die Zähne sind wie Perlen weiß.«
Dies Wort macht' den Umstehenden,
Durchglühten Muscheln ähnlich, heiß.

Jedermann fühlt sich betroffen, wenn der so liebevolle als geistreiche Prophet nach seiner eigensten Weise Schonung und Nachsicht fordert. Wie kräftig weiß er die unruhige Menge auf sich selbst zurückzuführen, sich des Verwerfens, des Verwünschens zu schämen, unbeachteten Vorzug mit Anerkennung, ja vielleicht mit Neid zu betrachten! Jeder Umstehende denkt nun an sein eigen Gebiss. Schöne Zähne sind überall, besonders auch im Morgenland, als eine Gabe Gottes hoch angenehm. Ein faulendes Geschöpf wird durch das Vollkommene, was von ihm übrigbleibt, ein Gegenstand der Bewunderung und des frömmsten Nachdenkens.

Nicht ebenso klar und eindringlich wird uns das vortreffliche Gleichnis, womit die Parabel schließt; wir tragen daher Sorge, dasselbe anschaulich zu machen.

In Gegenden, wo es an Kalklagern gebricht, werden Muschelschalen zu Bereitung eines höchst nötigen Baumaterials angewendet und, zwischen dürres Reisig geschichtet, von der erregten Flamme durchglüht. Der Zuschauende kann sich das Gefühl nicht nehmen, dass diese Wesen, lebendig im Meer sich nährend und wachsend, noch kurz vorher der allgemeinen Lust des Daseins nach ihrer Weise genossen und jetzt nicht etwa verbrennen, sondern durchgeglüht ihre völlige Gestalt behalten, wenngleich alles Lebendige aus ihnen weggetrieben ist. Nehme man nunmehr an, dass die Nacht hereinbricht und diese organischen Reste dem Auge des Beschauers wirklich glühend erscheinen, so lässt sich kein herrlicheres Bild einer tiefen, heimlichen Seelenqual vor Augen stellen. Will sich jemand hiervon ein vollkommenes Anschauen erwerben, so ersuche er einen Chemiker, ihm Austernschalen in den Zustand der Phosphoreszenz zu versetzen, wo er mit uns gestehen wird, dass ein siedend heißes Gefühl, welches den Menschen durchdringt, wenn ein gerechter Vorwurf ihn mitten in dem Dünkel eines zutraulichen Selbstgefühls unerwartet trifft, nicht furchtbarer auszusprechen sei.

Solcher Gleichnisse würden sich zu Hunderten auffinden lassen, die das unmittelbarste Anschauen des Natürlichen, Wirklichen voraussetzen und zugleich wiederum einen hohen sittlichen Begriff erwecken, der aus dem Grunde eines reinen ausgebildeten Gefühls hervorsteigt.

Höchst schätzenswert ist bei dieser grenzenlosen Breite ihre Aufmerksamkeit aufs Einzelne, der scharfe, liebevolle Blick, der einem bedeutenden Gegenstand sein Eigentümlichstes abzugewinnen sucht. Sie haben poetische Stillleben, die sich den besten niederländischer Künstler an die Seite setzen, ja im Sittlichen sich darüber erheben dürfen. Aus eben dieser Neigung und Fähigkeit werden sie gewisse Lieblingsgegenstände nicht los; kein persischer Dichter ermüdet, die Lampe blendend, die Kerze leuchtend vorzustellen. Eben daher kommt auch die Eintönigkeit, die man ihnen vorwirft; aber genau betrachtet, werden die Naturgegenstände bei ihnen zum Surrogat der Mythologie, Rose und Nachtigall nehmen den Platz ein von Apoll und Daphne. Wenn man bedenkt, was ihnen abging, dass sie kein Theater, keine bildende Kunst hatten, ihr dichterisches Talent aber nicht geringer war als irgendeins von jeher, so wird man, ihrer eigensten Welt befreundet, sie immer mehr bewundern müssen.

Allgemeinstes

Der höchste Charakter orientalischer Dichtkunst ist, was wir Deutsche *Geist* nennen, das Vorwaltende des oberen Leitenden; hier sind alle übrigen Eigenschaften vereinigt, ohne dass irgendeine, das eigentümliche Recht behauptend, hervorträte. Der Geist gehört vorzüglich dem Alter oder einer alternden Weltepoche. Übersicht des Weltwesens, Ironie, freien Gebrauch der Talente finden wir in allen Dichtern des Orients. Resultat und Prämisse wird uns zugleich geboten, deshalb sehen wir auch, wie großer Wert auf ein Wort aus dem Stegreife gelegt wird. Jene Dichter haben alle Gegenstände gegenwärtig und beziehen die entferntesten Dinge leicht aufeinander, daher nähern sie sich auch dem, was wir Witz nennen; doch steht der Witz nicht so hoch, denn dieser ist selbstsüchtig, selbstgefällig, wovon der Geist ganz frei bleibt, deshalb er auch überall genialisch genannt werden kann und muss. Aber nicht der Dichter allein erfreut sich solcher Verdienste; die ganze Nation ist geistreich, wie aus unzähligen Anekdoten hervortritt. Durch ein geistreiches Wort wird der Zorn eines Fürsten erregt, durch ein anderes wieder besänftigt. Neigung und Leidenschaft leben und weben in gleichem Elemente; so erfinden Behramgur und Dilaram den Reim, Dschemil und Boteinah bleiben bis ins höchste Alter leidenschaftlich verbunden. Die ganze Geschichte der persischen Dichtkunst wimmelt von solchen Fällen.

Wenn man bedenkt, dass Nuschirwan, einer der letzten Sassaniden, um die Zeit Mahomets mit ungeheuern Kosten die Fabeln des Bidpai und das Schachspiel aus Indien kommen lässt, so ist der Zustand einer solchen Zeit vollkommen ausgesprochen. Jene, nach dem zu urteilen, was uns überliefert ist, überbieten einander an Lebensklugheit und freieren Ansichten irdischer Dinge. Deshalb konnte vier Jahrhunderte später, selbst in der ersten, besten Epoche persischer Dichtkunst, keine vollkommen reine Naivität stattfinden. Die große Breite der Umsicht, die vom Dichter gefordert ward, das gesteigerte Wissen, die Hof- und Kriegsverhältnisse, alles verlangte große Besonnenheit.

Neuere, Neueste

Nach Weise von Dschami und seiner Zeit vermischten folgende Dichter Poesie und Prosa immer mehr, sodass für alle Schreibarten nur *ein* Stil angewendet wurde. Geschichte, Poesie, Philosophie, Kanzlei- und Briefstil, alles wird auf gleiche Weise vorgetragen, und so geht es nun schon drei Jahrhunderte fort. Ein Muster des Allerneusten sind wir glücklicherweise imstande vorzulegen.

Als der persische Botschafter, *Mirza Abul Hassan Khan,* sich in Petersburg befand, ersuchte man ihn um einige Zeilen seiner Handschrift. Er war freundlich genug, ein Blatt zu schreiben, wovon wir die Übersetzung hier einschalten:

»Ich bin durch die ganze Welt gereist, bin lange mit vielen Personen umgegangen, jeder Winkel gewährte mir einigen Nutzen, jeder Halm eine Ähre, und doch habe ich keinen Ort gesehen, dieser Stadt vergleichbar noch ihren schönen Huris. Der Segen Gottes ruhe immer auf ihr! – Wie wohl hat jener Kaufmann gesprochen, der unter die Räuber fiel, die ihre Pfeile auf ihn richteten! Ein König, der den Handel unterdrückt, verschließt die Türe des Heils vor dem Gesicht seines Heeres. Welcher Verständige möchte bei solchem Ruf der Ungerechtigkeit sein Land besuchen? Willst du einen guten Namen erwerben, so behandle mit Achtung Kaufleute und Gesandte. Die Großen behandeln Reisende wohl, um sich einen guten Ruf zu machen. Das Land, das die Fremden nicht beschützt, geht bald unter. Sei ein Freund der Fremden und Reisenden, denn sie sind als Mittel eines guten Rufs zu betrachten; sei gastfrei, schätze die Vorüberziehenden, hüte dich, ungerecht gegen sie zu sein. Wer diesen Rat des Gesandten befolgt, wird gewiss Vorteil davon ziehen.

Man erzählt, dass *Omar ebn abd el asis* ein mächtiger König war und nachts in seinem Kämmerlein voll Demut und Unterwerfung, das Angesicht zum Throne des Schöpfers wendend, sprach: ›O Herr! Großes hast du anvertraut der Hand des schwachen Knechtes; um der Herrlichkeit der Reinen und Heiligen deines Reiches willen, verleihe mir Gerechtigkeit und Billigkeit, bewahre mich vor der Bosheit der Menschen; ich fürchte, dass das Herz eines Unschuldigen durch mich könne betrübt worden sein und Fluch des Unterdrückten meinem Nacken folge. Ein König soll immer an die Herrschaft und das Dasein des höchsten Wesens denken, an die fortwährende Veränderlichkeit der irdischen Dinge, er soll bedenken, dass die Krone von einem würdigen Haupt auf ein unwürdiges übergeht, und sich nicht zum Stolze verleiten lassen. Denn ein König, der hochmütig wird, Freund und Nachbarn verachtet, kann nicht lange auf seinem Thron gedeihen; man soll sich niemals durch den Ruhm einiger Tage aufblähen lassen. Die Welt gleicht einem Feuer, das am Weg angezündet ist; wer so viel davon nimmt als nötig, um sich auf dem Wege zu leuchten, erduldet kein Übel, aber wer mehr nimmt, verbrennt sich.‹

Als man den Plato fragte, wie er in dieser Welt gelebt habe, antwortete er: ›Mit Schmerzen bin ich hereingekommen, mein Leben war ein anhaltendes Erstaunen, und ungern geh ich hinaus, und ich habe nichts gelernt, als dass ich nichts weiß.‹

Bleibe fern von dem, der etwas unternimmt und unwissend ist, von einem From-
men, der nicht unterrichtet ist; man könnte sie beide einem Esel vergleichen, der die
Mühle dreht, ohne zu wissen, warum. Der Säbel ist gut anzusehen, aber seine Wir-
kungen sind unangenehm. Ein wohldenkender Mann verbindet sich Fremden, aber
der Bösartige entfremdet sich seinem Nächsten. Ein König sagte zu einem, der Beh-
lul hieß: ›Gib mir einen Rat.‹ Dieser versetzte: ›Beneide keinen Geizigen, keinen
ungerechten Richter, keinen Reichen, der sich nicht aufs Haushalten versteht, kei-
nen Freigebigen, der sein Geld unnütz verschwendet, keinen Gelehrten, dem das
Urteil fehlt.‹ Man erwirbt in der Welt entweder einen guten oder einen bösen Na-
men, da kann man nun zwischen beiden wählen, und da nun ein jeder sterben muss,
gut oder bös, glücklich der, welcher den Ruhm eines Tugendhaften vorzog.
Diese Zeilen schrieb, dem Verlangen eines Freundes gemäß, im Jahr 1231 der He-
gire, den Tag des Demazsul Sani, nach christlicher Zeitrechnung am ... Mai 1816,
Mirza Abul Hassan Khan, von Schiras, während seines Aufenthalts in der Haupt-
stadt St. Petersburg, als außerordentlicher Abgesandter Sr. Majestät von Persien
Fetch Ali Schah Catschar. Er hofft, dass man mit Güte einem Unwissenden verzei-
hen wird, der es unternahm, einige Worte zu schreiben.«

Wie nun aus Vorstehendem klar ist, dass seit drei Jahrhunderten sich immer eine
gewisse Prosa-Poesie erhalten hat und Geschäfts- und Briefstil öffentlich und in
Privatverhandlungen immer derselbige bleibt, so erfahren wir, dass in der neusten
Zeit am persischen Hofe sich noch immer Dichter befinden, welche die Chronik des
Tages und also alles, was der Kaiser vornimmt und was sich ereignet, in Reime ver-
fasst und zierlich geschrieben, einem hierzu besonders bestellten Archivarius über-
liefern. Woraus denn erhellt, dass in dem unwandelbaren Orient seit Ahasverus'
Zeiten, der sich solche Chroniken bei schlaflosen Nächten vorlesen ließ, sich keine
weitere Veränderung zugetragen hat.

Wir bemerken hierbei, dass ein solches Vorlesen mit einer gewissen Deklamation
geschehe, welche mit Emphase, einem Steigen und Fallen des Tons vorgetragen
wird und mit der Art, wie die französischen Trauerspiele deklamiert werden, sehr
viel Ähnlichkeit haben soll. Es lässt sich dies um so eher denken, als die persischen
Doppelverse einen ähnlichen Kontrast bilden wie die beiden Hälften des Alexandri-
ners.

Und so mag denn auch diese Beharrlichkeit die Veranlassung sein, dass die Perser
ihre Gedichte seit achthundert Jahren noch immer lieben, schätzen und verehren;
wie wir denn selbst Zeuge gewesen, dass ein Orientale ein vorzüglich eingebunde-
nes und erhaltenes Manuskript des Mesnewi mit ebenso viel Ehrfurcht, als wenn es
der Koran wäre, betrachtete und behandelte.

Zweifel

Die persische Dichtkunst aber, und was ihr ähnlich ist, wird von dem Westländer
niemals ganz rein, mit vollem Behagen aufgenommen werden; worüber wir aufge-
klärt sein müssen, wenn uns der Genuss daran nicht unversehens gestört werden
soll.

Es ist aber nicht die Religion, die uns von jener Dichtkunst entfernt. Die Einheit Gottes, Ergebung in seinen Willen, Vermittlung durch einen Propheten, alles stimmt mehr oder weniger mit unserem Glauben, mit unserer Vorstellungsweise überein. Unsere heiligen Bücher liegen auch dort, ob nur gleich legendenweis, zugrunde.

In die Märchen jener Gegend, Fabeln, Parabeln, Anekdoten, Witz- und Scherzreden sind wir längst eingeweiht. Auch ihre Mystik sollte uns ansprechen; sie verdiente wenigstens, eines tiefen und gründlichen Ernstes wegen, mit der unsrigen verglichen zu werden, die in der neusten Zeit, genau betrachtet, doch eigentlich nur eine charakter- und talentlose Sehnsucht ausdrückt; wie sie sich denn schon selbst parodiert, zeige der Vers:

Mir will ewiger Durst nur frommen
Nach dem Durste.

Despotie

Was aber dem Sinne der Westländer niemals eingehen kann, ist die geistige und körperliche Unterwürfigkeit unter seinen Herren und Oberen, die sich von uralten Zeiten herschreibt, indem Könige zuerst an die Stelle Gottes traten. Im Alten Testament lesen wir ohne sonderliches Befremden, wenn Mann und Weib vor Priester und Helden sich aufs Angesicht niederwirft und anbetet, denn dasselbe sind sie vor den Elohim zu tun gewohnt. Was zuerst aus natürlichem frommem Gefühl geschah, verwandelte sich später in umständliche Hofsitte. Der *Ku-tu*, das dreimalige Niederwerfen dreimal wiederholt, schreibt sich dorther. Wie viele westliche Gesandtschaften an östlichen Höfen sind an dieser Zeremonie gescheitert, und die persische Poesie kann im Ganzen bei uns nicht gut aufgenommen werden, wenn wir uns hierüber nicht vollkommen deutlich machen.

Welcher Westländer kann erträglich finden, dass der Orientale nicht allein seinen Kopf neunmal auf die Erde stößt, sondern denselben sogar wegwirft irgendwohin zu Ziel und Zweck.

Das Maillespiel [Paille-Maille] zu Pferde, wo Bällen und Schlägeln die große Rolle zugeteilt ist, erneuert sich oft vor dem Auge des Herrschers und des Volkes, ja mit beiderseitiger persönlicher Teilnahme. Wenn aber der Dichter seinen Kopf als Ball auf die Maillebahn des Schahs legt, damit der Fürst ihn gewahr werde und mit dem Schlägel der Gunst zum Glück weiter fortspediere, so können und mögen wir freilich weder mit der Einbildungskraft noch mit der Empfindung folgen; denn so heißt es:

Wie lang wirst ohne Hand und Fuß
Du noch des Schicksals Ballen sein!
Und überspringst du hundert Bahnen,
Dem Schlägel kannst du nicht entfliehn.
Leg auf des Schahes Bahn den Kopf,
Vielleicht, dass er dich doch erblickt.

Ferner:

> Nur dasjenige Gesicht
> Ist des Glückes Spiegelwand,
> Das gerieben ward am Staub
> Von dem Hufe dieses Pferdes.

Nicht aber allein vor dem Sultan, sondern auch vor Geliebten erniedrigt man sich ebenso tief und noch häufiger:

> Mein Gesicht lag auf dem Weg,
> Keinen Schritt hat er vorbeigetan.

> Beim Staube deines Wegs
> Mein Hoffnungszelt!
> Bei deiner Füße Staub,
> Dem Wasser vorzuziehn.

> Denjenigen, der meine Scheitel
> Wie Staub zertritt mit Füßen,
> Will ich zum Kaiser machen,
> Wenn er zu mir zurückkommt.

Man sieht deutlich hieraus, dass eins so wenig als das andere heißen will, erst bei würdiger Gelegenheit angewendet, zuletzt immer häufiger gebraucht und gemissbraucht. So sagt Hafis wirklich possenhaft:

> Mein Kopf im Staub des Weges
> Des Wirtes sein wird.

Ein tieferes Studium würde vielleicht die Vermutung bestätigen, dass frühere Dichter mit solchen Ausdrücken viel bescheidener verfahren und nur spätere, auf demselben Schauplatz in derselben Sprache sich ergehend, endlich auch solche Missbräuche, nicht einmal recht im Ernst, sondern parodistisch beliebt, bis sich endlich die Tropen dergestalt vom Gegenstand weg verlieren, dass kein Verhältnis mehr weder gedacht noch empfunden werden kann.

Und so schließen wir denn mit den lieblichen Zeilen Enweris, welcher so anmutig als schicklich einen werten Dichter seiner Zeit verehrt:

> Dem Vernünft'gen sind Lockspeise Schedschaais Gedichte,
> Hundert Vögel wie ich fliegen begierig darauf.
> Geh, mein Gedicht, und küss vor dem Herrn die Erde, und sag ihm
> Du, die Tugend der Zeit, Tugendepoche bist du.

Einrede

Um uns nun über das Verhältnis der Despoten zu den Ihrigen, und wiefern es noch menschlich sei, einigermaßen aufzuklären, auch uns über das knechtische Verfahren der Dichter vielleicht zu beruhigen, möge eine und die andere Stelle hier einge-

schaltet sein, welche Zeugnis gibt, wie Geschichts- und Weltkenner hierüber geurteilt. Ein bedächtiger Engländer drückt sich folgendermaßen aus:
»Unumschränkte Gewalt, welche in Europa durch Gewohnheiten und Umsicht einer gebildeten Zeit zu gemäßigten Regierungen gesänftiget wird, behält bei asiatischen Nationen immer einerlei Charakter und bewegt sich beinahe in demselben Verlauf. Denn die geringen Unterschiede, welche des Menschen Staatswert und Würde bezeichnen, sind bloß von des Despoten persönlicher Gemütsart abhängig und von dessen Macht, ja öfters mehr von dieser als jener. Kann doch kein Land zum Glück gedeihen, das fortwährend dem Krieg ausgesetzt ist, wie es von der frühsten Zeit an das Schicksal aller östlichen schwächeren Königreiche gewesen. Daraus folgt, dass die größte Glückseligkeit, deren die Masse unter unumschränkter Herrschaft genießen kann, sich aus der Gewalt und dem Ruf ihres Monarchen herschreibe, so wie das Wohlbehagen, worin sich dessen Untertanen einigermaßen erfreuen, wesentlich auf den Stolz gegründet ist, zu dem ein solcher Fürst sie erhebt.
Wir dürfen daher nicht bloß an niedrige und verkäufliche Gesinnungen denken, wenn die Schmeichelei uns auffällt, welche sie dem Fürsten erzeigen. Fühllos gegen den Wert der Freiheit, unbekannt mit allen übrigen Regierungsformen, rühmen sie ihren eigenen Zustand, worin es ihnen weder an Sicherheit mangelt noch an Behagen, und sind nicht allein willig, sondern stolz, sich vor einem erhöhten Manne zu demütigen, wenn sie in der Größe seiner Macht Zuflucht finden und Schutz gegen größeres unterdrückendes Übel.«
Gleichfalls lasst sich ein deutscher Rezensent geist- und kenntnisreich also vernehmen: »Der Verfasser, allerdings Bewunderer des hohen Schwungs der Panegyriker dieses Zeitraums, tadelt zugleich mit Recht die sich im Überschwang der Lobpreisungen vergeudende Kraft edler Gemüter und die Erniedrigung der Charakterwürde, welche dies gewöhnlich zur Folge hat. Allein es muss gleichwohl bemerkt werden, dass in dem in vielfachem Schmucke reicher Vollendung aufgeführten Kunstgebäude eines echt poetischen Volkes panegyrische Dichtung ebenso wesentlich ist als die satirische, mit welcher sie nur den Gegensatz bildet, dessen Auflösung sich sodann entweder in der moralischen Dichtung, der ruhigen Richterin menschlicher Vorzüge und Gebrechen, der Führerin zum Ziel innerer Beruhigung, oder im Epos findet, welches mit unparteiischer Kühnheit das Edelste menschlicher Trefflichkeit neben die nicht mehr getadelte, sondern als zum Ganzen wirkende Gewöhnlichkeit des Lebens hinstellt und beide Gegensätze auflöst und zu einem reinen Bilde des Daseins vereinigt. Wenn es nämlich der menschlichen Natur gemäß und ein Zeichen ihrer höheren Abkunft ist, dass sie das Edle menschlicher Handlungen und jede höhere Vollkommenheit mit Begeisterung erfasst und sich an deren Erwägung gleichsam das innere Leben erneuert, so ist die Lobpreisung auch der Macht und Gewalt, wie sie in Fürsten sich offenbart, eine herrliche Erscheinung im Gebiete der Poesie und bei uns, mit vollstem Rechte zwar, nur darum in Verachtung gesunken, weil diejenigen, die sich derselben hingaben, meistens nicht Dichter, sondern nur feile Schmeichler gewesen. Wer aber, der Calderon seinen König preisen hört, mag hier, wo der kühnste Aufschwung der Phantasie ihn mit fortreißt, an Käuflichkeit

des Lobes denken? oder wer hat sein Herz noch gegen Pindars Siegeshymnen verwahren wollen? Die despotische Natur der Herrscherwürde Persiens, wenn sie gleich in jener Zeit ihr Gegenbild in gemeiner Anbetung der Gewalt bei den meisten, welche Fürstenlob sangen, gefunden, hat dennoch durch die Idee verklärter Macht, die sie in edlen Gemütern erzeugte, auch manche der Bewunderung der Nachwelt werte Dichtungen hervorgerufen. Und wie die Dichter dieser Bewunderung noch heute wert sind, sind es auch diese Fürsten, bei welchen wir echte Anerkennung der Würde des Menschen und Begeisterung für die Kunst, welche ihr Andenken feiert, vorfinden. *Enweri, Chakani, Sahir Farjabi* und *Achestegi* sind die Dichter dieses Zeitraums im Fache der Panegyrik, deren Werke der Orient noch heute mit Entzücken liest und so auch ihren edlen Namen vor jeder Verunglimpfung sicherstellt. Ein Beweis, wie nahe das Streben des panegyrischen Dichters an die höchste Forderung, die an den Menschen gestellt werden kann, grenze, ist der plötzliche Übertritt eines dieser panegyrischen Dichter, *Sanajis,* zur religiösen Dichtung: aus dem Lobpreiser seines Fürsten ward er ein nur für Gott und die ewige Vollkommenheit begeisterter Sänger, nachdem er die Idee des Erhabenen, die er vorher im Leben aufzusuchen sich begnügte, nun jenseits dieses Daseins zu finden gelernt hatte.«

Nachtrag

Diese Betrachtungen zweier ernster, bedächtiger Männer werden das Urteil über persische Dichter und Enkomiasten zur Milde bewegen, indem zugleich unsere früheren Äußerungen hierdurch bestätigt sind: in gefährlicher Zeit nämlich komme beim Regiment alles darauf an, dass der Fürst nicht allein seine Untertanen beschützen, sondern sie auch persönlich gegen den Feind anführen könne. Zu dieser bis auf die neusten Tage sich bestätigenden Wahrheit lassen sich uralte Beispiele finden; wie wir denn das Reichsgrundgesetz anführen, welches Gott dem israelitischen Volke, mit dessen allgemeiner Zustimmung, in dem Augenblick erteilt, da es ein für allemal einen König wünscht. Wir setzen diese Konstitution, die uns freilich heutzutag etwas wunderlich scheinen möchte, wörtlich hierher.

»Und Samuel verkündigte dem Volk das Recht des Königs, den sie von dem Herrn forderten: das wird des Königs Recht sein, der über euch herrschen wird: Eure Söhne wird er nehmen zu seinen Wagen und Reitern, die vor seinem Wagen hertraben, und zu Hauptleuten über tausend und über fünfzig und zu Ackerleuten, die ihm seinen Acker bauen, und zu Schnittern in seiner Ernte, und dass sie seinen Harnisch und was zu seinem Wagen gehört, machen. Eure Töchter aber wird er nehmen, dass sie Apothekerinnen, Köchinnen und Bäckerinnen sein. Eure besten Äcker und Weinberge und Obstgärten wird er nehmen und seinen Knechten geben. Dazu von eurer Saat und Weinbergen wird er den Zehnten nehmen und seinen Kämmerern und Knechten geben. Und eure Knechte und Mägde und eure feinsten Jünglinge und eure Esel wird er nehmen und seine Geschäfte damit ausrichten. Von euren Herden wird er den Zehnten nehmen: und ihr müsset seine Knechte sein.«

Als nun Samuel dem Volk das Bedenkliche einer solchen Übereinkunft zu Gemüte führen und ihnen abraten will, ruft es einstimmig: »Mitnichten, sondern es soll ein König über uns sein; dass wir auch sein wie alle andere Heiden, dass uns unser König richte und vor uns her ausziehe, wenn wir unsere Kriege führen.«

In diesem Sinne spricht der Perser:

> Mit Rat und Schwert umfasst und schützet er das Land;
> Umfassende und Schirmer stehn in Gottes Hand.

Überhaupt pflegt man bei Beurteilung der verschiedenen Regierungsformen nicht genug zu beachten, dass in allen, wie sie auch heißen, Freiheit und Knechtschaft zugleich polarisch existiere. Steht die Gewalt bei *einem,* so ist die Menge unterwürfig; ist die Gewalt bei der Menge, so steht der Einzelne im Nachteil; dieses geht denn durch alle Stufen durch, bis sich vielleicht irgendwo ein Gleichgewicht, jedoch nur auf kurze Zeit, finden kann. Dem Geschichtsforscher ist es kein Geheimnis; in bewegten Augenblicken des Lebens jedoch kann man darüber nicht ins Klare kommen. Wie man denn niemals mehr von Freiheit reden hört, als wenn eine Partei die andere unterjochen will und es auf weiter nichts abgesehen ist, als dass Gewalt, Einfluss und Vermögen aus einer Hand in die andere gehen sollen. Freiheit ist die leise Parole heimlich Verschworner, das laute Feldgeschrei der öffentlich Umwälzenden, ja das Losungswort der Despotie selbst, wenn sie ihre unterjochte Masse gegen den Feind anführt und ihr von auswärtigem Druck Erlösung auf alle Zeiten verspricht.

Gegenwirkung

Doch so verfänglich-allgemeiner Betrachtung wollen wir uns nicht hingeben, vielmehr in den Orient zurückwandern und schauen, wie die menschliche Natur, die immer unbezwinglich bleibt, sich dem äußersten Druck entgegensetzt; und da finden wir denn überall, dass der Frei- und Eigensinn der Einzelnen sich gegen die Allgewalt des Einen ins Gleichgewicht stellt; sie sind Sklaven, aber nicht unterworfen, sie erlauben sich Kühnheiten ohnegleichen. Bringen wir ein Beispiel aus den älteren Zeiten, begeben wir uns zu einem Abendgelag in das Zelt Alexanders, dort treffen wir ihn mit den Seinigen in lebhaften, heftigen, ja wilden Wechselreden.

Clitus, Alexanders Milchbruder, Spiel- und Kriegsgefährte, verliert zwei Brüder im Felde, rettet dem König das Leben, zeigt sich als bedeutender General, treuer Statthalter wichtiger Provinzen. Die angemaßte Gottheit des Monarchen kann er nicht billigen; er hat ihn herankommen sehen, dienst- und hilfsbedürftig gekannt; einen innern hypochondrischen Widerwillen mag er nähren, seine Verdienste vielleicht zu hoch anschlagen.

Die Tischgespräche an Alexanders Tafel mögen immer von großer Bedeutung gewesen sein: alle Gäste waren tüchtige, gebildete Männer, alle zur Zeit des höchsten Rednerglanzes in Griechenland geboren. Gewöhnlich mochte man sich nüchternerweise bedeutende Probleme aufgeben, wählen oder zufällig ergreifen und solche sophistisch-rednerisch mit ziemlichem Bewusstsein gegeneinander behaupten. Wenn denn aber doch ein jeder die Partei verteidigte, der er zugetan war, Trunk und Leidenschaft sich wechselsweise steigerten, so musste es zuletzt zu gewaltsamen Szenen hinauslaufen. Auf diesem Wege begegnen wir der Vermutung, dass der Brand von Persepolis nicht bloß aus einer rohen, absurden Völlerei entglommen sei, vielmehr aus einem solchen Tischgespräch aufgeflammt, wo die eine Partei behauptete, man müsse die Perser, da man sie einmal überwunden, auch nunmehr schonen, die andere aber, das schonungslose Verfahren der Asiaten in Zerstörung griechischer Tempel wieder vor die Seele der Gesellschaft führend, durch Steigerung des Wahnsinnes zu trunkener Wut, die alten königlichen Denkmale in Asche verwandelte. Dass Frauen mitgewirkt, welche immer die heftigsten, unversöhnlichsten Feinde der Feinde sind, macht unsere Vermutung noch wahrscheinlicher.

Sollte man jedoch hierüber noch einigermaßen zweifelhaft bleiben, so sind wir desto gewisser, was bei jenem Gelag, dessen wir zuerst erwähnten, tödlichen Zwiespalt veranlasst habe; die Geschichte bewahrt es uns auf. Es war nämlich der immer sich wiederholende Streit zwischen dem Alter und der Jugend. Die Alten, auf deren Seite Clitus argumentierte, konnten sich auf eine folgerechte Reihe von Taten berufen, die sie, dem König, dem Vaterland, dem einmal vorgesteckten Ziel getreu, unablässig mit Kraft und Weisheit ausgeführt. Die Jugend hingegen nahm zwar als bekannt an, dass das alles geschehen, dass viel getan worden und dass man wirklich an der Grenze von Indien sei; aber sie gab zu bedenken, wie viel zu tun noch übrigbliebe, erbot sich, das gleiche zu leisten, und eine glänzende Zukunft versprechend, wusste sie den Glanz geleisteter Taten zu verdunkeln. Dass der König sich auf diese Seite geschlagen, ist natürlich, denn bei ihm konnte vom Geschehenen nicht mehr die Rede sein. Clitus kehrte dagegen seinen heimlichen Unwillen heraus und wiederholte in des Königs Gegenwart Missreden, die dem Fürsten, als hinter seinem Rücken gesprochen, schon früher zu Ohren gekommen. Alexander hielt sich bewundernswürdig zusammen, doch leider zu lange. Clitus verging sich grenzenlos in widerwärtigen Reden, bis der König aufsprang, den seine Nächsten zuerst festhielten und Clitus beiseite brachten. Dieser aber kehrt rasend mit neuen Schmähungen zurück, und Alexander stößt ihn, den Spieß von der Wache ergreifend, nieder.

Was darauf folgt, gehört nicht hierher, nur bemerken wir, dass die bitterste Klage des verzweifelnden Königs die Betrachtung enthält, er werde künftig, wie ein Tier im Walde, einsam leben, weil niemand in seiner Gegenwart ein freies Wort hervorzubringen wagen könne. Diese Rede, sie gehöre dem König oder dem Geschichtsschreiber, bestätigt dasjenige, was wir oben vermutet.

Noch im vorigen Jahrhundert durfte man dem Kaiser von Persien bei Gastmahlen unverschämt widersprechen, zuletzt wurde denn freilich der überkühne Tischgenosse bei den Füßen weg und am Fürsten nah vorbeigeschleppt, ob dieser ihn vielleicht begnadige. Geschah es nicht, hinaus mit ihm und zusammengehauen.

Wie grenzenlos hartnäckig und widersetzlich Günstlinge sich gegen den Kaiser betrugen, wird von glaubwürdigen Geschichtsschreibern anekdotenweis überliefert. Der Monarch ist wie das Schicksal, unerbittlich, aber man trotzt ihm. Heftige Naturen verfallen darüber in eine Art Wahnsinn, wovon die wunderlichsten Beispiele vorgelegt werden könnten.

194

Der obersten Gewalt jedoch, von der alles herfließt, Wohltat und Pein, unterwerfen sich mäßige, feste, folgerechte Naturen, um nach ihrer Weise zu leben und zu wirken. Der Dichter aber hat am ersten Ursache, sich dem Höchsten, der sein Talent schätzt, zu widmen. Am Hof, im Umgange mit Großen, eröffnet sich ihm eine Weltübersicht, deren er bedarf, um zum Reichtum aller Stoffe zu gelangen. Hierin liegt nicht nur Entschuldigung, sondern Berechtigung zu schmeicheln, wie es dem Panegyristen zukommt, der sein Handwerk am besten ausübt, wenn er sich mit der Fülle des Stoffes bereichert, um Fürsten und Wesire, Mädchen und Knaben, Propheten und Heilige, ja zuletzt die Gottheit selbst, menschlicherweise überfüllt, auszuschmücken.

Auch unsern westlichen Dichter loben wir, dass er eine Welt von Putz und Pracht zusammengehäuft, um das Bild seiner Geliebten zu verherrlichen.

Eingeschaltetes

Die Besonnenheit des Dichters bezieht sich eigentlich auf die Form, den Stoff gibt ihm die Welt nur allzu freigebig, der Gehalt entspringt freiwillig aus der Fülle seines Innern; bewusstlos begegnen beide einander, und zuletzt weiß man nicht, wem eigentlich der Reichtum angehöre.

Aber die Form, ob sie schon vorzüglich im Genie liegt, will erkannt, will bedacht sein, und hier wird Besonnenheit gefordert, dass Form, Stoff und Gehalt sich zueinander schicken, sich ineinander fügen, sich einander durchdringen.

Der Dichter steht viel zu hoch, als dass er Partei machen sollte. Heiterkeit und Bewusstsein sind die schönen Gaben, für die er dem Schöpfer dankt: Bewusstsein, dass er vor dem Furchtbaren nicht erschrecke, Heiterkeit, dass er alles erfreulich darzustellen wisse.

Orientalischer Poesie Urelemente

In der arabischen Sprache wird man wenig Stamm- und Wurzelworte finden, die, wo nicht unmittelbar, doch mittelst geringer An- und Umbildung sich nicht auf Kamel, Pferd und Schaf bezögen. Diesen allerersten Natur- und Lebensausdruck dürfen wir nicht einmal tropisch nennen. Alles, was der Mensch natürlich frei ausspricht, sind Lebensbezüge; nun ist der Araber mit Kamel und Pferd so innig verwandt als Leib mit Seele, ihm kann nichts begegnen, was nicht auch diese Geschöpfe zugleich ergriffe und ihr Wesen und Wirken mit dem seinigen lebendig verbände. Denkt man zu den obengenannten noch andere Haus- und wilde Tiere hinzu, die dem frei umherziehenden Beduinen oft genug vors Auge kommen, so wird man auch diese in allen Lebensbeziehungen antreffen. Schreitet man nun so fort und beachtet alles übrige Sichtbare: Berg und Wüste, Felsen und Ebene, Bäume, Kräuter, Blumen, Fluss und Meer und das vielgestirnte Firmament, so findet man, dass dem Orientalen bei allem alles einfällt, sodass er, übers Kreuz das Fernste zu verknüpfen gewohnt, durch die geringste Buchstaben- und Silbenbiegung Widersprechendes auseinander herzuleiten kein Bedenken trägt. Hier sieht man, dass die Sprache

schon an und für sich produktiv ist, und zwar, insofern sie dem Gedanken entgegen-
kommt, rednerisch, insofern sie der Einbildungskraft zusagt, poetisch.

Wer nun also, von den ersten notwendigen Urtropen ausgehend, die freieren und
kühneren bezeichnete, bis er endlich zu den gewagtesten, willkürlichsten, ja zuletzt
ungeschickten, konventionellen und abgeschmackten gelangte, der hätte sich von
den Hauptmomenten der orientalischen Dichtkunst eine freie Übersicht verschafft.
Er würde aber dabei sich leicht überzeugen, dass von dem, was wir Geschmack
nennen, von der Sonderung nämlich des Schicklichen vom Unschicklichen, in jener
Literatur gar nicht die Rede sein könne. Ihre Tugenden lassen sich nicht von ihren
Fehlern trennen, beide beziehen sich aufeinander, entspringen auseinander, und
man muss sie gelten lassen ohne Mäkeln und Markten. Nichts ist unerträglicher, als
wenn *Reiske* und *Michaelis* jene Dichter bald in den Himmel heben, bald wieder
wie einfältige Schulknaben behandeln.

Dabei lässt sich jedoch auffallend bemerken, dass die ältesten Dichter, die zunächst
am Naturquell der Eindrücke lebten und ihre Sprache dichtend bildeten, sehr große
Vorzüge haben müssen; diejenigen, die in eine schon durchgearbeitete Zeit, in ver-
wickelte Verhältnisse kommen, zeigen zwar immer dasselbe Bestreben, verlieren
aber allmählich die Spur des Rechten und Lobenswürdigen. Denn wenn sie nach
entfernten und immer entfernteren Tropen haschen, so wird es barer Unsinn;
höchstens bleibt zuletzt nichts weiter als der allgemeinste Begriff, unter welchem
die Gegenstände allenfalls möchten zusammenzufassen sein, der Begriff, der alles
Anschauen und somit die Poesie selbst aufhebt.

Übergang von Tropen zu Gleichnissen

Weil nun alles Vorgesagte auch von den nahe verwandten Gleichnissen gilt, so wä-
re durch einige Beispiele unsere Behauptung zu bestätigen.

Man sieht den im freien Felde aufwachenden Jäger, der die aufgehende Sonne ei-
nem *Falken* vergleicht:

> Tat und Leben mir die Brust durchdringen,
> Wieder auf den Füßen steh ich fest:
> Denn der goldne Falke, breiter Schwingen,
> Überschwebet sein azurnes Nest.

> Oder noch prächtiger einem *Löwen:*
> Morgendämmrung wandte sich ins Helle,
> Herz und Geist auf einmal wurden froh,
> Als die Nacht, die schüchterne Gazelle,
> Vor dem Dräun des Morgenlöwen floh.

Wie muss nicht *Marco Polo,* der alles dieses und mehr geschaut, solche Gleichnisse
bewundert haben!

Unaufhörlich finden wir den Dichter, wie er mit *Locken* spielt.

> Es stecken mehr als fünfzig Angeln

In jeder Locke deiner Haare

ist höchst lieblich an ein schönes lockenreiches Haupt gerichtet, die Einbildungskraft hat nichts dawider, sich die Haarspitzen hakenartig zu denken. Wenn aber der Dichter sagt, dass er an Haaren aufgehängt sei, so will es uns nicht recht gefallen. Wenn es nun aber gar vom Sultan heißt:

In deiner Locken Banden liegt
Des Feindes Hals verstrickt,

so gibt es der Einbildungskraft entweder ein widerlich Bild oder gar keins. Dass wir von *Wimpern* gemordet werden, möchte wohl angehn, aber an Wimpern gespießt sein, kann uns nicht behagen; wenn ferner Wimpern, gar mit Besen verglichen, die Sterne vom Himmel herabkehren, so wird es uns doch zu bunt. Die *Stirn* der Schönen als Glättstein der Herzen; das *Herz* des Liebenden als Geschiebe von Tränenbächen fortgerollt und abgerundet: dergleichen mehr witzige als gefühlvolle Wagnisse nötigen uns ein freundliches Lächeln ab.

Höchst geistreich aber kann es genannt werden, wenn der Dichter die Feinde des Schahs wie *Zeltzubehör* behandelt wissen will.

Seien sie stets wie Späne gespalten, wie Lappen zerrissen!
Wie die Nägel geklopft! und wie die Pfähle gesteckt!

Hier sieht man den Dichter im Hauptquartier; das immer wiederholte Ab- und Aufschlagen des Lagers schwebt ihm vor der Seele.

Aus diesen wenigen Beispielen, die man ins Unendliche vermehren könnte, erhellt, dass keine Grenze zwischen dem, was in unserem Sinne lobenswürdig und tadelhaft heißen möchte, gezogen werden könne, weil ihre Tugenden ganz eigentlich die Blüten ihrer Fehler sind. Wollen wir an diesen Produktionen der herrlichsten Geister teilnehmen, so müssen wir uns orientalisieren, der Orient wird nicht zu uns herüberkommen. Und obgleich Übersetzungen höchst löblich sind, um uns anzulocken, einzuleiten, so ist doch aus allem vorigen ersichtlich, dass in dieser Literatur die Sprache als Sprache die erste Rolle spielt. Wer möchte sich nicht mit diesen Schätzen an der Quelle bekannt machen!

Bedenken wir nun, dass poetische Technik den größten Einfluss auf jede Dichtungsweise notwendig ausübe, so finden wir auch hier, dass die zweizeilig gereimten Verse der Orientalen einen Parallelismus fordern, welcher aber, statt den Geist zu sammeln, selben zerstreut, indem der Reim auf ganz fremdartige Gegenstände hinweist. Dadurch erhalten ihre Gedichte einen Anstrich von Quodlibet oder vorgeschriebenen Endreimen, in welcher Art etwas Vorzügliches zu leisten freilich die ersten Talente gefordert werden. Wie nun hierüber die Nation streng geurteilt hat, sieht man daran, dass sie in fünfhundert Jahren nur sieben Dichter als ihre obersten anerkennt.

Warnung

Auf alles, was wir bisher geäußert, können wir uns wohl berufen als Zeugnis besten Willens gegen orientalische Dichtkunst. Wir dürfen es daher wohl wagen, Männern, denen eigentlich nähere, ja unmittelbare Kenntnis dieser Regionen gegönnt ist, mit einer Warnung entgegenzugehen, welche den Zweck, allen möglichen Schaden von einer so guten Sache abzuwenden, nicht verleugnen wird.

Jedermann erleichtert sich durch Vergleichung das Urteil, aber man erschwert sich's auch: denn wenn ein Gleichnis, zu weit durchgeführt, hinkt, so wird ein vergleichendes Urteil immer unpassender, je genauer man es betrachtet. Wir wollen uns nicht zu weit verlieren, sondern im gegenwärtigen Falle nur so viel sagen: wenn der vortreffliche *Jones* die orientalischen Dichter mit Lateinern und Griechen vergleicht, so hat er seine Ursachen, das Verhältnis zu England und den dortigen Altkritikern nötigt ihn dazu. Er selbst, in der strengen klassischen Schule gebildet, begriff wohl das ausschließende Vorurteil, das nichts wollte gelten lassen, als was von Rom und Athen her auf uns vererbt worden. Er kannte, schätzte, liebte seinen Orient und wünschte dessen Produktionen in Altengland einzuführen, einzuschwärzen, welches nicht anders als unter dem Stempel des Altertums zu bewirken war. Dieses alles ist gegenwärtig ganz unnötig, ja schädlich. Wir wissen die Dichtart der Orientalen zu schätzen, wir gestehen ihnen die größten Vorzüge zu, aber man vergleiche sie mit sich selbst, man ehre sie in ihrem eigenen Kreise und vergesse doch dabei, dass es Griechen und Römer gegeben.

Niemanden verarge man, welchem Horaz bei Hafis einfällt. Hierüber hat ein Kenner sich bewundrungswürdig erklärt, so dass dieses Verhältnis nunmehr ausgesprochen und für immer abgetan ist. Er sagt nämlich: »Die Ähnlichkeit Hafisens mit Horaz in den Ansichten des Lebens ist auffallend und möchte einzig nur durch die Ähnlichkeit der Zeitalter, in welchen beide Dichter gelebt, wo bei Zerstörung aller Sicherheit des bürgerlichen Daseins der Mensch sich auf flüchtigen, gleichsam im Vorübergehen gehaschten Genuss des Lebens beschränkt, zu erklären sein.«

Was wir aber inständig bitten, ist, dass man Ferdusi nicht mit Homer vergleiche, weil er in jedem Sinne, dem Stoff, der Form, der Behandlung nach, verlieren muss. Wer sich hiervon überzeugen will, vergleiche die furchtbare Monotonie der sieben Abenteuer des Isfendiar mit dem dreiundzwanzigsten Gesang der »Ilias«, wo zur Totenfeier Patroklos' die mannigfaltigsten Preise von den verschiedenartigsten Helden auf die verschiedenste Art gewonnen werden. Haben wir Deutsche nicht unsern herrlichen »Nibelungen« durch solche Vergleichung den größten Schaden getan? So höchst erfreulich sie sind, wenn man sich in ihren Kreis recht einbürgert und alles vertraulich und dankbar aufnimmt, so wunderlich erscheinen sie, wenn man sie nach einem Maßstabe misst, den man niemals bei ihnen anschlagen sollte.

Es gilt ja schon dasselbe von dem Werk eines einzigen Autors, der viel, mannigfaltig und lange geschrieben. Überlasse man doch den gemeinen, unbehilflichen Menge, vergleichend zu loben, zu wählen und zu verwerfen. Aber die Lehrer des Volks müssen auf einen Standpunkt treten, wo eine allgemeine deutliche Übersicht reinem, unbewundenem Urteil zustatten kommt.

Vergleichung

Da wir nun soeben bei dem Urteil über Schriftsteller alle Vergleichung abgelehnt, so möchte man sich wundern, wenn wir unmittelbar darauf von einem Falle sprechen, in welchem wir sie zulässig finden. Wir hoffen jedoch, dass man uns diese Ausnahme darum erlauben werde, weil der Gedanke nicht uns, vielmehr einem Dritten angehört.

Ein Mann, der des Orients Breite, Höhen und Tiefen durchdrungen, findet, dass kein deutscher Schriftsteller sich den östlichen Poeten und sonstigen Verfassern mehr als *Jean Paul Richter* genähert habe; dieser Ausspruch schien zu bedeutend, als dass wir ihm nicht gehörige Aufmerksamkeit hätten widmen sollen; auch können wir unsere Bemerkungen darüber um so leichter mitteilen, als wir uns nur auf das oben weitläufig Durchgeführte beziehen dürfen.

Allerdings zeugen, um von der Persönlichkeit anzufangen, die Werke des genannten Freundes von einem verständigen, umschauenden, einsichtigen, unterrichteten, ausgebildeten und dabei wohlwollenden, frommen Sinne. Ein so begabter Geist blickt, nach eigentlichst orientalischer Weise, munter und kühn in seiner Welt umher, erschafft die seltsamsten Bezüge, verknüpft das Unverträgliche, jedoch dergestalt, dass ein geheimer ethischer Faden sich mitschlinge, wodurch das Ganze zu einer gewissen Einheit geleitet wird.

Wenn wir nun vor kurzem die Naturelemente, woraus die älteren und vorzüglichsten Dichter des Orients ihre Werke bildeten, angedeutet und bezeichnet, so werden wir uns deutlich erklären, indem wir sagen: dass, wenn jene in einer frischen, einfachen Region gewirkt, dieser Freund hingegen in einer ausgebildeten, überbildeten, verbildeten, vertrackten Welt leben und wirken und eben daher sich anschicken muss, die seltsamsten Elemente zu beherrschen. Um nun den Gegensatz zwischen der Umgebung eines Beduinen und unseres Autors mit wenigem anschaulich zu machen, ziehen wir aus einigen Blättern die bedeutendsten Ausdrücke: Barrierentraktat, Extrablätter, Kardinäle, Nebenrezess, Billard, Bierkrüge, Reichsbänke, Sessionsstühle, Prinzipalkommissarius, Enthusiasmus, Zepter-Queue, Bruststücke, Eichhornbauer, Agioteur, Schmutzfink, Inkognito, Colloquia, kanonischer Billardsack, Gipsabdruck, Avancement, Hüttenjunge, Naturalisationsakte, Pfingstprogramm, Maurerisch, Manualpantomime, Amputiert, Supranumerar, Bijouteriebude, Sabbaterweg und so fort.

Wenn nun diese sämtlichen Ausdrücke einem gebildeten deutschen Leser bekannt sind oder durch das Konversationslexikon bekannt werden können, gerade wie dem Orientalen die Außenwelt durch Handels- und Wallfahrtskarawanen, so dürfen wir kühnlich einen ähnlichen Geist für berechtigt halten, dieselbe Verfahrungsart auf einer völlig verschiedenen Unterlage walten zu lassen.

Gestehen wir also unserem so geschätzten als fruchtbaren Schriftsteller zu, dass er, in späteren Tagen lebend, um in seiner Epoche geistreich zu sein, auf einen durch Kunst, Wissenschaft, Technik, Politik, Kriegs- und Friedensverkehr und Verderb so unendlich verklausulierten, zersplitterten Zustand mannigfaltigst anspielen müsse, so glauben wir ihm die zugesprochene Orientalität genugsam bestätigt zu haben.

Einen Unterschied jedoch, den eines poetischen und prosaischen Verfahrens, heben wir hervor. Dem Poeten, welchem Takt, Parallelstellung, Silbenfall, Reim die größten Hindernisse in den Weg zu legen scheinen, gereicht alles zum entschiedensten Vorteil, wenn er die Rätselknoten glücklich löst, die ihm aufgegeben sind oder die er sich selbst aufgibt; die kühnste Metapher verzeihen wir wegen eines unerwarteten Reims und freuen uns der Besonnenheit des Dichters, die er in einer so notgedrungenen Stellung behauptet.

Der Prosaist hingegen hat die Ellebogen gänzlich frei und ist für jede Verwegenheit verantwortlich, die er sich erlaubt; alles, was den Geschmack verletzen könnte, kommt auf seine Rechnung. Da nun aber, wie wir umständlich nachgewiesen, in einer solchen Dicht- und Schreibart das Schickliche vom Unschicklichen abzusondern unmöglich ist, so kommt hier alles auf das Individuum an, das ein solches Wagstück unternimmt. Ist es ein Mann wie Jean Paul, als Talent von Wert, als Mensch von Würde, so befreundet sich der angezogene Leser sogleich; alles ist erlaubt und willkommen. Man fühlt sich in der Nähe des wohldenkenden Mannes behaglich, sein Gefühl teilt sich uns mit. Unsere Einbildungskraft erregt er, schmeichelt unseren Schwächen und festigt unsere Stärken.

Man übt seinen eigenen Witz, indem man die wunderlich aufgegebenen Rätsel zu lösen sucht, und freut sich, in und hinter einer buntverschränkten Welt, wie hinter einer andern Scharade, Unterhaltung, Erregung, Rührung, ja Erbauung zu finden.

Dies ist ungefähr, was wir vorzubringen wussten, um jene Vergleichung zu rechtfertigen; Übereinstimmung und Differenz trachteten wir so kurz als möglich auszudrücken; ein solcher Text könnte zu einer grenzenlosen Auslegung verführen.

Verwahrung

Wenn jemand Wort und Ausdruck als heilige Zeugnisse betrachtet und sie nicht etwa, wie Scheidemünze oder Papiergeld, nur zu schnellem, augenblicklichem Verkehr bringen, sondern im geistigen Handel und Wandel als wahres Äquivalent ausgetauscht wissen will, so kann man ihm nicht verübeln, dass er aufmerksam macht, wie herkömmliche Ausdrücke, woran niemand mehr Arges hat, doch einen schädlichen Einfluss verüben, Ansichten verdüstern, den Begriff entstellen und ganzen Fächern eine falsche Richtung geben.

Von der Art möchte wohl der eingeführte Gebrauch sein, dass man den Titel *schöne Redekünste* als allgemeine Rubrik behandelt, unter welcher man Poesie und Prosa begreifen und eine neben der andern, ihren verschiedenen Teilen nach, aufstellen will.

Poesie ist, rein und echt betrachtet, weder Rede noch Kunst; keine *Rede,* weil sie zu ihrer Vollendung Takt, Gesang, Körperbewegung und Mimik bedarf; sie ist keine *Kunst,* weil alles auf dem Naturell beruht, welches zwar geregelt, aber nicht künstlerisch geängstigt werden darf; auch bleibt sie immer wahrhafter Ausdruck eines aufgeregten erhöhten Geistes, ohne Ziel und Zweck.

Die Redekunst aber im eigentlichen Sinne ist eine Rede und eine Kunst; sie beruht auf einer deutlichen, mäßig leidenschaftlichen *Rede* und ist *Kunst* in jedem Sinne. Sie verfolgt ihre Zwecke und ist Verstellung vom Anfang bis zu Ende. Durch jene von uns gerügte Rubrik ist nun die Poesie entwürdigt, indem sie der Redekunst bei-, wo nicht untergeordnet wird, Namen und Ehre von ihr ableitet.

Diese Benennung und Einteilung hat freilich Beifall und Platz gewonnen, weil höchst schätzenswerte Bücher sie an der Stirne tragen, und schwer möchte man sich derselben so bald entwöhnen. Ein solches Verfahren kommt aber daher, weil man bei Klassifikation der Künste den Künstler nicht zu Rate zieht. Dem Literator kommen die poetischen Werke zuerst als Buchstaben in die Hand, sie liegen als Bücher vor ihm, die er aufzustellen und zu ordnen berufen ist.

Dichtarten

Allegorie, Ballade, Cantate, Drama, Elegie, Epigramm, Epistel, Epopöe, Erzählung, Fabel, Heroide, Idylle, Lehrgedicht, Ode, Parodie, Roman, Romanze, Satire.

Wenn man vorgemeldete Dichtarten, die wir alphabetisch zusammengestellt, und noch mehrere dergleichen methodisch zu ordnen versuchen wollte, so würde man auf große, nicht leicht zu beseitigende Schwierigkeiten stoßen. Betrachtet man obige Rubriken genauer, so findet man, dass sie bald nach äußeren Kennzeichen, bald nach dem Inhalt, wenige aber einer wesentlichen Form nach benamst sind. Man bemerkt schnell, dass einige sich nebeneinanderstellen, andere sich andern unterordnen lassen. Zu Vergnügen und Genuss möchte jede wohl für sich bestehen und wirken, wenn man aber zu didaktischen oder historischen Zwecken einer rationelleren Anordnung bedürfte, so ist es wohl der Mühe wert, sich nach einer solchen umzusehen. Wir bringen daher folgendes der Prüfung dar.

Naturformen der Dichtung

Es gibt nur drei echte Naturformen der Poesie: die klar erzählende, die enthusiastisch aufgeregte und die persönlich handelnde: *Epos, Lyrik* und *Drama.* Diese drei Dichtweisen können zusammen oder abgesondert wirken. In dem kleinsten Gedicht findet man sie oft beisammen, und sie bringen eben durch diese Vereinigung im engsten Raume das herrlichste Gebild hervor, wie wir an den schätzenswertesten Balladen aller Völker deutlich gewahr werden. Im älteren griechischen Trauerspiel sehen wir sie gleichfalls alle drei verbunden, und erst in einer gewissen Zeitfolge sondern sie sich. Solange der Chor die Hauptperson spielt, zeigt sich Lyrik obenan; wie der Chor mehr Zuschauer wird, treten die andern hervor, und zuletzt, wo die Handlung sich persönlich und häuslich zusammenzieht, findet man den Chor unbequem und lästig. Im französischen Trauerspiel ist die Exposition episch, die Mitte dramatisch, und den fünften Akt, der leidenschaftlich und enthusiastisch ausläuft, kann man lyrisch nennen.

Das Homerische Heldengedicht ist rein episch; der Rhapsode waltet immer vor, was sich ereignet, erzählt er; niemand darf den Mund auftun, dem er nicht vorher das

Wort verliehen, dessen Rede und Antwort er nicht angekündigt. Abgebrochene Wechselreden, die schönste Zierde des Dramas, sind nicht zulässig. Höre man aber nun den modernen Improvisator auf öffentlichem Markte, der einen geschichtlichen Gegenstand behandelt; er wird, um deutlich zu sein, erst erzählen, dann, um Interesse zu erregen, als handelnde Person sprechen, zuletzt enthusiastisch auflodern und die Gemüter hinreißen. So wunderlich sind diese Elemente zu verschlingen, die Dichtarten bis ins Unendliche mannigfaltig, und deshalb auch so schwer eine Ordnung zu finden, wonach man sie neben- oder nacheinander aufstellen könnte. Man wird sich aber einigermaßen dadurch helfen, dass man die drei Hauptelemente in einem Kreis einander gegenüber stellt und sich Musterstücke sucht, wo jedes Element einzeln obwaltet. Alsdann sammle man Beispiele, die sich nach der einen oder nach der anderen Seite hinneigen, bis endlich die Vereinigung von allen dreien erscheint und somit der ganze Kreis in sich geschlossen ist.

Auf diesem Wege gelangt man zu schönen Ansichten sowohl der Dichtarten als des Charakters der Nationen und ihres Geschmacks in einer Zeitfolge. Und obgleich diese Verfahrungsart mehr zu eigener Belehrung, Unterhaltung und Maßregel als zum Unterricht anderer geeignet sein mag, so wäre doch vielleicht ein Schema aufzustellen, welches zugleich die äußeren zufälligen Formen und diese inneren notwendigen Uranfänge in fasslicher Ordnung darbrächte. Der Versuch jedoch wird immer so schwierig sein als in der Naturkunde das Bestreben, den Bezug auszufinden der äußeren Kennzeichen von Mineralien und Pflanzen zu ihren inneren Bestandteilen, um eine naturgemäße Ordnung dem Geiste darzustellen.

Nachtrag

Höchst merkwürdig ist, dass die persische Poesie kein Drama hat. Hätte ein dramatischer Dichter aufstehen können, ihre ganze Literatur müsste ein anderes Ansehn gewonnen haben. Die Nation ist zur Ruhe geneigt, sie lässt sich gern etwas vorerzählen, daher die Unzahl Märchen und die grenzenlosen Gedichte. So ist auch sonst das orientalische Leben an sich selbst nicht gesprächig; der Despotismus befördert keine Wechselreden, und wir finden, dass eine jede Einwendung gegen Willen und Befehl des Herrschers allenfalls nur in Zitaten des Korans und bekannter Dichterstellen hervortritt, welches aber zugleich einen geistreichen Zustand, Breite, Tiefe und Konsequenz der Bildung voraussetzt. Dass jedoch der Orientale die Gesprächsform so wenig als ein anderes Volk entbehren mag, sieht man an der Hochschätzung der Fabeln des Bidpai, der Wiederholung, Nachahmung und Fortsetzung derselben. Die »Vögelgespräche« des Ferideddin Attar geben hiervon gleichfalls das schönste Beispiel.

Buchorakel

Der in jedem Tag düster befangene, nach einer aufgehellten Zukunft sich umschauende Mensch greift begierig nach Zufälligkeiten, um irgendeine weissagende Andeutung aufzuhaschen. Der Unentschlossene findet nur sein Heil im Entschluss, dem Ausspruch des Loses sich zu unterwerfen. Solcher Art ist die überall herkömmliche Orakelfrage an irgendein bedeutendes Buch, zwischen dessen Blätter man eine Nadel versenkt und die dadurch bezeichnete Stelle beim Aufschlagen gläubig beachtet. Wir waren früher mit Personen genau verbunden, welche sich auf diese Weise bei der Bibel, dem Schatzkästlein und ähnlichen Erbauungswerken zutraulich Rats erholten und mehrmals in den größten Nöten Trost, ja Bestärkung fürs ganze Leben gewannen.

Im Orient finden wir diese Sitte gleichfalls in Übung; sie wird *Fal* genannt, und die Ehre derselben begegnete Hafisen gleich nach seinem Tode. Denn als die Strenggläubigen ihn nicht feierlich beerdigen wollten, befragte man seine Gedichte, und als die bezeichnete Stelle seines Grabes erwähnt, das die Wanderer dereinst verehren würden, so folgerte man daraus, dass er auch müsse ehrenvoll begraben werden. Der westliche Dichter spielt ebenfalls auf diese Gewohnheit an und wünscht, dass seinem Büchlein gleiche Ehre widerfahren möge.

Blumen- und Zeichenwechsel

Um nicht zu viel Gutes von der sogenannten Blumensprache zu denken oder etwas Zartgefühltes davon zu erwarten, müssen wir uns durch Kenner belehren lassen. Man hat nicht etwa einzelnen Blumen Bedeutung gegeben, um sie im Strauß als Geheimschrift zu überreichen, und es sind nicht Blumen allein, die bei einer solchen stummen Unterhaltung Wort und Buchstaben bilden, sondern alles Sichtbare, Transportable wird mit gleichem Rechte angewendet.

Doch wie das geschehe, um eine Mitteilung, einen Gefühls- und Gedankenwechsel hervorzubringen, dieses können wir uns nur vorstellen, wenn wir die Haupteigenschaften orientalischer Poesie vor Augen haben: den weit umgreifenden Blick über alle Weltgegenstände, die Leichtigkeit zu reimen, sodann aber eine gewisse Lust und Richtung der Nation, Rätsel aufzugeben, wodurch sich zugleich die Fähigkeit ausbildet, Rätsel aufzulösen, welches denjenigen deutlich sein wird, deren Talent sich dahin neigt, Scharaden, Logogryphen und dergleichen zu behandeln.

Hierbei ist nun zu bemerken: wenn ein Liebendes dem Geliebten irgendeinen Gegenstand zusendet, so muss der Empfangende sich das Wort aussprechen und suchen, was sich darauf reimt, sodann aber ausspähen, welcher unter den vielen möglichen Reimen für den gegenwärtigen Zustand passen möchte. Dass hierbei eine leidenschaftliche Divination obwalten müsse, fällt sogleich in die Augen. Ein Beispiel kann die Sache deutlich machen, und so sei folgender kleine Roman in einer solchen Korrespondenz durchgeführt.

Die Wächter sind gebändiget
Durch süße Liebestaten;
Doch wie wir uns verständiget,
Das wollen wir verraten;
Denn, Liebchen, was uns Glück gebracht,
Das muss auch andern nutzen,
So wollen wir der Liebesnacht

Die düstern Lampen putzen.
Und wer sodann mit uns erreicht,
Das Ohr recht abzufeimen,
Und liebt wie wir, dem wird es leicht,
Den rechten Sinn zu reimen.
Ich schickte dir, du schicktest mir,
Es war sogleich verstanden.

Amarante	Ich sah und brannte.
Raute	Wer schaute?
Haar vom Tiger	Ein kühner Krieger.
Haar der Gazelle	An welcher Stelle?
Büschel von Haaren	Du sollst's erfahren.
Kreide	Meide.
Stroh	Ich brenne lichterloh.
Trauben	Will's erlauben.
Korallen	Kannst mir gefallen.
Mandelkern	Sehr gern.
Rüben	Willst mich betrüben.
Karotten	Willst meiner spotten.
Zwiebeln	Was willst du grübeln?
Trauben, die weißen	Was soll das heißen?
Trauben, die blauen	Soll ich vertrauen?
Quecken	Du willst mich necken.
Nelken	Soll ich verwelken?
Narzissen	Du musst es wissen.
Veilchen	Wart ein Weilchen.
Kirschen	Willst mich zerknirschen.
Feder vom Raben	Ich muss dich haben.
Vom Papageien	Musst mich befreien.
Maronen	Wo wollen wir wohnen?
Blei	Ich bin dabei.
Rosenfarb	Die Freude starb.
Seide	Ich leide.
Bohnen	Will dich schonen.
Majoran	Geht mich nichts an.
Blau	Nimm's nicht genau.
Traube	Ich glaube.
Beeren	Will's verwehren.
Feigen	Kannst du schweigen?
Gold	Ich bin dir hold.
Leder	Gebrauch die Feder.
Papier	So bin ich dir.
Maßlieben	Schreib nach Belieben.

Nachtviolen	Ich lass es holen.
Ein Faden	Bist eingeladen.
Ein Zweig	Mach keinen Streich.
Strauß	Ich bin zu Haus.
Winden	Wirst mich finden.
Myrten	Will dich bewirten.
Jasmin	Nimm mich hin.
Melissen Stroh	*** auf einem Kissen.
Zypressen	Will's vergessen.
Bohnenblüte	Du falsch Gemüte.
Kalk	Bist ein Schalk.
Kohlen	Mag der *** dich holen.

Und hätte mit Boteinah so
Nicht Dschemil sich verstanden,
Wie wäre denn so frisch und froh
Ihr Name noch vorhanden?

Vorstehende seltsame Mitteilungsart wird sehr bald unter lebhaften, einander gewogenen Personen auszuüben sein. Sobald der Geist eine solche Richtung nimmt, tut er Wunder. Zum Beleg aus manchen Geschichten nur *eine*.

Zwei liebende Paare machen eine Lustfahrt von einigen Meilen, bringen einen frohen Tag miteinander zu; auf der Rückkehr unterhalten sie sich, Scharaden aufzugeben. Gar bald wird nicht nur eine jede, wie sie vom Munde kommt, sogleich erraten, sondern zuletzt sogar das Wort, das der andere denkt und eben zum Worträtsel umbilden will, durch die unmittelbarste Divination erkannt und ausgesprochen.

Indem man dergleichen zu unsren Zeiten erzählt und beteuert, darf man nicht fürchten, lächerlich zu werden, da solche psychische Erscheinungen noch lange nicht an dasjenige reichen, was der organische Magnetismus zutage gebracht hat.

Chiffer

Eine andere Art aber, sich zu verständigen, ist geistreich und herzlich! Wenn bei der vorigen Ohr und Witz im Spiele war, so ist es hier ein zartliebender, ästhetischer Sinn, der sich der höchsten Dichtung gleichstellt.

Im Orient lernte man den Koran auswendig, und so gaben die Suren und Verse durch die mindeste Anspielung ein leichtes Verständnis unter den Geübten. Das gleiche haben wir in Deutschland erlebt, wo vor fünfzig Jahren die Erziehung dahin gerichtet war, die sämtlichen Heranwachsenden bibelfest zu machen; man lernte nicht allein bedeutende Sprüche auswendig, sondern erlangte zugleich von dem Übrigen genugsame Kenntnis. Nun gab es mehrere Menschen, die eine große Fertigkeit hatten, auf alles, was vorkam, biblische Sprüche anzuwenden und die Heilige Schrift in der Konversation zu verbrauchen. Nicht zu leugnen ist, dass hieraus die witzigsten, anmutigsten Erwiderungen entstanden, wie denn noch heutigentags gewisse ewig anwendbare Hauptstellen hie und da im Gespräch vorkommen. – Gleicherweise bedient man sich klassischer Worte, wodurch wir Gefühl und Ereignis als ewig wiederkehrend bezeichnen und aussprechen.

Auch wir vor fünfzig Jahren, als Jünglinge, die einheimischen Dichter verehrend, belebten das Gedächtnis durch ihre Schriften und erzeigten ihnen den schönsten Beifall, indem wir unsere Gedanken durch ihre gewählten und gebildeten Worte ausdrückten und dadurch eingestanden, dass sie besser als wir unser Innerstes zu entfalten gewusst.

Um aber zu unserm eigentlichen Zweck zu gelangen, erinnern wir an eine zwar wohlbekannte, aber doch immer geheimnisvolle Weise, sich in Chiffern mitzuteilen; wenn nämlich zwei Personen, die ein Buch verabreden und, indem sie Seiten- und Zeilenzahl zu einem Briefe verbinden, gewiss sind, dass der Empfänger mit geringem Bemühen den Sinn zusammenfinden werde.

Das Lied, welches wir mit der Rubrik *Chiffer* bezeichnet, will auf eine solche Verabredung hindeuten. Liebende werden einig, Hafisens Gedichte zum Werkzeug ihres Gefühlswechsels zu legen; sie bezeichnen Seite und Zeile, die ihren gegenwärtigen Zustand ausdrückt, und so entstehen zusammengeschriebene Lieder vom schönsten Ausdruck; herrliche zerstreute Stellen des unschätzbaren Dichters werden durch Leidenschaft und Gefühl verbunden, Neigung und Wahl verleihen dem Ganzen ein inneres Leben, und die Entfernten finden ein tröstliches Ergeben, indem sie ihre Trauer mit Perlen seiner Worte schmücken.

Dir zu eröffnen
Mein Herz, verlangt mich;
Hört ich von deinem,
Darnach verlangt mich;
Wie blickt so traurig
Die Welt mich an.

In meinem Sinne
Wohnet mein Freund nur
Und sonsten keiner
Und keine Feindspur.
Wie Sonnenaufgang
Ward mir ein Vorsatz!

Mein Leben will ich
Nur zum Geschäfte
Von seiner Liebe
Von heut an machen.
Ich denke seiner,
Mir blutet 's Herz.

Kraft hab ich keine,
Als ihn zu lieben,
So recht im Stillen.

Was soll das werden!
Will ihn umarmen
Und kann es nicht.

Künftiger Divan

Man hat in Deutschland zu einer gewissen Zeit manche Druckschriften verteilt als *Manuskript für Freunde.* Wem dieses befremdlich sein könnte, der bedenke, dass doch am Ende jedes Buch nur für Teilnehmer, für Freunde, für Liebhaber des Verfassers geschrieben sei. Meinen »Divan« besonders möcht ich also bezeichnen, dessen gegenwärtige Ausgabe nur als unvollkommen betrachtet werden kann. In jüngeren Jahren würd ich ihn länger zurückgehalten haben, nun aber find ich es vorteilhafter, ihn selbst zusammenzustellen, als ein solches Geschäft, wie Hafis, den Nachkommen zu hinterlassen. Denn eben dass dieses Büchlein so dasteht, wie ich es jetzt mitteilen konnte, erregt meinen Wunsch, ihm die gebührende Vollständigkeit nach und nach zu verleihen. Was davon allenfalls zu hoffen sein möchte, will ich Buch für Buch der Reihe nach andeuten.

Buch des Dichters. Hierin, wie es vorliegt, werden lebhafte Eindrücke mancher Gegenstände und Erscheinungen auf Sinnlichkeit und Gemüt enthusiastisch ausgedrückt und die näheren Bezüge des Dichters zum Orient angedeutet. Fährt er auf diese Weise fort, so kann der heitere Garten aufs Anmutigste verziert werden; aber höchst erfreulich wird sich die Anlage erweitern, wenn der Dichter nicht von sich und aus sich allein handeln wollte, vielmehr auch seinen Dank Gönnern und Freunden zu Ehren ausspräche, um die Lebenden mit freundlichem Wort festzuhalten, die Abgeschiedenen ehrenvoll wieder zurückzurufen.

Hierbei ist jedoch zu bedenken, dass der orientalische Flug und Schwung, jene reich und übermäßig lobende Dichtart, dem Gefühl des Westländers vielleicht nicht zusagen möchte. Wir ergehen uns hoch und frei, ohne zu Hyperbeln unsre Zuflucht zu nehmen: denn wirklich nur eine reine, wohlgefühlte Poesie vermag allenfalls die eigentlichsten Vorzüge trefflicher Männer auszusprechen, deren Vollkommenheiten man erst recht empfindet, wenn sie dahingegangen sind, wenn ihre Eigenheiten uns nicht mehr stören und das Eingreifende ihrer Wirkungen uns noch täglich und stündlich vor Augen tritt. Einen Teil dieser Schuld hatte der Dichter vor kurzem, bei einem herrlichen Fest in Allerhöchster Gegenwart, das Glück, nach seiner Weise gemütlich abzutragen.

Das Buch Hafis. Wenn alle diejenigen, welche sich der arabischen und verwandter Sprachen bedienen, schon als Poeten geboren und erzogen werden, so kann man sich denken, dass unter einer solchen Nation vorzügliche Geister ohne Zahl hervorgehen. Wenn nun aber ein solches Volk in fünfhundert Jahren nur sieben Dichtern den ersten Rang zugesteht, so müssen wir einen solchen Ausspruch zwar mit Ehrfurcht annehmen, allein es wird uns zugleich vergönnt sein nachzuforschen, worin ein solcher Vorzug eigentlich begründet sein könne.

Diese Aufgabe, insofern es möglich ist, zu lösen möchte wohl auch dem künftigen »Divan« vorbehalten sein. Denn, um nur von Hafis zu reden, wächst Bewunderung und Neigung gegen ihn, je mehr man ihn kennenlernt. Das glücklichste Naturell, große Bildung, freie Fazilität und die reine Überzeugung, dass man den Menschen nur alsdann behagt, wenn man ihnen vorsingt, was sie gern, leicht und bequem hören, wobei man ihnen denn auch etwas Schweres, Schwieriges, Unwillkommenes gelegentlich mit unterschieben darf. Wenn Kenner im nachstehenden Liede Hafisens Bild einigermaßen erblicken wollen, so würde den Westländer dieser Versuch ganz besonders erfreuen.

An Hafis

Was alle wollen, weißt du schon
Und hast es wohl verstanden:
Denn Sehnsucht hält, von Staub zu Thron,
Uns all in strengen Banden.

Es tut so weh, so wohl hernach,
Wer sträubte sich dagegen?
Und wenn den Hals der eine brach,
Der andre bleibt verwegen.

Verzeihe, Meister, wie du weißt,
Dass ich mich oft vermesse,
Wenn sie das Auge nach sich reißt,
Die wandelnde Zypresse.

Wie Wurzelfasern schleicht ihr Fuß
Und buhlet mit dem Boden;
Wie leicht Gewölk verschmilzt ihr Gruß,
Wie Ost-Gekos ihr Oden.

Das alles drängt uns ahndevoll,
Wo Lock an Locke kräuselt,
In brauner Fülle ringelnd schwoll,
Sodann im Winde säuselt.

Nun öffnet sich die Stirne klar,
Dein Herz damit zu glätten,
Vernimmst ein Lied so froh und wahr,
Den Geist darin zu betten.

Und wenn die Lippen sich dabei
Aufs Niedlichste bewegen,
Sie machen dich auf einmal frei,
In Fesseln dich zu legen.

Der Atem will nicht mehr zurück,
Die Seel zur Seele fliehend,
Gerüche winden sich durchs Glück,
Unsichtbar wolkig ziehend.

Doch wenn es allgewaltig brennt,
Dann greifst du nach der Schale:
Der Schenke läuft, der Schenke kömmt
Zum erst und zweiten Male.

Sein Auge blitzt, sein Herz erbebt,
Er hofft auf deine Lehren,
Dich, wenn der Wein den Geist erhebt,
Im höchsten Sinn zu hören.

Ihm öffnet sich der Welten Raum,
Im Innern Heil und Orden,
Es schwillt die Brust, es bräunt der Flaum,
Er ist ein Jüngling worden.

Und wenn dir kein Geheimnis blieb,
Was Herz und Welt enthalte,
Dem Denker winkst du treu und lieb,
Dass sich der Sinn entfalte.

Auch dass vom Throne Fürstenhort
Sich nicht für uns verliere,
Gibst du dem Schach ein gutes Wort
Und gibst es dem Wesire.

Das alles kennst und singst du heut
Und singst es morgen eben:
So trägt uns freundlich dein Geleit
Durchs raue, milde Leben.

Buch der Liebe würde sehr anschwellen, wenn sechs Liebespaare in ihren Freuden und Leiden entschiedener aufträten und noch andere neben ihnen aus der düsteren Vergangenheit mehr oder weniger klar hervorgingen. Wamik und Asra zum Beispiel, von denen sich außer den Namen keine weitere Nachricht findet, könnten folgendermaßen eingeführt werden:

Ja, Lieben ist ein groß Verdienst!
Wer findet schöneren Gewinst? –
Du wirst nicht mächtig, wirst nicht reich,
Jedoch den größten Helden gleich.
Man wird, so gut wie vom Propheten,
Von Wamik und von Asra reden. –
Nicht reden wird man, wird sie nennen:
Die Namen müssen alle kennen.
Was sie getan, was sie geübt,
Das weiß kein Mensch! Dass sie geliebt,
Das wissen wir. Genug gesagt,
Wenn man nach Wamik und Asra fragt.

Nicht weniger ist dieses Buch geeignet zu symbolischer Abschweifung, deren man sich in den Feldern des Orients kaum enthalten kann. Der geistreiche Mensch, nicht zufrieden mit dem, was man ihm darstellt, betrachtet alles, was sich den Sinnen darbietet, als eine Vermummung, wohinter ein höheres geistiges Leben sich schalkhaft-eigensinnig versteckt, um uns anzuziehen und in edlere Regionen aufzulocken. Verfährt hier der Dichter mit Bewusstsein und Maß, so kann man es gelten lassen, sich daran freuen und zu entschiedenerem Auffluge die Fittiche versuchen.

Buch der Betrachtungen erweitert sich jeden Tag demjenigen, der im Orient hauset; denn alles ist dort Betrachtung, die zwischen dem Sinnlichen und Übersinnlichen hin- und herwogt, ohne sich für eins oder das andere zu entscheiden. Dieses Nachdenken, wozu man aufgefordert wird, ist von ganz eigner Art; es widmet sich nicht allein der Klugheit, obgleich diese die stärksten Forderungen macht, sondern es wird zugleich auf jene Punkte geführt, wo die seltsamsten Probleme des Erdelebens strack und unerbittlich vor uns stehen und uns nötigen, dem Zufall, einer Vorsehung und ihren unerforschlichen Ratschlüssen die Knie zu beugen und unbedingte Ergebung als höchstes politisch-sittlich-religiöses Gesetz auszusprechen.

Buch des Unmuts. Wenn die übrigen Bücher anwachsen, so erlaubt man auch wohl diesem das gleiche Recht. Erst müssen sich anmutige, liebevolle, verständige Zutaten versammeln, eh die Ausbrüche des Unmuts erträglich sein können. Allgemein menschliches Wohlwollen, nachsichtiges, hilfreiches Gefühl verbindet den Himmel mit der Erde und bereitet ein den Menschen gegönntes Paradies. Dagegen ist der Unmut stets egoistisch; er besteht auf Forderungen, deren Gewährung ihm außen blieb; er ist anmaßlich, abstoßend und erfreut niemand, selbst diejenigen kaum, die von gleichem Gefühl ergriffen sind. Dessen ungeachtet aber kann der Mensch solche Explosionen nicht immer zurückhalten, ja er tut wohl, wenn er seinem Verdruss, besonders über verhinderte, gestörte Tätigkeit, auf diese Weise Luft zu machen trachtet. Schon jetzt hätte dies Buch viel stärker und reicher sein sollen; doch haben wir manches, um alle Missstimmung zu verhüten, beiseite gelegt. Wie wir denn hierbei bemerken, dass dergleichen Äußerungen, welche für den Augenblick bedenklich scheinen, in der Folge aber, als unverfänglich, mit Heiterkeit und Wohlwollen aufgenommen werden, unter der Rubrik *Paralipomena* künftigen Jahren aufgespart worden.

Dagegen ergreifen wir diese Gelegenheit, von der Anmaßung zu reden, und zwar vorerst, wie sie im Orient zur Erscheinung kommt. Der Herrscher selbst ist der erste Anmaßliche, der die Übrigen alle auszuschließen scheint. Ihm stehen alle zu Dienst, er ist Gebieter sein selbst, niemand gebietet ihm, und sein eigner Wille erschafft die übrige Welt, sodass er sich mit der Sonne, ja mit dem Weltall vergleichen kann. Auffallend ist es jedoch, dass er eben dadurch genötigt ist, sich einen Mitregenten zu erwählen, der ihm in diesem unbegrenzten Felde beistehe, ja ihn ganz eigentlich auf dem Weltenthron erhalte. Es ist der Dichter, der mit und neben ihm wirkt und ihn über alle Sterblichen erhöht. Sammeln sich nun an seinem Hof viele dergleichen Talente, so gibt er ihnen einen Dichterkönig und zeigt dadurch, dass er das höchste Talent für seinesgleichen anerkenne. Hierdurch wird der Dichter aber aufgefordert, ja verleitet, ebenso hoch von sich zu denken als von dem Fürsten und sich im Mitbesitz der größten Vorzüge und Glückseligkeiten zu fühlen. Hierin wird er bestärkt durch die grenzenlosen Geschenke, die er erhält, durch den Reichtum, den er sammelt, durch die Einwirkung, die er ausübt. Auch setzt er sich in dieser Denkart so fest, dass ihn irgendein Misslingen seiner Hoffnungen bis zum Wahnsinn treibt. Ferdusi erwartet für sein »Schah Nameh«, nach einer früheren Äußerung des Kaisers, sechzigtausend Goldstücke; da er aber dagegen nur sechzigtausend Silberstücke erhält, eben da er sich im Bade befindet, teilt er die Summe in drei Teile, schenkt einen dem Boten, einen dem Bademeister und den dritten dem Sorbetschenken und vernichtet sogleich mit wenigen ehrenrührigen Schmähzeilen alles Lob, was er seit so vielen Jahren dem Schah gespendet. Er entflieht, verbirgt sich, widerruft nicht, sondern trägt seinen Hass auf die Seinigen über, sodass seine Schwester ein ansehnliches Geschenk, vom begütigten Sultan abgesendet, aber leider erst nach des Bruders Tod ankommend, gleichfalls verschmäht und abweist.

Wollten wir nun das alles weiter entwickeln, so würden wir sagen, dass vom Thron durch alle Stufen hinab bis zum Derwisch an der Straßenecke alles voller Anmaßung zu finden sei, voll weltlichen und geistlichen Hochmuts, der auf die geringste Veranlassung sogleich gewaltsam hervorspringt.

Mit diesem sittlichen Gebrechen, wenn man's dafür halten will, sieht es im Westlande gar wunderlich aus. Bescheidenheit ist eigentlich eine gesellige Tugend, sie deutet auf große Ausbildung; sie ist eine Selbstverleugnung nach außen, welche, auf einem großen innern Werte ruhend, als die höchste Eigenschaft des Menschen angesehen wird. Und so hören wir, dass die Menge immer zuerst an den vorzüglichsten Menschen die Bescheidenheit preist, ohne sich auf ihre übrigen Qualitäten sonderlich einzulassen. Bescheidenheit aber ist immer mit Verstellung verknüpft und eine Art Schmeichelei, die um desto wirksamer ist, als sie ohne Zudringlichkeit dem andern wohltut, indem sie ihn in seinem behaglichen Selbstgefühl nicht irremacht. Alles aber, was man gute Gesellschaft nennt, besteht in einer immer wachsenden Verneinung sein selbst, so dass die Sozietät zuletzt ganz null wird; es müsste denn das Talent sich ausbilden, dass wir, indem wir unsere Eitelkeit befriedigen, der Eitelkeit des andern zu schmeicheln wissen.

Mit den Anmaßungen unseres westlichen Dichters aber möchten wir die Landsleute gern versöhnen. Eine gewisse Aufschneiderei durfte dem »Divan« nicht fehlen, wenn der orientalische Charakter einigermaßen ausgedrückt werden sollte.

In die unerfreuliche Anmaßung gegen die höheren Stände konnte der Dichter nicht verfallen. Seine glückliche Lage überhob ihn jedes Kampfes mit Despotismus. In das Lob, das er seinen fürstlichen Gebietern zollen könnte, stimmt ja die Welt mit ein. Die hohen Personen, mit denen er sonst in Verhältnis gestanden, pries und preist man noch immer. Ja man kann dem Dichter vorwerfen, dass der enkomiastische Teil seines »Divans« nicht reich genug sei.

Was aber das »Buch des Unmuts« betrifft, so möchte man wohl einiges daran zu tadeln finden. Jeder Unmutige drückt zu deutlich aus, dass seine persönliche Erwartung nicht erfüllt, sein Verdienst nicht anerkannt sei. So auch er! Von oben herein ist er nicht beengt, aber von unten und von der Seite leidet er. Eine zudringliche, oft platte, oft tückische Menge mit ihren Chorführern lähmt seine Tätigkeit; erst waffnet er sich mit Stolz und Verdruss, dann aber, zu scharf gereizt und gepresst, fühlt er Stärke genug, sich durch sie durchzuschlagen.

Sodann aber werden wir ihm zugestehen, dass er mancherlei Anmaßungen dadurch zu mildern weiß, dass er sie, gefühlvoll und kunstreich, zuletzt auf die Geliebte bezieht, sich vor ihr demütigt, ja vernichtet. Herz und Geist des Lesers wird ihm dieses zugute schreiben.

Buch der Sprüche sollte vor andern anschwellen; es ist mit den Büchern der Betrachtung und des Unmuts ganz nahe verwandt. Orientalische Sprüche jedoch behalten den eigentümlichen Charakter der ganzen Dichtkunst, dass sie sich sehr oft auf sinnliche, sichtbare Gegenstände beziehen; und es finden sich viele darunter, die man mit Recht lakonische Parabeln nennen könnte. Diese Art bleibt dem Westländer die schwerste, weil unsere Umgebung zu trocken, geregelt und prosaisch erscheint. Alte deutsche Sprichwörter jedoch, wo sich der Sinn zum Gleichnis umbildet, können hier gleichfalls unser Muster sein.

Buch des Timur. Sollte eigentlich erst gegründet werden, und vielleicht müssten ein paar Jahre hingehen, damit uns die allzu nah liegende Deutung ein erhöhtes Anschaun ungeheurer Weltereignisse nicht mehr verkümmerte. Erheitert könnte diese Tragödie werden, wenn man des fürchterlichen Weltverwüsters launigen Zug- und Zeltgefährten Nussreddin Chodscha von Zeit zu Zeit auftreten zu lassen sich entschlösse. Gute Stunden, freier Sinn werden hiezu die beste Fördernis verleihen. Ein Musterstück der Geschichtchen, die zu uns herübergekommen, fügen wir bei.

Timur war ein hässlicher Mann; er hatte ein blindes Auge und einen lahmen Fuß. Indem nun eines Tags Chodscha um ihn war, kratzte sich Timur den Kopf, denn die Zeit des Barbierens war gekommen, und befahl, der Barbier solle gerufen werden. Nachdem der Kopf geschoren war, gab der Barbier, wie gewöhnlich, Timur den Spiegel in die Hand. Timur sah sich im Spiegel und fand sein Ansehn gar zu hässlich. Darüber fing er an zu weinen, auch der Chodscha hub an zu weinen, und so weinten sie ein paar Stunden. Hierauf trösteten einige Gesellschafter den Timur und unterhielten ihn mit sonderbaren Erzählungen, um ihn alles vergessen zu machen. Timur hörte auf zu weinen, der Chodscha aber hörte nicht auf, sondern fing erst recht an, stärker zu weinen. Endlich sprach Timur zum Chodscha: »Höre! ich habe in den Spiegel geschaut und habe mich sehr hässlich gesehen; darüber betrübte ich mich, weil ich nicht allein Kaiser bin, sondern auch viel Vermögen und Sklavinnen habe, daneben aber so hässlich bin, darum habe ich geweint. Und warum weinst du noch ohne Aufhören?« Der Chodscha antwortete: »Wenn du nur einmal in den Spiegel gesehen und bei Beschauung deines Gesichts es gar nicht hast aushalten können, dich anzusehen, sondern darüber geweint hast, was sollen wir denn tun, die wir Nacht und Tag dein Gesicht anzusehen haben? Wenn wir nicht weinen, wer soll denn weinen! Deshalb habe ich geweint.« – Timur kam vor Lachen außer sich.

Buch Suleika. Dieses, ohnehin das stärkste der ganzen Sammlung, möchte wohl für abgeschlossen anzusehen sein. Der Hauch und Geist einer Leidenschaft, der durch das Ganze weht, kehrt nicht leicht wieder zurück, wenigstens ist dessen Rückkehr, wie die eines guten Weinjahres, in Hoffnung und Demut zu erwarten.

Über das Betragen des westlichen Dichters aber in diesem Buche dürfen wir einige Betrachtungen anstellen. Nach dem Beispiel mancher östlichen Vorgänger hält er sich entfernt vom Sultan. Als genügsamer Derwisch darf er sich sogar dem Fürsten vergleichen; denn der gründliche Bettler soll eine Art von König sein. Armut gibt Verwegenheit. Irdische Güter und ihren Wert nicht anzuerkennen, nichts oder wenig davon zu verlangen ist sein Entschluss, der das sorgloseste Behagen erzeugt. Statt einen angstvollen Besitz zu suchen, verschenkt er in Gedanken Länder und Schätze und spottet über den, der sie wirklich besaß und verlor. Eigentlich aber hat sich unser Dichter zu einer freiwilligen Armut bekannt, um desto stolzer aufzutreten, dass es ein Mädchen gebe, die ihm deswegen doch hold und gewärtig ist.

Aber noch eines größern Mangels rühmt er sich: ihm entwich die Jugend; sein Alter, seine grauen Haare schmückt er mit der Liebe Suleikas, nicht geckenhaft zudringlich, nein! ihrer Gegenliebe gewiss. Sie, die Geistreiche, weiß den Geist zu schätzen, der die Jugend früh zeitigt und das Alter verjüngt.

Das Schenkenbuch. Weder die unmäßige Neigung zu dem halbverbotenen Weine noch das Zartgefühl für die Schönheit eines heranwachsenden Knaben durfte im »Divan« vermisst werden; letzteres wollte jedoch unseren Sitten gemäß in aller Reinheit behandelt sein.

Die Wechselneigung des früheren und späteren Alters deutet eigentlich auf ein echt pädagogisches Verhältnis. Eine leidenschaftliche Neigung des Kindes zum Greise ist keineswegs eine seltene, aber selten benutzte Erscheinung. Hier gewahre man den Bezug des Enkels zum Großvater, des spätgebornen Erben zum überraschten, zärtlichen Vater. In diesem Verhältnis entwickelt sich eigentlich der Klugsinn der Kinder; sie sind aufmerksam auf Würde, Erfahrung, Gewalt des Älteren; rein geborne Seelen empfinden dabei das Bedürfnis einer ehrfurchtsvollen Neigung; das Alter wird hiervon ergriffen und festgehalten. Empfindet und benutzt die Jugend ihr Übergewicht, um kindliche Zwecke zu erreichen, kindische Bedürfnisse zu befriedigen, so versöhnt uns die Anmut mit frühzeitiger Schalkheit. Höchst rührend aber bleibt das heranstrebende Gefühl des Knaben, der, von dem hohen Geiste des Alters erregt, in sich selbst ein Staunen fühlt, das ihm weissagt, auch dergleichen könne sich in ihm entwickeln. Wir versuchten, so schöne Verhältnisse im Schenkenbuche anzudeuten und gegenwärtig weiter auszulegen. Saadi hat jedoch uns einige Beispiele erhalten, deren Zartheit, gewiss allgemein anerkannt, das vollkommenste Verständnis eröffnet.

Folgendes nämlich erzählt er in seinem »Rosengarten«: »Als Mahmud, der König zu Chuaresm, mit dem König von Chattaj Friede machte, bin ich zu Kaschker (einer Stadt der Usbeken oder Tartern) in die Kirche gekommen, woselbst, wie ihr wisst, auch Schule gehalten wird, und habe allda einen Knaben gesehen, wunderschön von Gestalt und Angesicht. Dieser hatte eine Grammatik in der Hand, um die Sprache rein und gründlich zu lernen; er las laut, und zwar ein Exempel von einer Regel: *Saraba Seidon Amran.* Seidon hat Amran geschlagen oder bekriegt. Amran ist der Akkusativus. (Diese beiden Namen stehen aber hier zu allgemeiner Andeutung von Gegnern, wie die Deutschen sagen: Hinz oder Kunz.) Als er nun diese Worte einige Mal wiederholt hatte, um sie dem Gedächtnis einzuprägen, sagte ich: ›Es haben ja Chuaresm und Chattaj endlich Friede gemacht, sollen denn Seidon und Amran stets Krieg gegeneinander führen?‹ Der Knabe lachte allerliebst und fragte, was ich für ein Landsmann sei. Und als ich antwortete: von Schiras, fragte er, ob ich nicht etwas von Saadis Schriften auswendig könnte, da ihm die persische Sprache sehr wohl gefalle.

Ich antwortete: ›Gleichwie dein Gemüt aus Liebe gegen die reine Sprache sich der Grammatik ergeben hat, also ist auch mein Herz der Liebe zu dir völlig ergeben, so dass deiner Natur Bildnis das Bildnis meines Verstandes entraubet.‹ Er betrachtete mich mit Aufmerksamkeit, als wollt er forschen, ob das, was ich sagte, Worte des Dichters oder meine eignen Gefühle seien; ich aber fuhr fort: ›Du hast das Herz eines Liebhabers in dein Netz gefangen wie Seidon. Wir gingen gerne mit dir um, aber du bist gegen uns, wie Seidon gegen Amran, abgeneigt und feindlich.‹ Er aber antwortete mir mit einiger bescheidenen Verlegenheit in Versen aus meinen eignen Gedichten, und ich hatte den Vorteil, ihm auf ebendie Weise das Allerschönste sagen zu können, und so lebten wir einige Tage in anmutigen Unterhaltungen. Als aber der Hof sich wieder zur Reise beschickt und wir willens waren, den Morgen früh aufzubrechen, sagte einer von unsern Gefährten zu ihm: ›Das ist Saadi selbst, nach dem du gefragt hast.‹

Der Knabe kam eilend gelaufen, stellte sich mit aller Ehrerbietung gar freundlich gegen mich an und wünschte, dass er mich doch eher gekannt hätte, und sprach: ›Warum hast du diese Tage her mir nicht offenbaren und sagen wollen: ich bin Saadi, damit ich dir gebührende Ehre nach meinem Vermögen antun und meine Dienste vor deinen Füßen demütigen können.‹ Aber ich antwortete: ›Indem ich dich ansah, konnte ich das Wort *ich bin's* nicht aus mir bringen, mein Herz brach auf gegen dich als eine Rose, die zu blühen beginnt.‹ Er sprach ferner, ob es denn nicht möglich wäre, dass ich noch etliche Tage daselbst verharrte, damit er etwas von mir in Kunst und Wissenschaft lernen könnte; aber ich antwortete: ›Es kann nicht sein; denn ich sehe hier vortreffliche Leute zwischen großen Bergen sitzen, mir aber gefällt, mich vergnügt, nur eine Höhle in der Welt zu haben und daselbst zu verweilen.‹ Und als er mir darauf etwas betrübt vorkam, sprach ich: warum er sich nicht in die Stadt begebe, woselbst er sein Herz vom Bande der Traurigkeit befreien und fröhlicher leben könnte. Er antwortete: ›Da sind zwar viel schöne und anmutige Bilder, es ist aber auch kotig und schlüpfrig in der Stadt, dass auch wohl Elefanten gleiten und fallen könnten; und so würd auch ich, bei Anschauung böser Exempel, nicht auf festem Fuße bleiben.‹ Als wir so gesprochen, küssten wir uns darauf Kopf und Angesicht und nahmen unsern Abschied. Da wurde denn wahr, was der Dichter sagt: Liebende sind im Scheiden dem schönen Apfel gleich; Wange, die sich an Wange drückt, wird vor Lust und Leben rot; die andere hingegen ist bleich wie Kummer und Krankheit.«

An einem andern Orte erzählt derselbige Dichter:

»In meinen jungen Jahren pflog ich mit einem Jüngling meinesgleichen aufrichtige, beständige Freundschaft. Sein Antlitz war meinen Augen die Himmelsregion, wohin wir uns im Beten als zu einem Magnet wenden. Seine Gesellschaft war von meines ganzen Lebens Wandel und Handel der beste Gewinn. Ich halte dafür, dass keiner unter den Menschen (unter den Engeln möchte es allenfalls sein) auf der Welt gewesen, der sich ihm hätte vergleichen können an Gestalt, Aufrichtigkeit und Ehre. Nachdem ich solcher Freundschaft genossen, hab ich es verredet, und es deucht mir unbillig zu sein, nach seinem Tode meine Liebe einem andern zuzuwenden. Ungefähr geriet sein Fuß in die Schlinge seines Verhängnisses, dass er schleunigst ins Grab musste. Ich habe eine gute Zeit auf seinem Grabe als ein Wächter gesessen und gelegen und gar viele Trauerlieder über seinen Tod und unser Scheiden ausgesprochen, welche mir und andern noch immer rührend bleiben.«

Buch der Parabeln. Obgleich die westlichen Nationen vom Reichtum des Orients sich vieles zugeeignet, so wird sich doch hier noch manches einzuernten finden, welches näher zu bezeichnen wir folgendes eröffnen.

Die Parabeln sowohl als andere Dichtarten des Orients, die sich auf Sittlichkeit beziehen, kann man in drei verschiedene Rubriken nicht ungeschickt einteilen: in ethische, moralische und asketische. Die ersten enthalten Ereignisse und Andeutungen, die sich auf den Menschen überhaupt und seine Zustände beziehen, ohne dass dabei ausgesprochen werde, was gut oder bös sei. Dieses aber wird durch die zweiten vorzüglich herausgesetzt und dem Hörer eine vernünftige Wahl vorbereitet. Die dritte hingegen fugt noch eine entschiedene Nötigung hinzu: die sittliche Anregung wird Gebot und Gesetz. Diesen lässt sich eine vierte anfügen: sie stellen die wunderbaren Führungen und Fügungen dar, die aus unerforschlichen, unbegreiflichen Ratschlüssen Gottes hervorgehen; lehren und bestätigen den eigentlichen Islam, die unbedingte Ergebung in den Willen Gottes, die Überzeugung, dass niemand seinem einmal bestimmten Lose ausweichen könne. Will man noch eine fünfte hinzutun, welche man die mystische nennen müsste: sie treibt den Menschen aus dem vorhergehenden Zustand, der noch immer ängstlich und drückend bleibt, zur Vereinigung mit Gott schon in diesem Leben und zur vorläufigen Entsagung derjenigen Güter, deren allenfallsiger Verlust uns schmerzen könnte. Sondert man die verschiedenen Zwecke bei allen bildlichen Darstellungen des Orients, so hat man schon viel gewonnen, indem man sich sonst in Vermischung derselben immer gehindert fühlt, bald eine Nutzanwendung sucht, wo keine ist, dann aber eine tiefer liegende Bedeutung übersieht. Auffallende Beispiele sämtlicher Arten zu geben müsste das »Buch der Parabeln« interessant und lehrreich machen. Wohin die von uns diesmal vorgetragenen zu ordnen sein möchten, wird dem einsichtigen Leser überlassen.

Buch des Parsen. Nur vielfache Ableitungen haben den Dichter verhindert, die so abstrakt scheinende und doch so praktisch eingreifende Sonn- und Feuerverehrung in ihrem ganzen Umfange dichterisch darzustellen, wozu der herrlichste Stoff sich anbietet. Möge ihm gegönnt sein, das Versäumte glücklich nachzuholen.

Buch des Paradieses. Auch diese Region des mahometanischen Glaubens hat noch viele wunderschöne Plätze, Paradiese im Paradiese, dass man sich daselbst gern ergehen, gern ansiedeln möchte. Scherz und Ernst verschlingen sich hier so lieblich ineinander, und ein verklärtes Alltägliche verleiht uns Flügel, zum Höheren und Höchsten zu gelangen. Und was sollte den Dichter hindern, Mahomets Wunderpferd zu besteigen und sich durch alle Himmel zu schwingen? Warum sollte er nicht ehrfurchtsvoll jene heilige Nacht feiern, wo der Koran vollständig dem Propheten von obenher gebracht ward? Hier ist noch gar manches zu gewinnen.

Alttestamentliches

Nachdem ich mir nun mit der süßen Hoffnung geschmeichelt, sowohl für den »Divan« als für die beigefügten Erklärungen in der Folge noch manches wirken zu können, durchlaufe ich die Vorarbeiten, die, ungenutzt und unausgeführt, in zahllosen Blättern vor mir liegen; und da find ich denn einen Aufsatz, vor fünfundzwanzig Jahren geschrieben, auf noch ältere Papiere und Studien sich beziehend.

Aus meinen biographischen Versuchen werden sich Freunde wohl erinnern, dass ich dem ersten Buch Mosis viel Zeit und Aufmerksamkeit gewidmet und manchen jugendlichen Tag entlang in den Paradiesen des Orients mich ergangen. Aber auch den folgenden historischen Schriften war Neigung und Fleiß zugewendet. Die vier letzten Bücher Mosis nötigten zu pünktlichen Bemühungen, und nachstehender Aufsatz enthält die wunderlichen Resultate derselben. Mag ihm nun an dieser Stelle ein Platz gegönnt sein. Denn wie alle unsere Wanderungen im Orient durch die heiligen Schriften veranlasst worden, so kehren wir immer zu denselben zurück, als den erquicklichsten, obgleich hie und da getrübten, in die Erde sich verbergenden, sodann aber rein und frisch wieder hervorspringenden Quellwassern.

Israel in der Wüste

»Da kam ein neuer König auf in Ägypten, der wusste nichts von Joseph.« Wie dem Herrscher so auch dem Volke war das Andenken seines Wohltäters verschwunden, den Israeliten selbst scheinen die Namen ihrer Urväter nur wie altherkömmliche Klänge von weitem zu tönen. Seit vierhundert Jahren hatte sich die kleine Familie unglaublich vermehrt. Das Versprechen, ihrem großen Ahnherren von Gott unter so vielen Unwahrscheinlichkeiten getan, ist erfüllt; allein was hilft es ihnen! Gerade diese große Zahl macht sie den Haupteinwohnern des Landes verdächtig. Man sucht sie zu quälen, zu ängstigen, zu belästigen, zu vertilgen, und sosehr sich auch ihre hartnäckige Natur dagegen wehrt, so sehen sie doch ihr gänzliches Verderben wohl voraus, als man sie, ein bisheriges freies Hirtenvolk, nötiget, in und an ihren Grenzen mit eignen Händen feste Städte zu bauen, welche offenbar zu Zwing- und Kerkerplätzen für sie bestimmt sind.

Hier fragen wir nun, ehe wir weitergehen und uns durch sonderbar, ja unglücklich redigierte Bücher mühsam durcharbeiten: was wird uns denn als Grund, als Urstoff von den vier letzten Büchern Mosis übrigbleiben, da wir manches dabei zu erinnern, manches daraus zu entfernen für nötig finden?

Das eigentliche, einzige und tiefste Thema der Welt- und Menschengeschichte, dem alle übrigen untergeordnet sind, bleibt der Konflikt des Unglaubens und Glaubens. Alle Epochen, in welchen der Glaube herrscht, unter welcher Gestalt er auch wolle, sind glänzend, herzerhebend und fruchtbar für Mitwelt und Nachwelt. Alle Epochen dagegen, in welchen der Unglaube, in welcher Form es sei, einen kümmerlichen Sieg behauptet, und wenn sie auch einen Augenblick mit einem Scheinglanze prahlen sollten, verschwinden vor der Nachwelt, weil sich niemand gern mit Erkenntnis des Unfruchtbaren abquälen mag.

Die vier letzten Bücher Mosis haben, wenn uns das erste den Triumph des Glaubens darstellte, den Unglauben zum Thema, der auf die kleinlichste Weise den Glauben, der sich aber freilich auch nicht in seiner ganzen Fülle zeigt, zwar nicht bestritten und bekämpft, jedoch sich ihm von Schritt zu Schritt in den Weg schiebt und oft durch Wohltaten, öfter aber noch durch gräuliche Strafen nicht geheilt, nicht ausgerottet, sondern nur augenblicklich beschwichtigt wird und deshalb seinen schleichenden Gang dergestalt immer fortsetzt, dass ein großes, edles, auf die herrlichsten Verheißungen eines zuverlässigen Nationalgottes unternommenes Geschäft gleich in seinem Anfange zu scheitern droht und auch niemals in seiner ganzen Fülle vollendet werden kann.

Wenn uns das Ungemütliche dieses Inhalts, der, wenigstens für den ersten Anblick, verworrene, durch das Ganze laufende Grundfaden unlustig und verdrießlich macht, so werden diese Bücher durch eine höchst traurige, unbegreifliche Redaktion ganz ungenießbar. Den Gang der Geschichte sehen wir überall gehemmt durch eingeschaltete zahllose Gesetze, von deren größtem Teil man die eigentliche Ursache und Absicht nicht einsehen kann, wenigstens nicht, warum sie in dem Augenblick gegeben worden, oder, wenn sie spätern Ursprungs sind, warum sie hier angeführt und eingeschaltet werden. Man sieht nicht ein, warum bei einem so ungeheuern Feldzuge, dem ohnehin so viel im Wege stand, man sich recht absichtlich und kleinlich bemüht, das religiöse Zeremoniengepäck zu vervielfältigen, wodurch jedes Vorwärtskommen unendlich erschwert werden muss. Man begreift nicht, warum Gesetze für die Zukunft, die noch völlig im Ungewissen schwebt, zu einer Zeit ausgesprochen werden, wo es jeden Tag, jede Stunde an Rat und Tat gebricht und der Heerführer, der auf seinen Füßen stehen sollte, sich wiederholt aufs Angesicht wirft, um Gnaden und Strafen von oben zu erflehen, die beide nur verzettelt gereicht werden, sodass man mit dem verirrten Volke den Hauptzweck völlig aus den Augen verliert.

Um mich nun in diesem Labyrinth zu finden, gab ich mir die Mühe, sorgfältig zu sondern, was eigentliche Erzählung ist, es mochte nun für Historie, für Fabel oder für beides zusammen, für Poesie, gelten. Ich sonderte dieses von dem, was gelehrt und geboten wird. Unter dem ersten verstehe ich das, was allen Ländern, allen sittlichen Menschen gemäß sein würde, und unter dem zweiten, was das Volk Israels besonders angeht und verbindet. Inwiefern mir das gelungen, wage ich selbst kaum zu beurteilen, indem ich gegenwärtig nicht in der Lage bin, jene Studien nochmals vorzunehmen, sondern was ich hieraus aufzustellen gedenke, aus früheren und späteren

Papieren, wie es der Augenblick erlaubt, zusammentrage. Zwei Dinge sind es daher, auf die ich die Aufmerksamkeit meiner Leser zu richten wünschte. Erstlich auf die Entwicklung der ganzen Begebenheit dieses wunderlichen Zugs aus dem Charakter des Feldherrn, der anfangs nicht in dem günstigsten Licht erscheint, und zweitens auf die Vermutung, dass der Zug keine vierzig, sondern kaum zwei Jahre gedauert; wodurch denn eben der Feldherr, dessen Betragen wir zuerst tadeln mussten, wieder gerechtfertigt und zu Ehren gebracht, zugleich aber auch die Ehre des Nationalgottes gegen den Unglimpf einer Härte, die noch unerfreulicher ist als die Halsstarrigkeit eines Volks, gerettet und beinah in seiner früheren Reinheit wiederhergestellt wird.

Erinnern wir uns nun zuerst des israelitischen Volkes in Ägypten, an dessen bedrängter Lage die späteste Nachwelt aufgerufen ist teilzunehmen. Unter diesem Geschlecht, aus dem gewaltsamen Stamme Levi, tritt ein gewaltsamer Mann hervor; lebhaftes Gefühl von Recht und Unrecht bezeichnen denselben. Würdig seiner grimmigen Ahnherren erscheint er, von denen der Stammvater ausruft: »Die Brüder Simeon und Levi! ihre Schwerter sind mörderische Waffen, meine Seele komme nicht in ihren Rat, und meine Ehre sei nicht in ihrer Versammlung! denn in ihrem Zorn haben sie den Mann erwürgt; und in ihrem Mutwillen haben sie den Ochsen verderbt! Verflucht sei ihr Zorn, dass er so heftig ist, und ihr Grimm, dass er so störrig ist! Ich will sie zerstreuen in Jakob und zerstreuen in Israel.«

Völlig nun in solchem Sinne kündigt sich Moses an. Den Ägypter, der einen Israeliten misshandelt, erschlägt er heimlich. Sein patriotischer Meuchelmord wird entdeckt, und er muss entfliehen. Wer, eine solche Handlung begehend, sich als bloßen Naturmenschen darstellt, nach dessen Erziehung hat man nicht Ursache zu fragen. Er sei von einer Fürstin als Knabe begünstigt, er sei am Hof erzogen worden; nichts hat auf ihn gewirkt; er ist ein trefflicher, starker Mann geworden, aber unter allen Verhältnissen roh geblieben. Und als einen solchen kräftigen, kurz gebundenen, verschlossenen, der Mitteilung unfähigen finden wir ihn auch in der Verbannung wieder. Seine kühne Faust erwirbt ihm die Neigung eines midianitischen Fürstenpriesters, der ihn sogleich mit seiner Familie verbindet. Nun lernt er die Wüste kennen, wo er künftig in dem beschwerlichen Amt eines Heerführers auftreten soll.

Und nun lasset uns vor allen Dingen einen Blick auf die Midianiten werfen, unter welchen sich Moses gegenwärtig befindet. Wir haben sie als ein großes Volk anzuerkennen, das, wie alle nomadischen und handelnden Völker, durch mannigfaltige Beschäftigung seiner Stämme, durch eine bewegliche Ausbreitung noch größer erscheint, als es ist. Wir finden die Midianiten am Berge Horeb, an der westlichen Seite des kleinen Meerbusens und sodann bis gegen Moab und den Arnon. Schon zeitig fanden wir sie als Handelsleute, die selbst durch Kanaan karawanenweis nach Ägypten ziehn.

Unter einem solchen gebildeten Volke lebt nunmehr Moses, aber auch als ein abgesonderter, verschlossener Hirte. In dem traurigsten Zustande, in welchem ein trefflicher Mann sich nur befinden mag, der, nicht zum Denken und Überlegen geboren, bloß nach Tat strebt, sehen wir ihn einsam in der Wüste, stets im Geiste beschäftigt mit den Schicksalen seines Volks, immer zu dem Gott seiner Ahnherren gewendet, ängstlich die Verbannung fühlend, aus einem Lande, das, ohne der Väter Land zu sein, doch gegenwärtig das Vaterland seines Volks ist; zu schwach, durch seine Faust in diesem großen Anliegen zu wirken, unfähig, einen Plan zu entwerfen, und, wenn er ihn entwürfe, ungeschickt zu jeder Unterhandlung, zu einem die Persönlichkeit begünstigenden, zusammenhangenden mündlichen Vortrag. Kein Wunder wär es, wenn in solchem Zustand eine so starke Natur sich selbst verzehrte.

Einigen Trost kann ihm in dieser Lage die Verbindung geben, die ihm durch hin und wider ziehende Karawanen mit den Seinigen erhalten wird. Nach manchem Zweifel und Zögern entschließt er sich, zurückzukehren und des Volkes Retter zu werden. Aaron, sein Bruder, kommt ihm entgegen, und nun erfährt er, dass die Gärung im Volke aufs Höchste gestiegen sei. Jetzt dürfen es beide Brüder wagen, sich als Repräsentanten vor den König zu stellen. Allein dieser zeigt sich nichts weniger als geneigt, eine große Anzahl Menschen, die sich seit Jahrhunderten in seinem Land aus einem Hirtenvolk zum Ackerbau, zu Handwerken und Künsten gebildet, sich mit seinen Untertanen vermischt haben und deren ungeschlachte Masse wenigstens bei Errichtung ungeheurer Monumente, bei Erbauung neuer Städte und Festen fronweis wohl zu gebrauchen ist, nunmehr so leicht wieder von sich und in ihre alte Selbständigkeit zurückzulassen.

Das Gesuch wird also abgewiesen und, bei einbrechenden Landplagen immer dringender wiederholt, immer hartnäckiger versagt. Aber das aufgeregte hebräische Volk, in Aussicht auf ein Erbland, das ihm eine uralte Überlieferung verhieß, in Hoffnung der Unabhängigkeit und Selbstbeherrschung, erkennt keine weiteren Pflichten. Unter dem Schein eines allgemeinen Festes lockt man Gold- und Silbergeschirre den Nachbarn ab, und in dem Augenblick, da der Ägypter den Israeliten mit harmlosen Gastmahlen beschäftigt glaubt, wird eine umgekehrte Sizilianische Vesper unternommen; der Fremde ermordet den Einheimischen, der Gast den Wirt, und, geleitet durch eine grausame Politik, erschlägt man nur den Erstgebornen, um in einem Lande, wo die Erstgeburt so viele Rechte genießt, den Eigennutz der Nachgebornen zu beschäftigen und der augenblicklichen Rache durch eine eilige Flucht entgehen zu können. Der Kunstgriff gelingt, man stößt die Mörder aus, anstatt sie zu bestrafen. Nur spät versammelt der König sein Heer, aber die den Fußvölkern sonst so fürchterlichen Reiter und Sichelwagen streiten auf einem sumpfigen Boden einen ungleichen Kampf mit dem leichten und leichtbewaffneten Nachtrab; wahrscheinlich mit demselben entschlossenen, kühnen Haufen, der sich bei dem Wagestück des allgemeinen Mordes schon vorgeübt und den wir in der Folge an seinen grausamen Taten wiederzuerkennen und zu bezeichnen nicht verfehlen dürfen.

Ein so zu Angriff und Verteidigung wohlgerüsteter Heeres- und Volkszug konnte mehr als einen Weg in das Land der Verheißung wählen; der erste am Meere her, über Gaza, war kein Karawanenweg und mochte, wegen der wohlgerüsteten kriegerischen Einwohner, gefährlich werden; der zweite, obgleich weiter, schien mehr Sicherheit und mehr Vorteile anzubieten. Er ging an dem Roten Meere hin bis zum

Sinai, von hier an konnte man wieder zweierlei Richtung nehmen. Die erste, die zunächst zum Ziel führte, zog sich am kleinen Meerbusen hin durch das Land der Midianiter und der Moabiter zum Jordan; die zweite, quer durch die Wüste, wies auf Kades; in jenem Falle blieb das Land Edom links, hier rechts. Jenen ersten Weg hatte sich Moses wahrscheinlich vorgenommen, den zweiten hingegen einzulenken, scheint er durch die klugen Midianiter verleitet zu sein, wie wir zunächst wahrscheinlich zu machen gedenken, wenn wir vorher von der düsteren Stimmung gesprochen haben, in die uns die Darstellung der diesen Zug begleitenden äußeren Umstände versetzt.

Der heitere Nachthimmel, von unendlichen Sternen glühend, auf welchen Abraham von seinem Gott hingewiesen worden, breitet nicht mehr sein goldenes Gezelt über uns aus; anstatt jenen heiteren Himmelslichtern zu gleichen, bewegt sich ein unzählbares Volk missmutig in einer traurigen Wüste. Alle fröhlichen Phänomene sind verschwunden, nur Feuerflammen erscheinen an allen Ecken und Enden. Der Herr, der aus einem brennenden Busche Mosen berufen hatte, zieht nun vor der Masse her in einem trüben Glutqualm, den man tags für eine Wolkensäule, nachts als ein Feuermeteor ansprechen kann. Aus dem umwölkten Gipfel Sinais schrecken Blitz und Donner, und bei gering scheinenden Vergehen brechen Flammen aus dem Boden und verzehren die Enden des Lagers. Speise und Trank ermangeln immer aufs Neue, und der unmutige Volkswunsch nach Rückkehr wird nur bänglicher, je weniger ihr Führer sich gründlich zu helfen weiß.

Schon zeitig, ehe noch der Heereszug an den Sinai gelangt, kommt Jethro seinem Schwiegersohn entgegen, bringt ihm Tochter und Enkel, die zur Zeit der Not im Vaterzelte verwahrt gewesen, und beweist sich als einen klugen Mann. Ein Volk wie die Midianiter, das frei seiner Bestimmung nachgeht und seine Kräfte in Übung zu setzen Gelegenheit findet, muss gebildeter sein als ein solches, das unter fremdem Joch in ewigem Widerstreit mit sich selbst und den Umständen lebt; und wie viel höherer Ansichten musste ein Führer jenes Volkes fähig sein als ein trübsinniger, in sich selbst verschlossener, rechtschaffener Mann, der sich zwar zum Tun und Herrschen geboren fühlt, dem aber die Natur zu solchem gefährlichen Handwerk die Werkzeuge versagt hat.

Moses konnte sich zu dem Begriff nicht erheben, dass ein Herrscher nicht überall gegenwärtig sein, nicht alles selbst tun müsse; im Gegenteil machte er sich durch persönliches Wirken seine Amtsführung höchst sauer und beschwerlich. Jethro gibt ihm erst darüber Licht und hilft ihm das Volk organisieren und Unter-Obrigkeiten bestellen; worauf er freilich selbst hätte verfallen sollen.

Allein nicht bloß das Beste seines Schwähers und der Israeliten mag Jethro bedacht, sondern auch sein eigenes und der Midianiten Wohl erwogen haben. Ihm kommt Moses, den er ehemals als Flüchtling aufgenommen, den er unter seine Diener, unter seine Knechte noch vor kurzem gezählt, nun entgegen an der Spitze einer großen Volksmasse, die, ihren alten Sitz verlassend, neuen Boden aufsucht und überall, wo sie sich hinlenkt, Furcht und Schrecken verbreitet.

Nun konnte dem einsichtigen Manne nicht verborgen bleiben, dass der nächste Weg der Kinder Israel durch die Besitzungen der Midianiter gehe, dass dieser Zug überall den Herden seines Volkes begegnen, dessen Ansiedelungen berühren, ja auf dessen schon wohleingerichteten Städte treffen würde. Die Grundsätze eines dergestalt auswandernden Volks sind kein Geheimnis, sie ruhen auf dem Eroberungsrecht. Es zieht nicht ohne Widerstand, und in jedem Widerstand sieht es Unrecht; wer das Seinige verteidigt, ist ein Feind, den man ohne Schonung vertilgen kann.

Es brauchte keinen außerordentlichen Blick, um das Schicksal zu übersehen, dem die Völker ausgesetzt sein würden, über die sich eine solche Heuschreckenwolke herabwälzte. Hieraus geht nun die Vermutung zunächst hervor, dass Jethro seinem Schwiegersohn den geraden und besten Weg verleidet und ihn dagegen zu dem Wege quer durch die Wüste beredet; welche Ansicht dadurch mehr bestärkt wird, dass Hobab nicht von der Seite seines Schwagers weicht, bis er ihn den angeratenen Weg einschlagen sieht, ja ihn sogar noch weiter begleitet, um den ganzen Zug von den Wohnorten der Midianiter desto sicherer abzulenken.

Vom Ausgang aus Ägypten an gerechnet erst im vierzehnten Monat geschah der Aufbruch, von dem wir sprechen. Das Volk bezeichnete unterwegs einen Ort, wo es wegen Lüsternheit große Plage erlitten, durch den Namen *Gelüstgräber,* dann zogen sie gen *Hazeroth* und lagerten sich ferner in der Wüste *Paran.* Dieser zurückgelegte Weg bleibt unbezweifelt. Sie waren nun schon nah am Ziel ihrer Reise, nur stand ihnen das Gebirg entgegen, wodurch das Land Kanaan von der Wüste getrennt wird. Man beschloss, Kundschafter auszuschicken, und rückte indessen weiter vor bis *Kades.* Hierhin kehrten die Botschafter zurück, brachten Nachrichten von der Vortrefflichkeit des Landes, aber leider auch von der Furchtbarkeit der Einwohner. Hier entstand nun abermals ein trauriger Zwiespalt, und der Wettstreit von Glauben und Unglauben begann aufs Neue.

Unglücklicherweise hatte Moses noch weniger Feldherren als Regententalente. Schon während des Streites gegen die Amalekiter begab er sich auf den Berg, um zu beten, mittlerweile Josua an der Spitze des Heers den lange hin und wider schwankenden Sieg endlich dem Feinde abgewann. Nun zu Kades befand man sich wieder in einer zweideutigen Lage. Josua und Kaleb, die beherztesten unter den zwölf Abgesandten, raten zum Angriff, rufen auf, getrauen sich, das Land zu gewinnen. Indessen wird durch übertriebene Beschreibung von bewaffneten Riesengeschlechtern allenthalben Furcht und Schrecken erregt; das verschüchterte Heer weigert sich hinaufzurücken. Moses weiß sich wieder nicht zu helfen, erst fordert er sie auf, dann scheint auch ihm ein Angriff von dieser Seite gefährlich. Er schlägt vor, nach Osten zu ziehen. Hier mochte nun einem biedern Teil des Heeres gar zu unwürdig scheinen, solch einen ernstlichen, mühsam verfolgten Plan auf diesem ersehnten Punkt aufzugeben. Sie rotten sich zusammen und ziehen wirklich das Gebirg hinauf. Moses aber bleibt zurück, das Heiligtum setzt sich nicht in Bewegung; daher ziemt es weder Josua noch Kaleb, sich an die Spitze der Kühneren zu stellen. Genug! der nicht unterstützte, eigenmächtige Vortrab wird geschlagen, Ungeduld vermehrt sich. Der so oft schon ausgebrochene Unmut des Volkes, die mehreren Meutereien, an denen sogar Aaron und Miriam teilgenommen, brechen aufs Neue desto lebhafter aus und geben abermals ein Zeugnis, wie wenig Moses seinem gro-ßen Berufe gewachsen war. Es ist schon an sich keine Frage, wird aber durch das Zeugnis Kalebs unwiderruflich bestätigt, dass an dieser Stelle möglich, ja unerläss-lich gewesen, ins Land Kanaan einzudringen, Hebron, den Hain Mamre in Besitz zu nehmen, das heilige Grab Abrahams zu erobern und sich dadurch einen Ziel-, Stütz- und Mittelpunkt für das ganze Unternehmen zu verschaffen. Welcher Nachteil musste dagegen dem unglücklichen Volk entspringen, wenn man den bisher befolg-ten, von Jethro zwar nicht ganz uneigennützig, aber doch nicht ganz verräterisch vorgeschlagenen Plan auf einmal so freventlich aufzugeben beschloss!

Das zweite Jahr, von dem Auszug aus Ägypten an gerechnet, war noch nicht vor-über, und man hätte sich vor Ende desselben, obgleich noch immer spät genug, im Besitz des schönsten Teils des erwünschten Landes gesehen; allein die Bewohner, aufmerksam, hatten den Riegel vorgeschoben, und wohin nun sich wenden? Man war nordwärts weit genug vorgerückt, und nun sollte man wieder ostwärts ziehen, um jenen Weg endlich einzuschlagen, den man gleich anfangs hätte nehmen sollen. Allein gerade hier in Osten lag das von Gebirgen umgebene Land *Edom* vor; man wollte sich einen Durchzug erbitten, die klügeren Edomiter schlugen ihn rund ab. Sich durchzufechten war nicht rätlich, man musste sich also zu einem Umweg, bei dem man die edomitischen Gebirge links ließ, bequemen, und hier ging die Reise im Ganzen ohne Schwierigkeit vonstatten, denn es bedurfte nur wenige Stationen, Oboth, Jiim, um an den Bach *Sared,* den ersten, der seine Wasser ins Tote Meer gießt, und ferner an den *Arnon* zu gelangen. Indessen war Miriam verschieden, Aa-ron verschwunden, kurz nachdem sie sich gegen Mosen aufgelehnt hatten.

Vom Bache Arnon an ging alles noch glücklicher wie bisher. Das Volk sah sich zum zweiten Male nah am Ziel seiner Wünsche in einer Gegend, die wenig Hinder-nisse entgegensetzte; hier konnte man in Masse vordringen und die Völker, welche den Durchzug verweigerten, überwinden, verderben und vertreiben. Man schritt weiter vor, und so wurden Midianiter, Moabiter, Amoriter in ihren schönsten Besit-zungen angegriffen, ja die ersten sogar, was Jethro vorsichtig abzuwenden gedach-te, vertilgt, das linke Ufer des Jordans wurde genommen und einigen ungeduldigen Stämmen Ansiedelung erlaubt, unterdessen man abermals auf hergebrachte Weise Gesetze gab, Anordnungen machte und den Jordan zu überschreiten zögerte. Unter diesen Verhandlungen verschwand Moses selbst, wie Aaron verschwunden war, und wir müssten uns sehr irren, wenn nicht Josua und Kaleb die seit einigen Jahren ertragene Regentschaft eines beschränkten Mannes zu endigen und ihn so vielen Unglücklichen, die er vorausgeschickt, nachzusenden für gut gefunden hätten, um der Sache ein Ende zu machen und mit Ernst sich in den Besitz des ganzen rechten Jordanufers und des darin gelegenen Landes zu setzen.

Man wird der Darstellung, wie sie hier gegeben ist, wohl gerne zugestehen, dass sie uns den Fortschritt eines wichtigen Unternehmens so rasch als konsequent vor die Seele bringt; aber man wird ihr nicht sogleich Zutrauen und Beifall schenken, weil sie jenen Heereszug, den der ausdrückliche Buchstabe der Heiligen Schrift auf sehr viele Jahre hinausdehnt, in kurzer Zeit vollbringen lässt. Wir müssen daher unsere

Gründe angeben, wodurch wir uns zu einer so großen Abweichung berechtigt glauben, und dies kann nicht besser geschehen, als wenn wir über die Erdfläche, welche jene Volksmasse zu durchziehen hatte, und über die Zeit, welche jede Karawane zu einem solchen Zuge bedürfen würde, unsere Betrachtungen anstellen und zugleich, was uns in diesem besonderen Falle überliefert ist, gegeneinanderhalten und erwägen. – Wir übergehen den Zug vom Roten Meer bis an den Sinai, wir lassen ferner alles, was in der Gegend des Berges vorgegangen, auf sich beruhen und bemerken nur, dass die große Volksmasse am zwanzigsten Tag des zweiten Monats im zweiten Jahr der Auswanderung aus Ägypten vom Fuße des Sinai aufgebrochen. Von da bis zur Wüste Paran hatten sie keine vierzig Meilen, die eine beladene Karawane in fünf Tagen bequem zurücklegt. Man gebe der ganzen Kolonne Zeit, um jedes Mal heranzukommen, genugsame Rasttage, man setze anderen Aufenthalt, genug, sie konnten auf alle Fälle in der Gegend ihrer Bestimmung in zwölf Tagen ankommen, welches denn auch mit der Bibel und der gewöhnlichen Meinung übereintrifft. Hier werden die Botschafter ausgeschickt, die ganze Volksmasse rückt nur um weniges weiter vor bis Kades, wohin die Abgesendeten nach vierzig Tagen zurückkehren, worauf denn sogleich, nach schlecht ausgefallenem Kriegsversuch, die Unterhandlung mit den Edomitern unternommen wird. Man gebe dieser Negotiation so viel Zeit, als man will, so wird man sie nicht wohl über dreißig Tage ausdehnen dürfen. Die Edomiter schlagen den Durchzug rein ab, und für Israel war es keineswegs rätlich, in einer so gefährlichen Lage lange zu verweilen: denn wenn die Kananiter mit den Edomitern einverstanden, jene von Norden, diese von Osten aus ihren Gebirgen hervorgebrochen wären, so hätte Israel einen schlimmen Stand gehabt.

Auch macht hier die Geschichtserzählung keine Pause, sondern der Entschluss wird gleich gefasst, um das Gebirge Edom herumzuziehen. Nun beträgt der Zug um das Gebirge Edom, erst nach Süden, dann nach Norden gerichtet, bis an den Fluss Arnon abermals keine vierzig Meilen, welche also in fünf Tagen zurückzulegen gewesen wären. Summiert man nun auch jene vierzig Tage, in welchen sie den Tod Aarons betrauert, hinzu, so behalten wir immer noch sechs Monate des zweiten Jahrs für jede Art von Retardation und Zaudern und zu den Zügen übrig, welche die Kinder Israel glücklich bis an den Jordan bringen sollen. Wo kommen aber denn die übrigen achtunddreißig Jahre hin?

Diese haben den Auslegern viel Mühe gemacht, so wie die einundvierzig Stationen, unter denen fünfzehn sind, von welchen die Geschichtserzählung nichts meldet, die aber, in dem Verzeichnis eingeschaltet, den Geographen viel Pein verursacht haben. Nun stehen die eingeschobenen Stationen mit den überschüssigen Jahren in glücklich fabelhaftem Verhältnis; denn sechzehn Orte, von denen man nichts weiß, und achtunddreißig Jahre, von denen man nichts erfährt, geben die beste Gelegenheit, sich mit den Kindern Israel in der Wüste zu verirren.

Wir setzen die Stationen der Geschichtserzählung, welche durch Begebenheiten merkwürdig geworden, den Stationen des Verzeichnisses entgegen, wo man dann die leeren Ortsnamen sehr wohl von denen unterscheiden wird, welchen ein historischer Gehalt inwohnt.

Geschichtserzählung nach dem II., III., IV., V. Buch Mose	Stationenverzeichnis nach dem IV. Buch Mose c. Kapitel
	Raemses.
	Suchoth.
	Etham.
Hahiroth.	{Hahiroth.
	{Migdol.
	Durchs Meer.
Marah, Wüste Sur.	Marah, Wüste Etham.
Elim.	Elim, 12 Brunnen.
	Am Meer.
Wüste Sin.	Wüste Sin.
	Daphka.
	Alus.
Raphidim.	Raphidim.
Wüste Sinai.	Wüste Sinai.
Lustgräber.	Lustgräber.
Hazeroth.	Hazeroth.
	Rithma.
Kades in Paran.	Rimmon Parez.
	Libna.
	Rissa.
	Kehelata.
	Gebirg Sapher.
	Harada.
	Makeheloth.
	Thahath.
	Tharah.
	Mithka.
	Hasmona.
	Moseroth.
	Bnejaakan.
	Horgidgad.
	Jothbatha.
	Abrona.
	Ezeon-Gaber.
Kades, Wüste Zin.	Kades, Wüste Zin.
Berg Hor, Grenze Edom.	Berg Hor, Grenze Edom.
	Zalmona.
	Phunon.
Oboth.	Oboth.
	Ijim.
	Dibon Gad.
	Almon Diblathaim.
Gebirg Abarim.	Gebirg Abarim, Nebo.
Bach Sared.	
Arnon diesseits.	
Mathana.	
Nahaliel.	
Bamoth.	
Berg Pisga.	
Jahzah.	
Hesbon.	
Sihon.	
Basan.	
Gefild der Moabiter am Jordan.	Gefild der Moabiter am Jordan.

Worauf wir nun aber vor allen Dingen merken müssen, ist, dass uns die Geschichte gleich von Hazeroth nach Kades führt, das Verzeichnis aber hinter Hazeroth das Kades auslässt und es erst nach der eingeschobenen Namenreihe hinter Ezeon-Gaber aufführt und dadurch die Wüste Zin mit dem kleinen Arm des Arabischen Meerbusens in Berührung bringt. Hieran sind die Ausleger höchst irre geworden, indem einige zwei Kades, andere hingegen, und zwar die meisten, nur eines annehmen, welche letztere Meinung wohl keinen Zweifel zulässt. – Die Geschichtserzählung, wie wir sie sorgfältig von allen Einschiebseln getrennt haben, spricht von einem Kades in der Wüste Paran und gleich darauf von einem Kades in der Wüste Zin; von dem ersten werden die Botschafter weggeschickt, und von dem zweiten zieht die ganze Masse weg, nachdem die Edomiter den Durchzug durch ihr Land verweigern. Hieraus geht von selbst hervor, dass es ein und ebenderselbe Ort ist; denn der vorgehabte Zug durch Edom war eine Folge des fehlgeschlagenen Versuchs, von dieser Seite in das Land Kanaan einzudringen, und soviel ist noch aus anderen Stellen deutlich, dass die beiden öfters genannten Wüsten aneinanderstoßen, Zin nördlicher, Paran südlicher lag, und Kades in einer Oase als Rastplatz zwischen beiden Wüsten gelegen war.

Niemals wäre man auch auf den Gedanken gekommen, sich zwei Kades einzubilden, wenn man nicht in der Verlegenheit gewesen wäre, die Kinder Israel lange genug in der Wüste herumzuführen. Diejenigen jedoch, welche nur *ein* Kades annehmen und dabei von dem vierzigjährigen Zug und den eingeschalteten Stationen Rechenschaft geben wollen, sind noch übler dran, besonders wissen sie, wenn sie den Zug auf der Karte darstellen wollen, sich nicht wunderlich genug zu gebärden, um das Unmögliche anschaulich zu machen. Denn freilich ist das Auge ein besserer Richter des Unschicklichen als der innere Sinn. *Sanson* schiebt die vierzehn unechten Stationen zwischen den Sinai und Kades. Hier kann er nicht genug Zickzacks auf seine Karte zeichnen, und doch beträgt jede Station nur zwei Meilen, eine Strecke, die nicht einmal hinreicht, dass sich ein solcher ungeheurer Heerwurm in Bewegung setzen könnte.

Wie bevölkert und bebaut muss nicht diese Wüste sein, wo man alle zwei Meilen, wo nicht Städte und Ortschaften, doch mit Namen bezeichnete Ruheplätze findet! Welcher Vorteil für den Heerführer und sein Volk! Dieser Reichtum der inneren Wüste aber wird dem Geographen bald verderblich. Er findet von Kades nur fünf Stationen bis Ezeon-Gaber und auf dem Rückweg nach Kades, wohin er sie doch bringen muss, unglücklicherweise gar keine; er legt daher einige seltsame und selbst in jener Liste nicht genannte Städte dem reisenden Volk in den Weg, so wie man ehemals die geographische Leerheit mit Elefanten zudeckte. *Calmet* sucht sich aus der Not durch wunderliche Kreuz- und Querzüge zu helfen, setzt einen Teil der überflüssigen Orte gegen das Mittelländische Meer zu, macht Hazeroth und Moseroth zu *einem* Ort und bringt, durch die seltsamsten Irrsprünge, seine Leute endlich an den Arnon. *Well,* der zwei Kades annimmt, verzerrt die Lage des Landes über die Maßen. Bei *Nolin* tanzt die Karawane eine Polonaise, wodurch sie wieder ans Rote Meer gelangt und den Sinai nordwärts im Rücken hat. Es ist nicht möglich, weniger Einbildungskraft, Anschauen, Genauigkeit und Urteil zu zeigen als diese frommen, wohldenkenden Männer.

Die Sache aber aufs Genaueste betrachtet, wird es höchst wahrscheinlich, dass das überflüssige Stationenverzeichnis zu Rettung der problematischen vierzig Jahre eingeschoben worden. Denn in dem Text, welchem wir bei unserer Erzählung genau folgen, steht: dass das Volk, da es von den Kananitern geschlagen und ihm der Durchzug durchs Land Edom versagt worden, auf dem Weg zum Schilfmeer, gegen Ezeon-Gaber, der Edomiter Land umzogen. Daraus ist der Irrtum entstanden, dass sie wirklich ans Schilfmeer nach Ezeon-Gaber, das wahrscheinlich damals noch nicht existierte, gekommen, obgleich der Text von dem Umziehen des Gebirges Seir auf genannter Straße spricht, so wie man sagt: der Fuhrmann fährt die Leipziger Straße, ohne dass er deshalb notwendig nach Leipzig fahren müsse. Haben wir nun die überflüssigen Stationen beiseite gebracht, so möchte es uns ja wohl auch mit den überflüssigen Jahren gelingen. Wir wissen, dass die alttestamentliche Chronologie künstlich ist, dass sich die ganze Zeitrechnung in bestimmte Kreise von neunundvierzig Jahren auflösen lässt und dass also, diese mystischen Epochen herauszubringen, manche historische Zahlen müssen verändert worden sein. Und wo ließen sich sechs- bis achtunddreißig Jahre, die etwa in einem Zyklus fehlten, bequemer einschieben als in jene Epoche, die so sehr im Dunkeln lag und die auf einem wüsten, unbekannten Flecke sollte zugebracht worden sein.

Ohne daher an die Chronologie, das schwierigste aller Studien, nur irgend zu rühren, wollen wir den poetischen Teil derselben hier zugunsten unserer Hypothese kürzlich in Betracht ziehen.

Mehrere runde, heilig, symbolisch, poetisch zu nennende Zahlen kommen in der Bibel so wie in anderen altertümlichen Schriften vor. Die Zahl Sieben scheint dem Schaffen, Wirken und Tun, die Zahl Vierzig hingegen dem Beschauen, Erwarten, vorzüglich aber der Absonderung gewidmet zu sein. Die Sündflut, welche Noah und die Seinen von aller übrigen Welt abtrennen sollte, nimmt vierzig Tage zu; nachdem die Gewässer genugsam gestanden, verlaufen sie während vierzig Tagen, und so lange noch hält Noah den Schalter der Arche verschlossen. Gleiche Zeit verweilt Moses zweimal auf Sinai, abgesondert von dem Volke; die Kundschafter bleiben ebenso lange in Kanaan, und so soll denn auch das ganze Volk, durch so viel mühselige Jahre abgesondert von allen Völkern, gleichen Zeitraum bestätigt und geheiligt haben. Ja ins Neue Testament geht die Bedeutung dieser Zahl in ihrem vollen Wert hinüber: Christus bleibt vierzig Tage in der Wüste, um den Versucher abzuwarten.

Wäre uns nun gelungen, die Wanderung der Kinder Israel vom Sinai bis an den Jordan in einer kürzeren Zeit zu vollbringen, ob wir gleich hierbei schon viel zu viel auf ein schwankendes, unwahrscheinliches Retardieren Rücksicht genommen, hätten wir uns so vieler fruchtloser Jahre, so vieler unfruchtbarer Stationen entledigt, so würde sogleich der große Heerführer gegen das, was wir an ihm zu erinnern gehabt, in seinem ganzen Werte wieder hergestellt. Auch würde die Art, wie in diesen Büchern Gott erscheint, uns nicht mehr so drückend sein als bisher, wo er sich durchaus grauenvoll und schrecklich erzeigt, da schon im Buch Josua und der Richter, sogar auch weiterhin, ein reineres patriarchalisches Wesen wieder hervortritt und der Gott Abrahams nach wie vor den Seinen freundlich erscheint, wenn uns der Gott Mosis eine Zeitlang mit Grauen und Abscheu erfüllt hat. Uns hierüber aufzuklären, sprechen wir aus: wie der Mann, so auch sein Gott. Daher also von dem Charakter Mosis noch einige Schlussworte!

Ihr habt, könnte man uns zurufen, in dem Vorhergehenden mit allzu großer Verwegenheit einem außerordentlichen Mann diejenigen Eigenschaften abgesprochen, die bisher höchlich an ihm bewundert wurden, die Eigenschaften des Regenten und Heerführers. Was aber zeichnet ihn denn aus? Wodurch legitimiert er sich zu einem so wichtigen Beruf? Was gibt ihm die Kühnheit, sich trotz innerer und äußerer Ungunst zu einem solchen Geschäfte hinzudrängen, wenn ihm jene Haupterfordernisse, jene unerlässlichen Talente fehlen, die ihr ihm mit unerhörter Frechheit absprecht? Hierauf lasse man uns antworten: Nicht die Talente, nicht das Geschick zu diesem oder jenem machen eigentlich den *Mann der Tat,* die Persönlichkeit ist's, von der in solchen Fällen alles abhängt. Der Charakter ruht auf der Persönlichkeit, nicht auf den Talenten. Talente können sich zum Charakter gesellen, er gesellt sich nicht zu ihnen: denn ihm ist alles entbehrlich außer er selbst. Und so gestehen wir gern, dass uns die Persönlichkeit Mosis von dem ersten Meuchelmord an durch alle Grausamkeiten durch bis zum Verschwinden ein höchst bedeutendes und würdiges Bild gibt von einem Manne, der durch seine Natur zum Größten getrieben ist. Aber freilich wird ein solches Bild ganz entstellt, wenn wir einen kräftigen, kurz gebundenen, raschen Tatmann vierzig Jahre ohne Sinn und Not mit einer ungeheueren Volksmasse auf einem so kleinen Raum im Angesicht seines großen Zieles herumtaumeln sehen. Bloß durch die Verkürzung des Wegs und der Zeit, die er darauf zugebracht, haben wir alles Böse, was wir von ihm zu sagen gewagt, wieder ausgeglichen und ihn an seine rechte Stelle gehoben.

Und so bleibt uns nichts mehr übrig, als dasjenige zu wiederholen, womit wir unsere Betrachtungen begonnen haben. Kein Schade geschieht den heiligen Schriften, so wenig als jeder anderen Überlieferung, wenn wir sie mit kritischem Sinn behandeln, wenn wir aufdecken, worin sie sich widerspricht und wie oft das Ursprüngliche, Bessere durch nachherige Zusätze, Einschaltungen und Akkommodationen verdeckt, ja entstellt worden. Der innerliche, eigentliche Ur- und Grundwert geht nur desto lebhafter und reiner hervor, und dieser ist es auch, nach welchem jedermann, bewusst oder bewusstlos, hinblickt, hingreift, sich daran erbaut und alles Übrige wo nicht wegwirft, doch fallen oder auf sich beruhen lässt.

Summarische Wiederholung
Zweites Jahr des Zugs

Verweilt am Sinai	Monat 1	Tage	20
Reise bis Kades	„ —	„	5
Rasttage	„ —	„	5
Aufenthalt wegen Mirjams Krankheit	„ —	„	7
Außenbleiben der Kundschafter	„ —	„	40
Unterhandlung mit den Edomitern	„ —	„	30
Reise an den Arnon	„ —	„	5
Rasttage	„ —	„	5
Trauer um Aaron	„ —	„	40
	Monat 1	Tage	157

Zusammen also sechs Monate. Woraus deutlich erhellt, dass der Zug, man rechne auf Zaudern und Stockungen, Widerstand, soviel man will, vor Ende des zweiten Jahres gar wohl an den Jordan gelangen konnte.

Nähere Hilfsmittel

Wenn uns die heiligen Schriften uranfängliche Zustände und die allmähliche Entwicklung einer bedeutenden Nation vergegenwärtigen, Männer aber wie *Michaelis, Eichhorn, Paulus, Heeren* noch mehr Natur und Unmittelbarkeit in jenen Überlieferungen aufweisen, als wir selbst hätten entdecken können, so ziehen wir, was die neuere und neuste Zeit angeht, die größten Vorteile aus Reisebeschreibungen und andern dergleichen Dokumenten, die uns mehrere nach Osten vordringende Westländer nicht ohne Mühseligkeit, Genuss und Gefahr nach Hause gebracht und zu herrlicher Belehrung mitgeteilt haben. Hiervon berühren wir nur einige Männer, durch deren Augen wir jene weit entfernten, höchst fremdartigen Gegenstände zu betrachten seit vielen Jahren beschäftigt gewesen.

Wallfahrten und Kreuzzüge

Deren zahllose Beschreibungen belehren zwar auch in ihrer Art, doch verwirren sie über den eigentlichsten Zustand des Orients mehr unsere Einbildungskraft, als dass sie ihr zur Hilfe kämen. Die Einseitigkeit der christlich-feindlichen Ansicht beschränkt uns durch ihre Beschränkung, die sich in der neuern Zeit nur einigermaßen erweitert, als wir nunmehr jene Kriegsereignisse durch orientalische Schriftsteller nach und nach kennenlernen. Indessen bleiben wir allen aufgeregten Wall- und Kreuzfahrern zu Dank verpflichtet, da wir ihrem religiösen Enthusiasmus, ihrem kräftigen, unermüdlichen Widerstreit gegen östliches Zudringen doch eigentlich Beschützung und Erhaltung der gebildeten europäischen Zustände schuldig geworden.

Marco Polo

Dieser vorzügliche Mann steht allerdings obenan. Seine Reise fällt in die zweite Hälfte des dreizehnten Jahrhunderts; er gelangt bis in den fernsten Osten, führt uns in die fremdartigsten Verhältnisse, worüber wir, da sie beinahe fabelhaft aussehen, in Verwunderung, in Erstaunen geraten. Gelangen wir aber auch nicht sogleich über das Einzelne zur Deutlichkeit, so ist doch der gedrängte Vortrag dieses weitausgreifenden Wanderers höchst geschickt, das Gefühl des Unendlichen, Ungeheueren in uns aufzuregen. Wir befinden uns an dem Hof des Kublai Khan, der als Nachfolger von Dschingis grenzenlose Landstrecken beherrschte. Denn was soll man von einem Reiche und dessen Ausdehnung halten, wo es unter anderem heißt: »Persien ist eine große Provinz, die aus neun Königreichen besteht«; und nach einem solchen Maßstab wird alles Übrige gemessen. So die Residenz, im Norden von China, unübersehbar; das Schloss des Khans, eine Stadt in der Stadt; daselbst aufgehäufte Schätze und Waffen; Beamte, Soldaten und Hofleute unzählbar; zu wiederholten

Festmahlen jeder mit seiner Gattin berufen. Ebenso ein Landaufenthalt. Einrichtung zu allem Vergnügen, besonders ein Heer von Jägern und eine Jagdlust in der größten Ausbreitung. Gezähmte Leoparden, abgerichtete Falken, die tätigsten Gehilfen der Jagenden, zahllose Beute gehäuft. Dabei das ganze Jahr Geschenke ausgespendet und empfangen. Gold und Silber; Juwelen, Perlen, alle Arten von Kostbarkeiten im Besitz des Fürsten und seiner Begünstigten; indessen sich die übrigen Millionen von Untertanen wechselseitig mit einer Scheinmünze abzufinden haben.

Begeben wir uns aus der Hauptstadt auf die Reise, so wissen wir vor lauter Vorstädten nicht, wo die Stadt aufhört. Wir finden sofort Wohnung an Wohnungen, Dorf an Dörfern und den herrlichen Fluss hinab eine Reihe von Lustorten. Alles nach Tagereisen gerechnet und nicht wenigen.

Nun zieht, vom Kaiser beauftragt, der Reisende nach andern Gegenden; er führt uns durch unübersehbare Wüsten, dann zu herdenreichen Gauen, Bergreihen hinan, zu Menschen von wunderbaren Gestalten und Sitten und lässt uns zuletzt über Eis und Schnee nach der ewigen Nacht des Poles hinschauen. Dann auf einmal trägt er uns wie auf einem Zaubermantel über die Halbinsel Indiens hinab. Wir sehen Ceylon unter uns liegen, Madagaskar, Java; unser Blick irrt auf wunderlich benamste Inseln, und doch lässt er uns überall von Menschengestalten und Sitten, von Landschaft, Bäumen, Pflanzen und Tieren so manche Besonderheit erkennen, die für die Wahrheit seiner Anschauung bürgt, wenngleich vieles märchenhaft erscheinen möchte. Nur der wohlunterrichtete Geograph könnte dies alles ordnen und bewähren. Wir mussten uns mit dem allgemeinen Eindruck begnügen; denn unsern ersten Studien kamen keine Noten und Bemerkungen zu Hilfe.

Johannes von Montevilla

Dessen Reise beginnt im Jahre 1320, und ist uns die Beschreibung derselben als Volksbuch, aber leider sehr ungestaltet, zugekommen. Man gesteht dem Verfasser zu, dass er große Reisen gemacht, vieles gesehen und gut gesehen, auch richtig beschrieben. Nun beliebt es ihm aber, nicht nur mit fremdem Kalbe zu pflügen, sondern auch alte und neue Fabeln einzuschalten, wodurch denn das Wahre selbst seine Glaubwürdigkeit verliert. Aus der lateinischen Ursprache erst ins Niederdeutsche, sodann ins Oberdeutsche gebracht, erleidet das Büchlein neue Verfälschung der Namen. Auch der Übersetzer erlaubt sich, auszulassen und einzuschalten, wie unser *Görres* in seiner verdienstlichen Schrift über die deutschen Volksbücher anzeigt, auf welche Weise Genuss und Nutzen an diesem bedeutenden Werke verkümmert worden.

Pietro della Valle

Aus einem uralten römischen Geschlecht, das seinen Stammbaum bis auf die edlen Familien der Republik zurückführen durfte, ward *Pietro della Valle* geboren im Jahre 1586, zu einer Zeit, da die sämtlichen Reiche Europens sich einer hohen geistigen Bildung erfreuten. In Italien lebte Tasso noch, obgleich in traurigem

Zustande; doch wirkten seine Gedichte auf alle vorzüglichen Geister. Die Verskunst hatte sich so weit verbreitet, dass schon Improvisatoren hervortraten und kein junger Mann von freiern Gesinnungen des Talents entbehren durfte, sich reimweis auszudrücken. Sprachstudium, Grammatik, Red- und Stilkunst wurden gründlich behandelt, und so wuchs in allen diesen Vorzügen unser Jüngling sorgfältig gebildet heran.

Waffenübungen zu Fuß und zu Ross, die edle Fecht- und Reitkunst dienten ihm zu täglicher Entwicklung körperlicher Kräfte und der damit innig verbundenen Charakterstärke. Das wüste Treiben früherer Kreuzzüge hatte sich nun zur Kriegskunst und zu ritterlichem Wesen herangebildet, auch die Galanterie in sich aufgenommen. Wir sehen den Jüngling, wie er mehreren Schönen, besonders in Gedichten, den Hof macht, zuletzt aber höchst unglücklich wird, als ihn die eine, die er sich anzueignen, mit der er sich ernstlich zu verbinden gedenkt, hintansetzt und einem Unwürdigen sich hingibt. Sein Schmerz ist grenzenlos, und um sich Luft zu machen, beschließt er, im Pilgerkleid nach dem Heiligen Lande zu wallen.

Im Jahre 1614 gelangt er nach Konstantinopel, wo sein adeliges, einnehmendes Wesen die beste Aufnahme gewinnt. Nach Art seiner früheren Studien wirft er sich gleich auf die orientalischen Sprachen, verschafft sich zuerst eine Übersicht der türkischen Literatur, Landesart und Sitten und begibt sich sodann, nicht ohne Bedauern seiner neu erworbenen Freunde, nach Ägypten. Seinen dortigen Aufenthalt nutzt er ebenfalls, um die altertümliche Welt und ihre Spuren in der neueren auf das Ernstlichste zu suchen und zu verfolgen; von Kairo zieht er auf den Berg Sinai, das Grab der heiligen Katharina zu verehren, und kehrt, wie von einer Lustreise, zur Hauptstadt Ägyptens zurück; gelangt, von da zum zweiten Male abreisend, in sechzehn Tagen nach Jerusalem, wodurch das wahre Maß der Entfernung beider Städte sich unserer Einbildungskraft aufdrängt. Dort, das heilige Grab verehrend, erbittet er sich vom Erlöser, wie früher schon von der heiligen Katharina, Befreiung von seiner Leidenschaft; und wie Schuppen fällt es ihm von den Augen, dass er ein Tor gewesen, die bisher Angebetete für die Einzige zu halten, die eine solche Huldigung verdiene; seine Abneigung gegen das übrige weibliche Geschlecht ist verschwunden, er sieht sich nach einer Gemahlin um und schreibt seinen Freunden, zu denen er bald zurückzukehren hofft, ihm eine würdige auszusuchen.

Nachdem er nun alle heiligen Orte betreten und bebetet, wozu ihm die Empfehlung seiner Freunde von Konstantinopel, am meisten aber ein ihm zur Begleitung mitgegebener Capighi die besten Dienste tun, reist er mit dem vollständigsten Begriff dieser Zustände weiter, erreicht Damaskus, sodann Aleppo, woselbst er sich in syrische Kleidung hüllt und seinen Bart wachsen lässt. Hier nun begegnet ihm ein bedeutendes, schicksalbestimmendes Abenteuer. Ein Reisender gesellt sich zu ihm, der von der Schönheit und Liebenswürdigkeit einer jungen georgischen Christin, die sich mit den Ihrigen zu Bagdad aufhält, nicht genug zu erzählen weiß, und Valle verliebt sich, nach echt orientalischer Weise, in ein Wortbild, dem er begierig entgegenreist. Ihre Gegenwart vermehrt Neigung und Verlangen, er weiß die Mutter zu gewinnen, der Vater wird beredet, doch geben beide seiner ungestümen Leidenschaft nur ungern nach; ihre geliebte, anmutige Tochter von sich zu lassen scheint ein allzu großes Opfer. Endlich wird sie seine Gattin, und er gewinnt dadurch für Leben und Reise den größten Schatz. Denn ob er gleich mit adeligem Wissen und Kenntnis mancher Art ausgestattet die Wallfahrt angetreten und in Beobachtung dessen, was sich unmittelbar auf den Menschen bezieht, so aufmerksam als glücklich und im Betragen gegen jedermann in allen Fällen musterhaft gewesen, so fehlt es ihm doch an Kenntnis der Natur, deren Wissenschaft sich damals nur noch in dem engen Kreise ernster und bedächtiger Forscher bewegte. Daher kann er die Aufträge seiner Freunde, die von Pflanzen und Hölzern, von Gewürzen und Arzneien Nachricht verlangen, nur unvollkommen befriedigen; die schöne Maani aber, als ein liebenswürdiger Hausarzt, weiß von Wurzeln, Kräutern und Blumen, wie sie wachsen, von Harzen, Balsamen, Ölen, Samen und Hölzern, wie sie der Handel bringt, genugsam Rechenschaft zu geben und ihres Gatten Beobachtung der Landesart gemäß zu bereichern.

Wichtiger aber ist diese Verbindung für Lebens- und Reisetätigkeit. Maani, zwar vollkommen weiblich, zeigt sich von resolutem, allen Ereignissen gewachsenem Charakter; sie fürchtet keine Gefahr, ja sucht sie eher auf und beträgt sich überall edel und ruhig; sie besteigt auf Mannesweise das Pferd, weiß es zu bezähmen und anzutreiben, und so bleibt sie eine muntere, aufregende Gefährtin. Ebenso wichtig ist es, dass sie unterwegs mit den sämtlichen Frauen in Berührung kommt und ihr Gatte daher von den Männern gut aufgenommen, bewirtet und unterhalten wird, indem sie sich auf Frauenweise mit den Gattinnen zu betun und zu beschäftigen weiß.

Nun genießt aber erst das junge Paar eines bei den bisherigen Wanderungen im türkischen Reiche unbekannten Glücks. Sie betreten Persien im dreißigsten Jahre der Regierung Abbas' des Zweiten, der sich, wie Peter und Friedrich, den Namen des Großen verdiente. Nach einer gefahrvollen, bänglichen Jugend wird er sogleich beim Antritt seiner Regierung aufs Deutlichste gewahr, wie er, um sein Reich zu beschützen, die Grenzen erweitern müsse und was für Mittel es gebe, auch innerliche Herrschaft zu sichern; zugleich geht Sinnen und Trachten dahin, das entvölkerte Reich durch Fremdlinge wiederherzustellen und den Verkehr der Seinigen durch öffentliche Wege- und Gastanstalten zu beleben und zu erleichtern. Die größten Einkünfte und Begünstigungen verwendet er zu grenzenlosen Bauten. Ispahan [Isfahan], zur Hauptstadt gewürdigt, mit Palästen und Gärten, Karawansereien und Häusern für königliche Gäste übersät; eine Vorstadt für die Armenier erbaut, die sich dankbar zu beweisen ununterbrochen Gelegenheit finden, indem sie, für eigene und für königliche Rechnung handelnd, Profit und Tribut dem Fürsten zu gleicher Zeit abzutragen klug genug sind. Eine Vorstadt für Georgier, eine andere für Nachfahren der Feueranbeter erweitern abermals die Stadt, die zuletzt so grenzenlos als einer unserer neuen Reichsmittelpunkte sich erstreckt. Römisch-katholische Geistliche, besonders Karmeliten, sind wohl aufgenommen und beschützt; weniger die griechische Religion, die, unter dem Schutz der Türken stehend, dem allgemeinen Feinde Europens und Asiens anzugehören scheint.

Über ein Jahr hatte sich della Valle in Ispahan aufgehalten und seine Zeit ununterbrochen tätig benutzt, um von allen Zuständen und Verhältnissen genau Nachricht einzuziehen. Wie lebendig sind daher seine Darstellungen! wie genau seine Nachrichten! Endlich, nachdem er alles ausgekostet, fehlt ihm noch der Gipfel des ganzen Zustandes, die persönliche Bekanntschaft des von ihm so hoch bewunderten Kaisers, der Begriff, wie es bei Hof, im Gefecht, bei der Armee zugehe.

In dem Lande Mazenderan, der südlichen Küste des Kaspischen Meers, in einer freilich sumpfigen, ungesunden Gegend, legte sich der tätige, unruhige Fürst abermals eine große Stadt an, Ferhabad benannt, und bevölkerte sie mit beorderten Bürgern; sogleich in der Nähe erbaut er sich manchen Bergsitz auf den Höhen des amphitheatralischen Kessels, nicht allzu weit von seinen Gegnern, den Russen und Türken, in einer durch Bergrücken geschützten Lage. Dort residiert er gewöhnlich, und della Valle sucht ihn auf. Mit Maani kommt er an, wird wohl empfangen, nach einem orientalisch klugen, vorsichtigen Zaudern dem Könige vorgestellt, gewinnt dessen Gunst und wird zur Tafel und Trinkgelagen zugelassen, wo er vorzüglich von europäischer Verfassung, Sitte, Religion dem schon wohlunterrichteten, wissensbegierigen Fürsten Rechenschaft zu geben hat.

Im Orient überhaupt, besonders aber in Persien, findet sich eine gewisse Naivität und Unschuld des Betragens durch alle Stände bis zur Nähe des Throns. Zwar zeigt sich auf der obern Stufe eine entschiedene Förmlichkeit, bei Audienzen, Tafeln und sonst; bald aber entsteht in des Kaisers Umgebung eine Art von Karnevalsfreiheit, die sich höchst scherzhaft ausnimmt. Erlustigt sich der Kaiser in Gärten und Kiosken, so darf niemand in Stiefeln auf die Teppiche treten, worauf der Hof sich befindet. Ein tartarischer Fürst kömmt an, man zieht ihm den Stiefel aus; aber er, nicht geübt, auf *einem* Beine zu stehen, fängt an zu wanken; der Kaiser selbst tritt nun hinzu und hält ihn, bis die Operation vorüber ist. Gegen Abend steht der Kaiser in einem Hofzirkel, in welchem goldene, weingefüllte Schalen herumkreisen; mehrere von mäßigem Gewicht, einige aber durch einen verstärkten Boden so schwer, dass der ununterrichtete Gast den Wein verschüttet, wo nicht gar den Becher zu höchster Belustigung des Herrn und der Eingeweihten fallen lässt. Und so trinkt man im Kreise herum, bis einer, unfähig, länger sich auf den Füßen zu halten, weggeführt wird oder zur rechten Zeit hinwegschleicht. Beim Abschied wird dem Kaiser keine Ehrerbietung erzeigt, einer verliert sich nach dem andern, bis zuletzt der Herrscher allein bleibt, einer melancholischen Musik noch eine Zeitlang zuhört und sich endlich auch zur Ruhe begibt. Noch seltsamere Geschichten werden aus dem Harem erzählt, wo die Frauen ihren Beherrscher kitzeln, sich mit ihm balgen, ihn auf den Teppich zu bringen suchen, wobei er sich unter großem Gelächter nur mit Schimpfreden zu helfen und zu rächen sucht.

Indem wir nun dergleichen lustige Dinge von den innern Unterhaltungen des kaiserlichen Harems vernehmen, so dürfen wir nicht denken, dass der Fürst und sein Staatsdivan müßig oder nachlässig geblieben. Nicht der tätig-unruhige Geist Abbas' des Großen allein war es, der ihn antrieb, eine zweite Hauptstadt am Kaspischen Meer zu erbauen; Ferhabad lag zwar höchst günstig zu Jagd- und Hoflust, aber auch, von einer Bergkette geschützt, nahe genug an der Grenze, dass der Kaiser jede Bewegung der Russen und Türken, seiner Erbfeinde, zeitig vernehmen und Gegenanstalten treffen konnte. Von den Russen war gegenwärtig nichts zu fürchten, das innere Reich, durch Usurpatoren und Trugfürsten zerrüttet, genügte sich selbst nicht; die Türken hingegen hatte der Kaiser schon vor zwölf Jahren in der glücklichsten Feldschlacht dergestalt überwunden, dass er in der Folge von dorther nichts mehr zu befahren hatte, vielmehr noch große Landstrecken ihnen abgewann. Eigentlicher Friede jedoch konnte zwischen solchen Nachbarn sich nimmer befestigen, einzelne Neckereien, öffentliche Demonstrationen weckten beide Parteien zu fortwährender Aufmerksamkeit.

Gegenwärtig aber sieht sich Abbas zu ernsteren Kriegesrüstungen genötigt. Völlig im urältesten Stil ruft er sein ganzes Heeresvolk in die Flächen von Aderbijan zusammen, es drängt sich in allen seinen Abteilungen, zu Ross und Fuß, mit den mannigfaltigsten Waffen herbei; zugleich ein unendlicher Tross. Denn jeder nimmt wie bei einer Auswanderung Weiber, Kinder und Gepäck mit. Auch della Valle führt seine schöne Maani und ihre Frauen zu Pferd und Sänfte dem Heer und Hofe nach, weshalb ihn der Kaiser lobt, weil er sich hierdurch als einen angesehenen Mann beweist.

Einer solchen ganzen Nation, die sich massenhaft in Bewegung setzt, darf es nun auch an gar nichts fehlen, was sie zu Hause allenfalls bedürfen könnte; weshalb denn Kauf- und Handelsleute aller Art mitziehen, überall einen flüchtigen Basar aufschlagen, eines guten Absatzes gewärtig. Man vergleicht daher das Lager des Kaisers jederzeit einer Stadt, worin denn auch so gute Polizei und Ordnung gehandhabt wird, dass niemand bei grausamer Strafe weder furagieren noch requirieren, viel weniger aber plündern darf, sondern von Großen und Kleinen alles bar bezahlt werden muss; weshalb denn nicht allein alle auf dem Wege liegenden Städte sich mit Vorräten reichlich versehen, sondern auch aus benachbarten und entfernteren Provinzen Lebensmittel und Bedürfnisse unversiegbar zufließen.

Was aber lassen sich für strategische, was für taktische Operationen von einer solchen organisierten Unordnung erwarten? besonders wenn man erfährt, dass alle Volks-, Stammes- und Waffenabteilungen sich im Gefecht vermischen und ohne bestimmten Vorder-, Neben- und Hintermann, wie es der Zufall gibt, durcheinander kämpfen; daher denn ein glücklich errungener Sieg so leicht umschlagen und eine einzige verlorne Schlacht auf viele Jahre hinaus das Schicksal eines Reiches bestimmen kann.

Diesmal aber kommt es zu keinem solchen furchtbaren Faust- und Waffengemenge. Zwar dringt man mit undenkbarer Beschwernis durchs Gebirge; aber man zaudert, weicht zurück, macht sogar Anstalten, die eigenen Städte zu zerstören, damit der Feind in verwüsteten Landstrecken umkomme. Panischer Alarm, leere Siegesbotschaften schwanken durcheinander; freventlich abgelehnte, stolz verweigerte Friedensbedingungen, verstellte Kampflust, hinterlistiges Zögern verspäten erst und begünstigen zuletzt den Frieden. Da zieht nun ein jeder, auf des Kaisers Befehl und Strafgebot, ohne weitere Not und Gefahr, als was er von Weg und Gedränge gelitten, ungesäumt wieder nach Hause.

Auch della Valle finden wir zu Kasbin in der Nähe des Hofes wieder, unzufrieden, dass der Feldzug gegen die Türken ein so baldiges Ende genommen. Denn wir haben ihn nicht bloß als einen neugierigen Reisenden, als einen vom Zufall hin und wider getriebenen Abenteurer zu betrachten; er hegt vielmehr seine Zwecke, die er unausgesetzt verfolgt. Persien war damals eigentlich ein Land für Fremde; Abbas' vieljährige Liberalität zog manchen muntern Geist herbei; noch war es nicht die Zeit förmlicher Gesandtschaften; kühne, gewandte Reisende machen sich geltend. Schon hatte Sherley, ein Engländer, früher sich selbst beauftragt und spielte den Vermittler zwischen Osten und Westen; so auch della Valle, unabhängig, wohlhabend, vornehm, gebildet, empfohlen, findet Eingang bei Hofe und sucht gegen die Türken zu reizen. Ihn treibt ebendasselbe christliche Mitgefühl, das die ersten Kreuzfahrer aufregte; er hatte die Misshandlungen frommer Pilger am heiligen Grabe gesehen, zum Teil mit erduldet, und allen westlichen Nationen war daran gelegen, dass Konstantinopel von Osten her beunruhigt werde: aber Abbas vertraut nicht den Christen, die, auf eigenen Vorteil bedacht, ihm zur rechten Zeit niemals von ihrer Seite beigestanden. Nun hat er sich mit den Türken verglichen; della Valle lässt aber nicht nach und sucht eine Verbindung Persiens mit den Kosaken am Schwarzen Meer anzuknüpfen. Nun kehrt er nach Ispahan zurück, mit Absicht, sich anzusiedeln und die römisch-katholische Religion zu fördern. Erst die Verwandten seiner Frau, dann noch mehr Christen aus Georgien zieht er an sich, eine georgianische Waise nimmt er an Kindes Statt an, hält sich mit den Karmeliten und führt nichts weniger im Sinn, als vom Kaiser eine Landstrecke zu Gründung eines neuen Roms zu erhalten.

Nun erscheint der Kaiser selbst wieder in Ispahan, Gesandte von allen Weltgegenden strömen herbei. Der Herrscher zu Pferd, auf dem größten Platze, in Gegenwart seiner Soldaten, der angesehnsten Dienerschaft, bedeutender Fremden, deren vornehmste auch alle zu Pferd mit Gefolge sich einfinden, erteilt er launige Audienzen; Geschenke werden gebracht, großer Prunk damit getrieben, und doch werden sie bald hochfahrend verschmäht, bald darum jüdisch gemarktet, und so schwankt die Majestät immer zwischen dem Höchsten und Tiefsten. Sodann, bald geheimnisvoll verschlossen im Harem, bald vor aller Augen handelnd, sich in alles Öffentliche einmischend, zeigt sich der Kaiser in unermüdlicher, eigenwilliger Tätigkeit.

Durchaus auch bemerkt man einen besondern Freisinn in Religionssachen. Nur keinen Mahometaner darf man zum Christentum bekehren; an Bekehrungen zum Islam, die er früher begünstigt, hat er selbst keine Freude mehr. Übrigens mag man glauben und vornehmen, was man will. So feiern zum Beispiel die Armenier gerade das Fest der Kreuzestaufe, die sie in ihrer prächtigen Vorstadt, durch welche der Fluss Senderud läuft, feierlichst begehen. Dieser Funktion will der Kaiser nicht allein mit großem Gefolge beiwohnen, auch hier kann er das Befehlen, das Anordnen nicht lassen. Erst bespricht er sich mit den Pfaffen, was sie eigentlich vorhaben, dann sprengt er auf und ab, reitet hin und her und gebietet dem Zug Ordnung und Ruhe, mit Genauigkeit, wie er seine Krieger behandelt hätte. Nach geendigter Feier sammelt er die Geistlichen und andere bedeutende Männer um sich her, bespricht sich mit ihnen über mancherlei Religionsmeinungen und Gebräuche. Doch diese Freiheit der Gesinnung gegen andere Glaubensgenossen ist nicht bloß dem Kaiser persönlich, sie findet bei den *Schiiten* überhaupt statt.

Diese, dem Ali anhängend, der erst vom Kalifat verdrängt und, als er endlich dazu gelangte, bald ermordet wurde, können in manchem Sinn als die unterdrückte mahometanische Religionspartei angesehen werden; ihr Hass wendet sich daher hauptsächlich gegen die *Sunniten*, welche die zwischen Mahomet und Ali eingeschobenen Kalifen mitzählen und verehren. Die Türken sind diesem Glauben zugetan, und eine sowohl politische als religiöse Spaltung trennt die beiden Völker; indem nun die Schiiten ihre eigenen verschieden denkenden Glaubensgenossen aufs Äußerste hassen, sind sie gleichgültig gegen andere Bekenner und gewähren ihnen weit eher als ihren eigentlichen Gegnern eine geneigte Aufnahme.

Aber auch, schlimm genug! diese Liberalität leidet unter den Einflüssen kaiserlicher Willkür! Ein Reich zu bevölkern oder zu entvölkern ist dem despotischen Willen gleich gemäß. Abbas, verkleidet auf dem Lande herumschleichend, vernimmt die Missreden einiger armenischen Frauen und fühlt sich dergestalt beleidigt, dass er die grausamsten Strafen über die sämtlichen männlichen Einwohner des Dorfes verhängt. Schrecken und Bekümmernis verbreiten sich an den Ufern des Senderuds, und die Vorstadt Chalfa, erst durch die Teilnahme des Kaisers an ihrem Feste beglückt, versinkt in die tiefste Trauer.

Und so teilen wir immer die Gefühle großer, durch den Despotismus wechselweise erhöhter und erniedrigter Völker. Nun bewundern wir, auf welchen hohen Grad von Sicherheit und Wohlstand Abbas als Selbst- und Alleinherrscher das Reich erhoben und zugleich diesem Zustand eine solche Dauer verliehen, dass seiner Nachfahren Schwäche, Torheit, folgeloses Betragen erst nach neunzig Jahren das Reich völlig zugrunde richten konnten; dann aber müssen wir freilich die Kehrseite dieses imposanten Bildes hervorwenden.

Da eine jede Alleinherrschaft allen Einfluss ablehnt und die Persönlichkeit des Regenten in größter Sicherheit zu bewahren hat, so folgt hieraus, dass der Despot immerfort Verrat argwöhnen, überall Gefahr ahnen, auch Gewalt von allen Seiten befürchten müsse, weil er ja selbst nur durch Gewalt seinen erhabenen Posten behauptet. Eifersüchtig ist er daher auf jeden, der außer ihm Ansehn und Vertrauen erweckt, glänzende Fertigkeiten zeigt, Schätze sammelt und an Tätigkeit mit ihm zu wetteifern scheint. Nun muss aber in jedem Sinn der Nachfolger am meisten Verdacht erregen. Schon zeugt es von einem großen Geist des königlichen Vaters, wenn er seinen Sohn ohne Neid betrachtet, dem die Natur in kurzem alle bisherigen Besitztümer und Erwerbnisse ohne die Zustimmung des mächtig Wollenden unwiderruflich übertragen wird. Anderseits wird vom Sohne verlangt, dass er, edelmütig, gebildet und geschmackvoll, seine Hoffnungen mäßige, seinen Wunsch verberge und dem väterlichen Schicksal auch nicht dem Scheine nach vorgreife. Und doch! wo ist die menschliche Natur so rein und groß, so gelassen abwartend, so unter notwendigen Bedingungen mit Freude tätig, dass in einer solchen Lage sich der Vater nicht über den Sohn, der Sohn nicht über den Vater beklage? Und wären sie beide engelrein, so werden sich Ohrenbläser zwischen sie stellen, die Unvorsichtigkeit wird zum Verbrechen, der Schein zum Beweis. Wie viele Beispiele liefert uns die Geschichte! wovon wir nur des jammervollen Familienlabyrinths gedenken, in welchem wir den König Herodes befangen sehen. Nicht allein die Seinigen halten ihn immer in schwebender Gefahr, auch ein durch Weissagung merkwürdiges Kind erregt seine Sorgen und veranlasst eine allgemein verbreitete Grausamkeit unmittelbar vor seinem Tode.

Also erging es auch Abbas dem Großen; Söhne und Enkel machte man verdächtig, und sie gaben Verdacht; einer ward unschuldig ermordet, der andere halbschuldig geblendet. Dieser sprach: »Mich hast du nicht des Lichts beraubt, aber das Reich.«

Zu diesen unglücklichen Gebrechen der Despotie fügt sich unvermeidlich ein anderes, wobei noch zufälliger und unvorgesehener sich Gewalttaten und Verbrechen entwickeln. Ein jeder Mensch wird von seinen Gewohnheiten regiert, nur wird er, durch äußere Bedingungen eingeschränkt, sich mäßig verhalten, und Mäßigung wird ihm zur Gewohnheit. Gerade das Entgegengesetzte findet sich bei dem Despoten; ein uneingeschränkter Wille steigert sich selbst und muss, von außen nicht gewarnt, nach dem völlig Grenzenlosen streben. Wir finden hierdurch das Rätsel gelöst, wie aus einem löblichen jungen Fürsten, dessen erste Regierungsjahre gesegnet wurden, sich nach und nach ein Tyrann entwickelt, der Welt zum Fluch und zum Untergang der Seinen; die auch deshalb öfters dieser Qual eine gewaltsame Heilung zu verschaffen genötigt sind.

Unglücklicherweise nun wird jenes dem Menschen eingeborene, alle Tugenden befördernde Streben ins Unbedingte seiner Wirkung nach schrecklicher, wenn physische Reize sich dazu gesellen. Hieraus entsteht die höchste Steigerung, welche glücklicherweise zuletzt in völlige Betäubung sich auflöst. Wir meinen den übermäßigen Gebrauch des Weins, welcher die geringe Grenze einer besonnenen Gerechtigkeit und Billigkeit, die selbst der Tyrann als Mensch nicht ganz verneinen kann, augenblicklich durchbricht und ein grenzenloses Unheil anrichtet. Wende man das Gesagte auf Abbas den Großen an, der durch seine fünfzigjährige Regierung sich zum einzigen unbedingt Wollenden seines ausgebreiteten, bevölkerten Reichs erhoben hatte; denke man sich ihn freimütiger Natur, gesellig und guter Laune, dann aber durch Verdacht, Verdruss und, was am schlimmsten ist, durch übel verstandene Gerechtigkeitsliebe irregeführt, durch heftiges Trinken aufgeregt und, dass wir das Letzte sagen, durch ein schnödes, unheilbares körperliches Übel gepeinigt und zur Verzweiflung gebracht: so wird man gestehen, dass diejenigen Verzeihung, wo nicht Lob verdienen, welche einer so schrecklichen Erscheinung auf Erden ein Ende machten. Selig preisen wir daher gebildete Völker, deren Monarch sich selbst durch ein edles sittliches Bewusstsein regiert; glücklich die gemäßigten, bedingten Regierungen, die ein Herrscher selbst zu lieben und zu fördern Ursache hat, weil sie ihn mancher Verantwortung überheben, ihm gar manche Reue ersparen.

Aber nicht allein der Fürst, sondern ein jeder, der durch Vertrauen, Gunst oder Anmaßung Teil an der höchsten Macht gewinnt, kommt in Gefahr, den Kreis zu überschreiten, welchen Gesetz und Sitte, Menschengefühl, Gewissen, Religion und Her-kommen zu Glück und Beruhigung um das Menschengeschlecht gezogen haben. Und so mögen Minister und Günstlinge, Volksvertreter und Volk auf ihrer Hut sein, dass nicht auch sie, in den Strudel unbedingten Wollens hingerissen, sich und andere unwiederbringlich ins Verderben hinabziehen.

Kehren wir nun zu unserem Reisenden zurück, so finden wir ihn in einer unbequemen Lage. Bei aller seiner Vorliebe für den Orient muss della Valle doch endlich fühlen, dass er in einem Lande wohnt, wo an keine Folge zu denken ist und wo mit dem reinsten Willen und größter Tätigkeit kein neues Rom zu erbauen wäre. Die Verwandten seiner Frau lassen sich nicht einmal durch Familienbande halten; nach-dem sie eine Zeitlang zu Ispahan in dem vertraulichsten Kreise gelebt, finden sie es doch geratener, zurück an den Euphrat zu ziehen und ihre gewohnte Lebensweise dort fortzusetzen. Die übrigen Georgier zeigen wenig Eifer, ja die Karmeliten, de-nen das große Vorhaben vorzüglich am Herzen liegen musste, können von Rom her weder Anteil noch Beistand erfahren.

Della Valles Eifer ermüdet, und er entschließt sich, nach Europa zurückzukehren, leider gerade zur ungünstigsten Zeit. Durch die Wüste zu ziehen scheint ihm unleid-lich, er beschließt, über Indien zu gehen; aber jetzt eben entspinnen sich Kriegshän-del zwischen Portugiesen, Spaniern und Engländern wegen Ormus, dem bedeu-tendsten Handelsplatz, und Abbas findet seinem Vorteil gemäß, teil daran zu neh-men. Der Kaiser beschließt, die unbequemen portugiesischen Nachbarn zu bekämp-fen, zu entfernen und die hilfreichen Engländer zuletzt, vielleicht durch List und Verzögerung, um ihre Absichten zu bringen und alle Vorteile sich zuzueignen.

In solchen bedenklichen Zeitläufen überrascht nun unsern Reisenden das wunderba-re Gefühl eigener Art, das den Menschen mit sich selbst in den größten Zwiespalt setzt, das Gefühl der weiten Entfernung vom Vaterland, im Augenblick, wo wir, un-behaglich in der Fremde, nach Hause zurückzuwandern, ja schon dort angelangt zu sein wünschten. Fast unmöglich ist es, in solchem Fall sich der Ungeduld zu erweh-ren; auch unser Freund wird davon ergriffen, sein lebhafter Charakter, sein edles, tüchtiges Selbstvertrauen täuschen ihn über die Schwierigkeiten, die im Wege ste-hen. Seiner zu Wagnissen aufgelegten Kühnheit ist es bisher gelungen, alle Hinder-nisse zu besiegen, alle Pläne durchzusetzen, er schmeichelt sich fernerhin mit glei-chem Glück und entschließt sich, da eine Rückkehr ihm durch die Wüste unerträg-lich scheint, zu dem Weg über Indien, in Gesellschaft seiner schönen Maani und ih-rer Pflegetochter Mariuccia.

Manches unangenehme Ereignis tritt ein als Vorbedeutung künftiger Gefahr; doch zieht er über Persepolis und Schiras, wie immer aufmerkend, Gegenstände, Sitten und Landesart genau bezeichnend und aufzeichnend. So gelangt er an den Persi-schen Meerbusen, dort aber findet er, wie vorauszusehen gewesen, die sämtlichen Häfen geschlossen, alle Schiffe nach Kriegsbrauch in Beschlag genommen. Dort am Ufer, in einer höchst ungesunden Gegend, trifft er Engländer gelagert, deren Ka-rawane, gleichfalls aufgehalten, einen günstigen Augenblick abpassen möchte. Freundlich aufgenommen, schließt er sich an sie an, errichtet seine Gezelte nächst den ihrigen und eine Palmhütte zu besserer Bequemlichkeit. Hier scheint ihm ein freundlicher Stern zu leuchten! Seine Ehe war bisher kinderlos, und zu größter Freude beider Gatten erklärt sich Maani guter Hoffnung; aber ihn ergreift eine Krankheit, schlechte Kost und böse Luft zeigen den schlimmsten Einfluss auf ihn und leider auch auf Maani, sie kommt zu früh nieder, und das Fieber verlässt sie nicht. Ihr standhafter Charakter, auch ohne ärztliche Hilfe, erhält sie noch eine Zeitlang, sodann aber fühlt sie ihr Ende herannahen, ergibt sich in frommer Gelassenheit, verlangt aus der Palmenhütte unter die Zelte gebracht zu sein, woselbst sie, indem Mariuccia die geweihte Kerze hält und della Valle die herkömmlichen Gebete verrichtet, in seinen Armen verscheidet. Sie hatte das dreiundzwanzigste Jahr erreicht.

Einem solchen ungeheuren Verluste zu schmeicheln, beschließt er fest und unwiderruflich, den Leichnam in sein Erbbegräbnis mit nach Rom zu nehmen. An Harzen, Balsamen und kostbaren Spezereien fehlt es ihm, glücklicherweise findet er eine Ladung des besten Kampfers, welcher, kunstreich durch erfahrene Personen angewendet, den Körper erhalten soll.

Hierdurch aber übernimmt er die größte Beschwerde, indem er so fortan den Aberglauben der Kameltreiber, die habsüchtigen Vorurteile der Beamten, die Aufmerksamkeit der Zollbedienten auf der ganzen künftigen Reise zu beschwichtigen oder zu bestechen hat.

Nun begleiten wir ihn nach Lar, der Hauptstadt des Laristan, wo er bessere Luft, gute Aufnahme findet und die Eroberung von Ormus durch die Perser abwartet. Aber auch ihre Triumphe dienen ihm zu keiner Fördernis. Er sieht sich wieder nach Schiras zurückgedrängt, bis er denn doch endlich mit einem englischen Schiff nach Indien geht. Hier finden wir sein Betragen dem bisherigen gleich; sein standhafter Mut, seine Kenntnisse, seine adligen Eigenschaften verdienen ihm überall leichten Eintritt und ehrenvolles Verweilen; endlich aber wird er doch nach dem Persischen Meerbusen zurück und zur Heimfahrt durch die Wüste genötigt.

Hier erduldet er alle gefürchteten Unbilden. Von Stammeshäuptern dezimiert, taxiert von Zollbeamten, beraubt von Arabern und selbst in der Christenheit überall vexiert und verspätet, bringt er doch endlich Kuriositäten und Kostbarkeiten genug, das Seltsamste und Kostbarste aber, den Körper seiner geliebten Maani, nach Rom. Dort, auf Ara Coeli, begeht er ein herrliches Leichenfest, und als er in die Grube hinabsteigt, ihr die letzte Ehre zu erweisen, finden wir zwei Jungfräulein neben ihm, *Silvia,* eine während seiner Abwesenheit anmutig herangewachsene Tochter, und *Tinatin di Ziba*, die wir bisher unter dem Namen Mariuccia gekannt, beide ungefähr fünfzehnjährig. Letztere, die seit dem Tode seiner Gemahlin eine treue Reisegefährtin und einziger Trost gewesen, nunmehr zu heiraten, entschließt er sich gegen den Willen seiner Verwandten, ja des Papstes, die ihm vornehmere und reichere Verbindungen zudenken. Nun betätigt er, noch mehrere Jahre glanzreich, einen heftig-kühnen und mutigen Charakter, nicht ohne Händel, Verdruss und Gefahr, und hinterlässt bei seinem Tode, der im sechsundsechzigsten Jahre erfolgt, eine zahlreiche Nachkommenschaft.

Entschuldigung

Es lässt sich bemerken, dass ein jeder den Weg, auf welchem er zu irgendeiner Kenntnis und Einsicht gelangt, allen übrigen vorziehen und seine Nachfolger gern auf denselben einleiten und einweihen möchte. In diesem Sinne hab ich Peter della Valle umständlich dargestellt, weil er derjenige Reisende war, durch den mir die Eigentümlichkeiten des Orients am ersten und klarsten aufgegangen, und meinem Vorurteil will scheinen, dass ich durch diese Darstellung erst meinem »Divan« einen eigentümlichen Grund und Boden gewonnen habe. Möge dies anderen zur Aufmunterung gereichen, in dieser Zeit, die so reich an Blättern und einzelnen Heften ist, einen Folianten durchzulesen, durch den sie entschieden in eine bedeutende Welt gelangen, die ihnen in den neusten Reisebeschreibungen zwar oberflächlich umgeändert, im Grund aber als dieselbe erscheinen wird, welche sie dem vorzüglichen Manne zu seiner Zeit erschien.

Wer den Dichter will verstehen,
Muss in Dichters Lande gehen;
Er im Orient sich freue,
Dass das Alte sei das Neue.

Olearius

Die Bogenzahl unserer bis hierher abgedruckten Arbeiten erinnert uns, vorsichtiger und weniger abschweifend von nun an fortzufahren. Deswegen sprechen wir von dem genannten trefflichen Manne nur im Vorübergehen. Sehr merkwürdig ist es, verschiedene Nationen als Reisende zu betrachten. Wir finden Engländer, unter welchen wir Sherley und Herbert ungern vorbeigingen; sodann aber Italiener; zuletzt Franzosen. Hier trete nun ein Deutscher hervor in seiner Kraft und Würde. Leider war er auf seiner Reise nach dem persischen Hof an einen Mann gebunden, der mehr als Abenteurer denn als Gesandter erscheint, in beidem Sinne aber sich eigenwillig, ungeschickt, ja unsinnig benimmt. Der Geradsinn des trefflichen Olearius lässt sich dadurch nicht irremachen; er gibt uns höchst erfreuliche und belehrende Reiseberichte, die um so schätzbarer sind, als er nur wenige Jahre nach della Valle und kurz nach dem Tode Abbas' des Großen nach Persien kam und bei seiner Rückkehr die Deutschen mit Saadi, dem Trefflichen, durch eine tüchtige und erfreuliche Übersetzung bekannt machte. Ungern brechen wir ab, weil wir auch diesem Manne für das Gute, das wir ihm schuldig sind, gründlichen Dank abzutragen wünschten. In gleicher Stellung finden wir uns gegen die beiden Folgenden, deren Verdienste wir auch nur oberflächlich berühren dürfen.

Tavernier und Chardin

Ersterer, Goldschmied und Juwelenhändler, dringt mit Verstand und klugem Betragen, kostbar-kunstreiche Waren zu seiner Empfehlung vorzeigend, an die orientalischen Höfe und weiß sich überall zu schicken und zu finden. Er gelangt nach Indien zu den Demantgruben, und nach einer gefahrvollen Rückreise wird er im Westen nicht zum Freundlichsten aufgenommen. Dessen hinterlassene Schriften sind höchst belehrend, und doch wird er von seinem Landsmann, Nachfolger und Rival *Chardin* nicht sowohl im Lebensgange gehindert als in der öffentlichen Meinung nachher verdunkelt. Dieser, der sich gleich zu Anfang seiner Reise durch die größten Hindernisse durcharbeiten muss, versteht denn auch die Sinnesweise orientalischer Macht- und Geldhaber, die zwischen Großmut und Eigennutz schwankt, trefflich zu benutzen und ihrer beim Besitz der größten Schätze nie zu stillenden Begier nach frischen Juwelen und fremden Goldarbeiten vielfach zu dienen; deshalb er denn auch nicht ohne Glück und Vorteil wieder nach Hause zurückkehrt.

An diesen beiden Männern ist Verstand, Gleichmut, Gewandtheit, Beharrlichkeit, einnehmendes Betragen und Standhaftigkeit nicht genug zu bewundern, und könnte jeder Weltmann sie auf seiner Lebensreise als Muster verehren. Sie besaßen aber zwei Vorteile, die nicht einem jeden zustatten kommen: sie waren Protestanten und Franzosen zugleich – Eigenschaften, die, zusammen verbunden, höchst fähige Individuen hervorzubringen imstande sind.

Neuere und neuste Reisende

Was wir dem achtzehnten und schon dem neunzehnten Jahrhundert verdanken, darf hier gar nicht berührt werden. Die Engländer haben uns in der letzten Zeit über die unbekanntesten Gegenden aufgeklärt. Das Königreich Kabul, das alte Gedrosien und Karamanien sind uns zugänglich geworden. Wer kann seine Blicke zurückhalten, dass sie nicht über den Indus hinüberstreifen und dort die große Tätigkeit anerkennen, die täglich weiter um sich greift; und so muss denn, hierdurch gefördert, auch im Okzident die Lust nach fernerer und tieferer Sprachkenntnis sich immer erweitern. Wenn wir bedenken, welche Schritte Geist und Fleiß Hand in Hand getan haben, um aus dem beschränkten hebräischrabbinischen Kreise bis zur Tiefe und Weite des Sanskrit zu gelangen, so erfreut man sich, seit so vielen Jahren Zeuge dieses Fortschreitens zu sein. Selbst die Kriege, die, so manches hindernd, zerstören, haben der gründlichen Einsicht viele Vorteile gebracht. Von den Himelajagebirgen herab sind uns die Ländereien zu beiden Seiten des Indus, die bisher noch märchenhaft genug geblieben, klar, mit der übrigen Welt im Zusammenhang erschienen. Über die Halbinsel hinunter bis Java können wir nach Belieben, nach Kräften und Gelegenheit unsere Übersicht ausdehnen und uns im Besondersten unterrichten; und so öffnet sich den jüngern Freunden des Orients eine Pforte nach der andern, um die Geheimnisse jener Urwelt, die Mängel einer seltsamen Verfassung und unglücklichen Religion sowie die Herrlichkeit der Poesie kennenzulernen, in die sich reine Menschheit, edle Sitte, Heiterkeit und Liebe flüchtet, um uns über Kastenstreit, phantastische Religionsungeheuer und abstrusen Mystizismus zu trösten und zu überzeugen, dass doch zuletzt in ihr das Heil der Menschheit aufbewahrt bleibe.

Lehrer

Abgeschiedene, Mitlebende

Sich selbst genaue Rechenschaft zu geben, von wem wir auf unserem Lebens- und Studiengange dieses oder jenes gelernt, wie wir nicht allein durch Freunde und Genossen, sondern auch durch Widersacher und Feinde gefördert worden, ist eine schwierige, kaum zu lösende Aufgabe. Indessen fühl ich mich angetrieben, einige Männer zu nennen, denen ich besonderen Dank abzutragen schuldig bin.

Jones. Die Verdienste dieses Mannes sind so weltbekannt und an mehr als einem Ort umständlich gerühmt, dass mir nichts übrigbleibt, als nur im Allgemeinen anzuerkennen, dass ich aus seinen Bemühungen von jeher möglichsten Vorteil zu ziehen gesucht habe; doch will ich eine Seite bezeichnen, von welcher er mir besonders merkwürdig geworden.

Er, nach echter englischer Bildungsweise, in griechischer und lateinischer Literatur dergestalt gegründet, dass er nicht allein die Produkte derselben zu würdern [taxieren, einschätzen], sondern auch selbst in diesen Sprachen zu arbeiten weiß, mit den europäischen Literaturen gleichfalls bekannt, in den orientalischen bewandert, erfreut er sich der doppelt schönen Gabe, einmal eine jede Nation in ihren eigensten Verdiensten zu schätzen, sodann aber das Schöne und Gute, worin sie sämtlich einander notwendig gleichen, überall aufzufinden.

Bei der Mitteilung seiner Einsichten jedoch findet er manche Schwierigkeit, vorzüglich stellt sich ihm die Vorliebe seiner Nation für alte klassische Literatur entgegen, und wenn man ihn genau beobachtet, so wird man leicht gewahr, dass er als ein kluger Mann das Unbekannte ans Bekannte, das Schätzenswerte an das Geschätzte anzuschließen sucht; er verschleiert seine Vorliebe für asiatische Dichtkunst und gibt mit gewandter Bescheidenheit meistens solche Beispiele, die er lateinischen und griechischen hochbelobten Gedichten gar wohl an die Seite stellen darf; er benutzt die rhythmischen antiken Formen, um die anmutigen Zartheiten des Orients auch Klassizisten eingänglich zu machen. Aber nicht allein von altertümlicher, sondern auch von patriotischer Seite mochte er viel Verdruss erlebt haben, ihn schmerzte Herabsetzung orientalischer Dichtkunst, welches deutlich hervorleuchtet aus dem hart-ironischen, nur zweiblättrigen Aufsatz: »*Arabs, sive de Poësi Anglorum Dialogus*«, am Schlusse seines Werkes »Über asiatische Dichtkunst«. Hier stellt er uns mit offenbarer Bitterkeit vor Augen, wie absurd sich Milton und Pope im orientalischen Gewand ausnähmen; woraus denn folgt, was auch wir so oft wiederholen, dass man jeden Dichter in seiner Sprache und im eigentümlichen Bezirk seiner Zeit und Sitten aufsuchen, kennen und schätzen müsse.

Eichhorn. Mit vergnüglicher Anerkennung bemerke ich, dass ich bei meinen gegenwärtigen Arbeiten noch dasselbe Exemplar benutze, welches mir der hochverdiente Mann von seiner Ausgabe des Jonesschen Werks vor zweiundvierzig Jahren verehrte, als wir ihn noch unter die Unseren zählten und aus seinem Munde gar manches Heilsam-Belehrende vernahmen. Auch die ganze Zeit über bin ich seinem Lehrgange im Stillen gefolgt, und in diesen letzten Tagen freute ich mich höchlich, abermals von seiner Hand das höchst wichtige Werk, das uns die *Propheten* und ihre Zustände aufklärt, vollendet zu erhalten. Denn was ist erfreulicher für den ruhig-verständigen Mann wie für den aufgeregten Dichter, als zu sehen, wie jene gottbe-gabten Männer mit hohem Geist ihre bewegte Zeitumgebung betrachteten und auf das Wundersam-Bedenkliche, was vorging, strafend, warnend, tröstend und herzer-hebend hindeuteten.

Mit diesem wenigen sei mein dankbarer Lebensbezug zu diesem würdigen Manne treulich ausgesprochen.

Lorsbach. Schuldigkeit ist es, hier auch des wackern Lorsbach zu gedenken. Er kam betagt in unsern Kreis, wo er in keinem Sinne für sich eine behagliche Lage fand; doch gab er mir gern über alles, worüber ich ihn befragte, treuen Bescheid, sobald es innerhalb der Grenze seiner Kenntnisse lag, die er oft mochte zu scharf gezogen haben.

Wundersam schien es mir anfangs, ihn als keinen sonderlichen Freund orientali-scher Poesie zu finden; und doch geht es einem jeden auf ähnliche Weise, der auf irgendein Geschäft mit Vorliebe und Enthusiasmus Zeit und Kräfte verwendet und doch zuletzt eine gehoffte Ausbeute nicht zu finden glaubt. Und dann ist ja das Al-ter die Zeit, die des Genusses entbehrt, da wo ihn der Mensch am meisten verdiente. Sein Verstand und seine Redlichkeit waren gleich heiter, und ich erinnere mich der Stunden, die ich mit ihm zubrachte, immer mit Vergnügen.

Von Diez

Einen bedeutenden Einfluss auf mein Studium, den ich dankbar erkenne, hatte der Prälat von Diez. Zur Zeit, da ich mich um orientalische Literatur näher bekümmer-te, war mir das »*Buch des Kabus*« zuhanden gekommen und schien mir so bedeu-tend, dass ich ihm viele Zeit widmete und mehrere Freunde zu dessen Betrachtung aufforderte. Durch einen Reisenden bot ich jenem schätzbaren Manne, dem ich so viel Belehrung schuldig geworden, einen verbindlichen Gruß. Er sendete mir dage-gen freundlich das kleine Büchlein über die Tulpen. Nun ließ ich auf seidenartiges Papier einen kleinen Raum mit prächtiger goldner Blumeneinfassung verzieren, wo-rin ich nachfolgendes Gedicht schrieb:

> Wie man mit Vorsicht auf der Erde wandelt,
> Es sei bergauf, es sei hinab vom Thron,
> Und wie man Menschen, wie man Pferde handelt,
> Das alles lehrt der König seinen Sohn.
> Wir wissen's nun durch dich, der uns beschenkte;
> Jetzt fügest du der Tulpe Flor daran,
> Und wenn mich nicht der goldne Rahm' beschränkte,
> Wo endete, was du für uns getan!

Und so entspann sich eine briefliche Unterhaltung, die der würdige Mann bis an sein Ende mit fast unleserlicher Hand unter Leiden und Schmerzen getreulich fort-setzte.

Da ich nun mit Sitten und Geschichte des Orients bisher nur im Allgemeinen, mit Sprache so gut wie gar nicht bekannt gewesen, war eine solche Freundlichkeit mir von der größten Bedeutung. Denn weil es mir bei einem vorgezeichneten, methodischen Verfahren um augenblickliche Aufklärung zu tun war, welche in Büchern zu finden Kraft und Zeit verzehrenden Aufwand erfordert hätte, so wendete ich mich in bedenklichen Fällen an ihn und erhielt auf meine Frage jederzeit genügende und fördernde Antwort. Diese seine Briefe verdienten gar wohl wegen ihres Gehalts gedruckt und als ein Denkmal seiner Kenntnisse und seines Wohlwollens aufgestellt zu werden. Da ich seine strenge und eigene Gemütsart kannte, so hütete ich mich, ihn von gewisser Seite zu berühren; doch war er gefällig genug, ganz gegen seine Denkweise, als ich den Charakter des *Nussreddin Chodscha,* des lustigen Reise- und Zeltgefährten des Welteroberers Timur, zu kennen wünschte, mir einige jener Anekdoten zu übersetzen. Woraus denn abermals hervorging, dass gar manche verfängliche Märchen, welche die Westländer nach ihrer Weise behandelt, sich vom Orient herschreiben, jedoch die eigentliche Farbe, den wahren, angemessenen Ton bei der Umbildung meistenteils verloren.

Da von diesem Buche das Manuskript sich nun auf der Königlichen Bibliothek zu Berlin befindet, wäre es sehr zu wünschen, dass ein Meister dieses Faches uns eine Übersetzung gäbe. Vielleicht wäre sie in lateinischer Sprache am füglichsten zu unternehmen, damit der Gelehrte vorerst vollständige Kenntnis davon erhielte. Für das deutsche Publikum ließe sich alsdann recht wohl eine anständige Übersetzung im Auszug veranstalten.

Dass ich an des Freundes übrigen Schriften, den »*Denkwürdigkeiten des Orients« usw.,* teilgenommen und Nutzen daraus gezogen, davon möge gegenwärtiges Heft Beweise führen; bedenklicher ist es zu bekennen, dass auch seine nicht gerade immer zu billigende Streitsucht mir vielen Nutzen geschafft. Erinnert man sich aber seiner Universitätsjahre, wo man gewiss zum Fechtboden eilte, wenn ein paar Meister oder Senioren Kraft und Gewandtheit gegeneinander versuchten, so wird niemand in Abrede sein, dass man bei solcher Gelegenheit Stärken und Schwächen gewahr wurde, die einem Schüler vielleicht für immer verborgen geblieben wären.

Der Verfasser des »Buches Kabus«, *Kjekjawus,* König der Dilemiten, welche das Gebirgsland Ghilan, das gegen Mittag den Pontus Euxinus abschließt, bewohnten, wird uns bei näherer Bekanntschaft doppelt lieb werden. Als Kronprinz höchst sorgfältig zum freisten, tätigsten Leben erzogen, verließ er das Land, um weit im Osten sich auszubilden und zu prüfen.

Kurz nach dem Tode Mahmuds, von welchem wir so viel Rühmliches zu melden hatten, kam er nach Gasna, wurde von dessen Sohn *Messud* freundlichst aufgenommen und in Gefolg mancher Kriegs- und Friedensdienste mit einer Schwester vermählt. An einem Hofe, wo vor wenigen Jahren Ferdusi das »Schah Nameh« geschrieben, wo eine große Versammlung von Dichtern und talentvollen Menschen nicht ausgestorben war, wo der neue Herrscher, kühn und kriegerisch wie sein Vater, geistreiche Gesellschaft zu schätzen wusste, konnte Kjekjawus auf seiner Irrfahrt den köstlichsten Raum zu fernerer Ausbildung finden.

Doch müssen wir zuerst von seiner Erziehung sprechen. Sein Vater hatte, die körperliche Ausbildung aufs Höchste zu steigern, ihn einem trefflichen Pädagogen übergeben. Dieser brachte den Sohn zurück, geübt in allen ritterlichen Gewandtheiten: zu schießen, zu reiten, reitend zu schießen, den Speer zu werfen, den Schlägel zu führen und damit den Ball aufs Geschickteste zu treffen. Nachdem dies alles vollkommen gelang und der König zufrieden schien, auch deshalb den Lehrmeister höchlich lobte, fügte er hinzu: »Ich habe doch noch *eins* zu erinnern. Du hast meinen Sohn in allem unterrichtet, wozu er fremder Werkzeuge bedarf: ohne Pferd kann er nicht reiten, nicht schießen ohne Bogen, was ist sein Arm, wenn er keinen Wurfspieß hat, und was wäre das Spiel ohne Schlägel und Ball. Das Einzige hast du ihn nicht gelehrt, wo er seiner selbst allein bedarf, welches das Notwendigste ist und wo ihm niemand helfen kann.« Der Lehrer stand beschämt und vernahm, dass dem Prinzen die Kunst zu schwimmen fehle. Auch diese wurde, jedoch mit einigem Widerwillen des Prinzen, erlernt, und diese rettete ihm das Leben, als er auf einer Reise nach Mekka, mit einer großen Menge Pilger auf dem Euphrat scheiternd, nur mit wenigen davonkam.

Dass er geistig in gleich hohem Grade gebildet gewesen, beweist die gute Aufnahme, die er an dem Hofe von Gasna gefunden, dass er zum Gesellschafter des Fürsten ernannt war, welches damals viel heißen wollte, weil er gewandt sein musste, verständig und angenehm von allem Vorkommenden genügende Rechenschaft zu geben.

Unsicher war die Thronfolge von Ghilan, unsicher der Besitz des Reiches selbst wegen mächtiger, eroberungssüchtiger Nachbarn. Endlich nach dem Tode seines erst abgesetzten, dann wieder eingesetzten königlichen Vaters bestieg Kjekjawus mit großer Weisheit und entschiedener Ergebenheit in die mögliche Folge der Ereignisse den Thron, und in hohem Alter, da er voraussah, dass der Sohn *Ghilan Schah* noch einen gefährlicheren Stand haben werde als er selbst, schreibt er dies merkwürdige Buch, worin er zu seinem Sohne spricht, »dass er ihn mit Künsten und Wissenschaften aus dem doppelten Grunde bekannt mache, um entweder durch irgendeine Kunst seinen Unterhalt zu gewinnen, wenn er durchs Schicksal in die Notwendigkeit versetzt werden möchte, oder im Fall er der Kunst zum Unterhalt nicht bedürfte, doch wenigstens vom Grunde jeder Sache wohl unterrichtet zu sein, wenn er bei der Hoheit verbleiben sollte.«

Wäre in unsern Tagen den hohen Emigrierten, die sich oft mit musterhafter Ergebung von ihrer Hände Arbeit nährten, ein solches Buch zuhanden gekommen, wie tröstlich wäre es ihnen gewesen.

Dass ein so vortreffliches, ja unschätzbares Buch nicht mehr bekannt geworden, daran mag hauptsächlich Ursache sein, dass es der Verfasser auf seine eigenen Kosten herausgab und die Firma Nicolai solches nur in Kommission genommen hatte, wodurch gleich für ein solches Werk im Buchhandel eine ursprüngliche Stockung entsteht. Damit aber das Vaterland wisse, welcher Schatz ihm hier zubereitet liegt, so setzen wir den Inhalt der Kapitel hierher und ersuchen die schätzbaren Tagesblätter, wie das »*Morgenblatt*« und »*Der Gesellschafter*«, die so erbaulichen als erfreulichen Anekdoten und Geschichten, nicht weniger die großen, unvergleichlichen Maximen, die dieses Werk enthält, vorläufig allgemein bekannt zu machen.

Inhalt des »Buches Kabus« kapitelweise

41) Regeln der Heerführerschaft.
42) Regeln der Kaiser.
43) Regeln des Ackerbaues und der Landwirtschaft.
44) Vorzüge der Tugend.

Wie man nun aus einem Buche solchen Inhalts sich ohne Frage eine ausgebreitete Kenntnis der orientalischen Zustände versprechen kann, so wird man nicht zweifeln, dass man darin Analogien genug finden werde, sich in seiner europäischen Lage zu belehren und zu beurteilen.

Zum Schluss eine kurze chronologische Wiederholung. König Kjekjawus kam ungefähr zur Regierung Hegire 450 = 1058, regierte noch Hegire 473 = 1080, vermählt mit einer Tochter des Sultan Mahmud von Gasna. Sein Sohn Ghilan Schah, für welchen er das Werk schrieb, ward seiner Länder beraubt. Man weiß wenig von seinem Leben, nichts von seinem Tode. Siehe Diez' Übersetzung. Berlin 1811.

Diejenige Buchhandlung, die vorgemeldetes Werk in Verlag oder Kommission übernommen, wird ersucht, solches anzuzeigen. Ein billiger Preis wird die wünschenswerte Verbreitung erleichtern.

Von Hammer

Wie viel ich diesem würdigen Mann schuldig geworden, beweist mein Büchlein in allen seinen Teilen. Längst war ich auf Hafis und dessen Gedichte aufmerksam, aber was mir auch Literatur, Reisebeschreibung, Zeitblatt und sonst zu Gesicht brachte, gab mir keinen Begriff, keine Anschauung von dem Wert, von dem Verdienste dieses außerordentlichen Mannes. Endlich aber, als mir im Frühling 1813 die vollständige Übersetzung aller seiner Werke zukam, ergriff ich mit besonderer Vorliebe sein inneres Wesen und suchte mich durch eigene Produktion mit ihm ins Verhältnis zu setzen. Diese freundliche Beschäftigung half mir über bedenkliche Zeiten hinweg und ließ mich zuletzt die Früchte des errungenen Friedens aufs Angenehmste genießen.

Schon seit einigen Jahren war mir der schwunghafte Betrieb der »Fundgruben« im Allgemeinen bekannt geworden, nun aber erschien die Zeit, wo ich Vorteil daraus gewinnen sollte. Nach mannigfaltigen Seiten hin deutete dieses Werk, erregte und befriedigte zugleich das Bedürfnis der Zeit; und hier bewahrheitete sich mir abermals die Erfahrung, dass wir in jedem Fach von den Mitlebenden auf das Schönste gefördert werden, sobald man sich ihrer Vorzüge dankbar und freundlich bedienen mag. Kenntnisreiche Männer belehren uns über die Vergangenheit, sie geben den Standpunkt an, auf welchem sich die augenblickliche Tätigkeit hervortut, sie deuten vorwärts auf den nächsten Weg, den wir einzuschlagen haben. Glücklicherweise wird genanntes herrliche Werk noch immer mit gleichem Eifer fortgesetzt, und wenn man auch in diesem Felde seine Untersuchungen rückwärts anstellt, so kehrt man doch immer gern mit erneutem Anteil zu demjenigen zurück, was uns hier so frisch genießbar und brauchbar von vielen Seiten geboten wird.

Um jedoch *eines* zu erinnern, muss ich gestehen, dass mich diese wichtige Sammlung noch schneller gefördert hätte, wenn die Herausgeber, die freilich nur für vollendete Kenner eintragen und arbeiten, auch auf Laien und Liebhaber ihr Augenmerk gerichtet und, wo nicht allen, doch mehreren Aufsätzen eine kurze Einleitung über die Umstände vergangner Zeit, Persönlichkeiten, Lokalitäten vorgesetzt hätten; da denn freilich manches mühsame und zerstreuende Nachsuchen dem Lernbegierigen wäre erspart worden.

Doch alles, was damals zu wünschen blieb, ist uns jetzt in reichlichem Maße geworden durch das unschätzbare Werk, das uns Geschichte persischer Dichtkunst überliefert. Denn ich gestehe gern, dass schon im Jahre 1814, als die »Göttinger Anzeigen« uns die erste Nachricht von dessen Inhalt vorläufig bekannt machten, ich sogleich meine Studien nach den gegebenen Rubriken ordnete und einrichtete, wodurch mir ein ansehnlicher Vorteil geworden. Als nun aber das mit Ungeduld erwartete Ganze endlich erschien, fand man sich auf einmal wie mitten in einer bekannten Welt, deren Verhältnisse man klar im Einzelnen erkennen und beachten konnte, da wo man sonst nur im Allgemeinsten durch wechselnde Nebelschichten hindurchsah.

Möge man mit meiner Benutzung dieses Werks einigermaßen zufrieden sein und die Absicht erkennen, auch diejenigen anzulocken, welche diesen gehäuften Schatz auf ihrem Lebenswege vielleicht weit zur Seite gelassen hätten.

Gewiss besitzen wir nun ein Fundament, worauf die persische Literatur herrlich und übersehbar aufgebaut werden kann, nach dessen Muster auch andere Literaturen Stellung und Fördernis gewinnen sollen. Höchst wünschenswert bleibt es jedoch, dass man die chronologische Ordnung immerfort beibehalte und nicht etwa einen Versuch mache einer systematischen Aufstellung nach den verschiedenen Dichtarten. Bei den orientalischen Poeten ist alles zu sehr gemischt, als dass man das Einzelne sondern könnte; der Charakter der Zeit und des Dichters in seiner Zeit ist allein belehrend und wirkt belebend auf einen jeden; wie es hier geschehen, bleibe ja die Behandlung so fortan.

Mögen die Verdienste der glänzenden »Schirin«, des lieblich ernst belehrenden »Kleeblatts«, das uns eben am Schluss unserer Arbeit erfreut, allgemein anerkannt werden.

Übersetzungen

Da nun aber auch der Deutsche durch Übersetzungen aller Art gegen den Orient immer weiter vorrückt, so finden wir uns veranlasst, etwas zwar Bekanntes, doch nie genug zu Wiederholendes an dieser Stelle beizubringen.

Es gibt dreierlei Arten Übersetzung. Die erste macht uns in unserem eigenen Sinne mit dem Ausland bekannt; eine schlicht-prosaische ist hierzu die beste. Denn indem die Prosa alle Eigentümlichkeiten einer jeden Dichtkunst völlig aufhebt und selbst den poetischen Enthusiasmus auf eine allgemeine Wasserebne niederzieht, so leistet sie für den Anfang den größten Dienst, weil sie uns mit dem fremden Vortrefflichen mitten in unserer nationalen Häuslichkeit, in unserem gemeinen Leben überrascht und, ohne dass wir wissen, wie uns geschieht, eine höhere Stimmung verleihend, wahrhaft erbaut. Eine solche Wirkung wird Luthers Bibelübersetzung jederzeit hervorbringen.

Hätte man die »Nibelungen« gleich in tüchtige Prosa gesetzt und sie zu einem Volksbuche gestempelt, so wäre viel gewonnen worden, und der seltsame, ernste, düstere, gräuerliche Rittersinn hätte uns mit seiner vollkommenen Kraft angesprochen. Ob dieses jetzt noch rätlich und tunlich sei, werden diejenigen am besten beurteilen, die sich diesen altertümlichen Geschäften entschiedener gewidmet haben.

Eine zweite Epoche folgt hierauf, wo man sich in die Zustände des Auslandes zwar zu versetzen, aber eigentlich nur fremden Sinn sich anzueignen und mit eignem Sinne wieder darzustellen bemüht ist. Solche Zeit möchte ich im reinsten Wortverstand die *parodistische* nennen. Meistenteils sind es geistreiche Menschen, die sich zu einem solchen Geschäft berufen fühlen. Die Franzosen bedienen sich dieser Art bei Übersetzung aller poetischen Werke; Beispiele zu Hunderten lassen sich in Delilles Übertragungen finden. Der Franzose, wie er sich fremde Worte mundrecht macht, verfährt auch so mit den Gefühlen, Gedanken, ja den Gegenständen, er fordert durchaus für jede fremde Frucht ein Surrogat, das auf seinem eignen Grund und Boden gewachsen sei.

Wielands Übersetzungen gehören zu dieser Art und Weise; auch er hatte einen eigentümlichen Verstandes- und Geschmackssinn, mit dem er sich dem Altertum, dem Auslande nur insofern annäherte, als er seine Konvenienz dabei fand. Dieser vorzügliche Mann darf als Repräsentant seiner Zeit angesehen werden; er hat außerordentlich gewirkt, indem gerade das, was ihn anmutete, wie er sich's zueignete und es wieder mitteilte, auch seinen Zeitgenossen angenehm und genießbar begegnete.

Weil man aber weder im Vollkommenen noch Unvollkommenen lange verharren kann, sondern eine Umwandlung nach der anderen immerhin erfolgen muss, so erlebten wir den dritten Zeitraum, welcher der höchste und letzte zu nennen ist, derjenige nämlich, wo man die Übersetzung dem Original identisch machen möchte, sodass eins nicht anstatt des andern, sondern an der Stelle des andern gelten solle.

Diese Art erlitt anfangs den größten Widerstand; denn der Übersetzer, der sich fest an sein Original anschließt, gibt mehr oder weniger die Originalität seiner Nation auf, und so entsteht ein Drittes, wozu der Geschmack der Menge sich erst heranbilden muss.

Der nie genug zu schätzende Voß konnte das Publikum zuerst nicht befriedigen, bis man sich nach und nach in die neue Art hineinhörte, hineinbequemte. Wer nun aber jetzt übersieht, was geschehen ist, welche Versatilität unter die Deutschen gekommen, welche rhetorische, rhythmische, metrische Vorteile dem geistreich-talentvollen Jüngling zur Hand sind, wie nun Ariost und Tasso, Shakespeare und Calderon als eingedeutschte Fremde uns doppelt und dreifach vorgeführt werden, der darf hoffen, dass die Literaturgeschichte unumwunden aussprechen werde, wer diesen Weg unter mancherlei Hindernissen zuerst einschlug.

Die von Hammerschen Arbeiten deuten nun auch meistens auf ähnliche Behandlung orientalischer Meisterwerke, bei welchen vorzüglich die Annäherung an äußere Form zu empfehlen ist. Wie unendlich vorteilhafter zeigen sich die Stellen einer Übersetzung des Ferdusi, welche uns genannter Freund geliefert, gegen diejenigen eines Umarbeiters, wovon einiges in den »Fundgruben« zu lesen ist. Diese Art, einen Dichter umzubilden, halten wir für den traurigsten Missgriff, den ein fleißiger, dem Geschäft übrigens gewachsener Übersetzer tun könnte.

Da aber bei jeder Literatur jene drei Epochen sich wiederholen, umkehren, ja die Behandlungsarten sich gleichzeitig ausüben lassen, so wäre jetzt eine prosaische Übersetzung des »Schah Nameh« und der Werke des Nisami immer noch am Platz. Man benutzte sie zur überhineilenden, den Hauptsinn aufschließenden Lektüre, wir erfreuten uns am Geschichtlichen, Fabelhaften, Ethischen im Allgemeinen und vertrauten uns immer näher mit den Gesinnungen und Denkweisen, bis wir uns endlich damit völlig verbrüdern könnten.

Man erinnere sich des entschiedensten Beifalls, den wir Deutschen einer solchen Übersetzung der »*Sakontala*« gezollt, und wir können das Glück, was sie gemacht, gar wohl jener allgemeinen Prosa zuschreiben, in welche das Gedicht aufgelöst worden. Nun aber wär es an der Zeit, uns davon eine Übersetzung der dritten Art zu geben, die den verschiedenen Dialekten, rhythmischen, metrischen und prosaischen Sprachweisen des Originals entspräche und uns dieses Gedicht in seiner ganzen Eigentümlichkeit aufs Neue erfreulich und einheimisch machte. Da nun in Paris eine Handschrift dieses ewigen Werkes befindlich, so könnte ein dort hausender Deutscher sich um uns ein unsterblich Verdienst durch solche Arbeit erwerben.

Der englische Übersetzer des Wolkenboten, »*Megha-Duta*«, ist gleichfalls aller Ehren wert, denn die erste Bekanntschaft mit einem solchen Werke macht immer Epoche in unserem Leben. Aber seine Übersetzung ist eigentlich aus der zweiten Epoche, paraphrastisch und suppletorisch, sie schmeichelt durch den fünffüßigen Jambus dem nordöstlichen Ohr und Sinn. Unserm *Kosegarten* dagegen verdanke ich wenige Verse unmittelbar aus der Ursprache, welche freilich einen ganz anderen Aufschluss geben. Überdies hat sich der Engländer Transpositionen der Motive erlaubt, die der geübte ästhetische Blick sogleich entdeckt und missbilligt.

Warum wir aber die dritte Epoche auch zugleich die letzte genannt, erklären wir noch mit wenigem. Eine Übersetzung, die sich mit dem Original zu identifizieren strebt, nähert sich zuletzt der Interlinearversion und erleichtert höchlich das Verständnis des Originals; hierdurch werden wir an den Grundtext hinangeführt, ja getrieben, und so ist denn zuletzt der ganze Zirkel abgeschlossen, in welchem sich die Annäherung des Fremden und Einheimischen, des Bekannten und Unbekannten bewegt.

Endlicher Abschluss!

Inwiefern es uns gelungen ist, den urältesten, abgeschiedenen Orient an den neusten, lebendigsten anzuknüpfen, werden Kenner und Freunde mit Wohlwollen beurteilen. Uns kam jedoch abermals einiges zur Hand, das, der Geschichte des Tags angehörig, zu frohem und belebtem Schlusse des Ganzen erfreulich dienen möchte.

Als vor etwa vier Jahren der nach Petersburg bestimmte persische Gesandte die Aufträge seines Kaisers erhielt, versäumte die erlauchte Gemahlin des Monarchen keineswegs diese Gelegenheit, sie sendete vielmehr von ihrer Seite bedeutende Geschenke Ihro der Kaiserinmutter aller Reußen Majestät, begleitet von einem Briefe, dessen Übersetzung wir mitzuteilen das Glück haben.

Schreiben der Gemahlin des Kaisers von Persien
an Ihro Majestät die Kaiserinmutter aller Reußen

Solange die Elemente dauern, aus welchen die Welt besteht, möge die erlauchte Frau des Palasts der Größe, das Schatzkästchen der Perle des Reiches, die Konstellation der Gestirne der Herrschaft, die, welche die glänzende Sonne des großen Reiches getragen, den Zirkel des Mittelpunkts der Oberherrschaft, den Palmbaum der Frucht der obersten Gewalt, möge sie immer glücklich sein und bewahrt vor allen Unfällen.

Nach dargebrachten diesen meinen aufrichtigsten Wünschen hab ich die Ehre anzumelden, dass, nachdem in unsern glücklichen Zeiten durch Wirkung der großen Barmherzigkeit des allgewaltigen Wesens die Gärten der zwei hohen Mächte aufs Neue frische Rosenblüten hervortreiben und alles, was sich zwischen die beiden herrlichen Höfe eingeschlichen, durch aufrichtigste Einigkeit und Freundschaft beseitigt ist, auch in Anerkennung dieser großen Wohltat nunmehr alle, welche mit einem oder dem anderen Hofe verbunden sind, nicht aufhören werden, freundschaftliche Verhältnisse und Briefwechsel zu unterhalten.

Nun also in diesem Moment, da Seine Exzellenz Mirza Abul Hassan Khan, Gesandter an dem großen russischen Hofe, nach dessen Hauptstadt abreist, habe ich nötig gefunden, die Türe der Freundschaft durch den Schlüssel dieses aufrichtigen Briefes zu öffnen. Und weil es ein alter Gebrauch ist, gemäß den Grundsätzen der Freundschaft und Herzlichkeit, dass Freunde sich Geschenke darbringen, so bitte ich, die dargebotenen artigsten Schmuckwaren unseres Landes gefällig aufzunehmen. Ich hoffe, dass Sie dagegen durch einige Tropfen freundlicher Briefe den Garten eines Herzens erquicken werden, das Sie höchlich liebt. Wie ich denn bitte, mich mit Aufträgen zu erfreuen, die ich angelegentlichst zu erfüllen mich erbiete.

Gott erhalte Ihre Tage rein, glücklich und ruhmvoll.

Geschenke

Eine Perlenschnur, an Gewicht 498 Karat.
Fünf indische Schals.
Ein Pappenkästchen, Ispahanische Arbeit.
Eine kleine Schachtel, Federn darein zu legen.
Behältnis mit Gerätschaften zu notwendigem Gebrauch.
Fünf Stück Brokate.

Wie ferner der in Petersburg verweilende Gesandte über die Verhältnisse beider Nationen sich klug, bescheidentlich ausdrückt, konnten wir unsern Landsleuten im Gefolg der Geschichte persischer Literatur und Poesie schon oben darlegen.

Neuerdings aber finden wir diesen gleichsam *geborenen Gesandten* auf seiner Durchreise nach England in Wien von Gnadengaben seines Kaisers erreicht, denen der Herrscher selbst durch dichterischen Ausdruck Bedeutung und Glanz vollkommen verleihen will. Auch diese Gedichte fügen wir hinzu als endlichen Schlussstein unseres zwar mit mancherlei Materialien, aber doch, Gott gebe! dauerhaft aufgeführten Domgewölbes.

Auf die Fahne

Fetch Ali Schah, der Türk, ist Dschemschid gleich,
Weltlicht und Irans Herr, der Erden Sonne.
Sein Schirm wirft auf die Weltflur weiten Schatten,
Sein Gurt haucht Muskus in Saturns Gehirn.
Iran ist Löwenschlucht, sein Fürst die Sonne;
Drum prangen Leu und Sonn in Daras Banner.
Das Haupt des Boten Abul Hassan Khan
Erhebt zum Himmelsdom das seidne Banner.
Aus Liebe ward nach London er gesandt
Und brachte Glück und Heil dem Christenherrn.

Auf das Ordensband mit dem Bilde der Sonne und des Königes

Es segne Gott dies Band des edlen Glanzes;
Die Sonne zieht den Schleier vor ihm weg.
Sein Schmuck kam von des zweiten Mani Pinsel,
Das Bild Fetch Ali Schahs mit Sonnenkrone.
Ein Bote groß des Herrn mit Himmelshof
Ist Abul Hassan Khan, gelehrt und weise,
Von Haupt zu Fuß gesenkt in Herrschersperlen;
Den Dienstweg schritt vom Haupt zum Ende er.
Da man sein Haupt zur Sonne wollt erheben,
Gab man ihm mit die Himmelssonn als Diener.
So frohe Botschaft ist von großem Sinn
Für den Gesandten edel und belobt;
Sein Bund ist Bund des Weltgebieters Dara,
Sein Wort ist Wort des Herrn mit Himmelsglanz.

Die orientalischen Höfe beobachten unter dem Schein einer kindlichen Naivität ein besonderes kluges, listiges Betragen und Verfahren; vorstehende Gedichte sind Beweis davon.

Die neueste russische Gesandtschaft nach Persien fand Mirza Abul Hassan Khan zwar bei Hofe, aber nicht in ausgezeichneter Gunst; er hält sich bescheiden zur Gesandtschaft, leistet ihr manche Dienste und erregt ihre Dankbarkeit. Einige Jahre darauf wird derselbige Mann mit stattlichem Gefolge nach England gesendet; um ihn aber recht zu verherrlichen, bedient man sich eines eigenen Mittels. Man stattet ihn bei seiner Abreise nicht mit allen Vorzügen aus, die man ihm zudenkt, sondern lässt ihn mit Kreditiven, und was sonst nötig ist, seinen Weg antreten. Allein kaum ist er in Wien angelangt, so ereilen ihn glänzende Bestätigungen seiner Würde, auffallende Zeugnisse seiner Bedeutung. Eine Fahne mit Insignien des Reichs wird ihm gesendet, ein Ordensband mit dem Gleichnis der Sonne, ja mit dem Ebenbild des Kaisers selbst verziert, das alles erhebt ihn zum Stellvertreter der höchsten Macht, in und mit ihm ist die Majestät gegenwärtig. Dabei aber lässt man's nicht bewenden, Gedichte werden hinzugefügt, die nach orientalischer Weise in glänzenden Metaphern und Hyperbeln Fahne, Sonne und Ebenbild erst verherrlichen.

Zum bessern Verständnisse des Einzelnen fügen wir wenige Bemerkungen hinzu. Der Kaiser nennt sich einen *Türken,* als aus dem Stamme Katschar entsprungen, welcher zur türkischen Zunge gehört. Es werden nämlich alle Hauptstämme Persiens, welche das Kriegsheer stellen, nach Sprache und Abstammung geteilt in die Stämme der türkischen, kurdischen, lurischen und arabischen Zunge.

Er vergleicht sich mit *Dschemschid,* wie die Perser ihre mächtigen Fürsten mit ihren alten Königen, in Beziehung auf gewisse Eigenschaften, zusammenstellen: Feridun an Würde, ein Dschemschid an Glanz, Alexander an Macht, ein Darius an Schutz. *Schirm* ist der Kaiser selbst, Schatten Gottes auf Erden, nur bedarf er freilich am heißen Sommertage eines Schirms; dieser aber beschattet ihn nicht allein, sondern die ganze Welt. Der *Moschusgeruch,* der feinste, dauerndste, teilbarste, steigt von des Kaisers Gürtel bis in Saturns Gehirn. Saturn ist für sie noch immer der oberste der Planeten, sein Kreis schließt die untere Welt ab, hier ist das Haupt, das Gehirn des Ganzen, wo Gehirn ist, sind Sinne, der Saturn ist also noch empfänglich für Moschusgeruch, der von dem Gürtel des Kaisers aufsteigt. *Dara* ist der Name Darius und bedeutet Herrscher; sie lassen auf keine Weise von der Erinnerung ihrer Voreltern los. Dass Iran *Löwenschlucht* genannt wird, finden wir deshalb bedeutend, weil der Teil von Persien, wo jetzt der Hof sich gewöhnlich aufhält, meist gebirgig ist und sich gar wohl das Reich als eine Schlucht denken lässt, von Kriegern, Löwen bevölkert. Das *seidene Banner* erhöhet nun ausdrücklich den Gesandten so hoch als möglich, und ein freundliches, liebevolles Verhältnis zu England wird zuletzt ausgesprochen.

Bei dem zweiten Gedicht können wir die allgemeine Anmerkung vorausschicken, dass Wortbezüge der persischen Dichtkunst ein inneres anmutiges Leben verleihen; sie kommen oft vor und erfreuen uns durch sinnigen Anklang.

Das *Band* gilt auch für jede Art von Bezirkung, die einen Eingang hat und deswegen wohl auch eines Pförtners bedarf, wie das Original sich ausdrückt und sagt: »dessen Vorhang (oder Tor) die Sonne aufhebt (öffnet)«, denn das Tor vieler orientalischen Gemächer bildet ein Vorhang; der Halter und Aufheber des Vorhanges ist daher der Pförtner. Unter *Mani* ist Manes gemeint, Sektenhaupt der Manichäer; er soll ein geschickter Maler gewesen sein und seine seltsamen Irrlehren hauptsächlich durch Gemälde verbreitet haben. Er steht hier, wie wir Apelles und Raffael sagen würden. Bei dem Wort *Herrscherperlen* fühlt sich die Einbildungskraft seltsam angeregt. Perlen gelten auch für Tropfen, und so wird ein Perlenmeer denkbar, in welches die gnädige Majestät den Günstling untertaucht. Zieht sie ihn wieder hervor, so bleiben die Tropfen an ihm hängen, und er ist köstlich geschmückt von Haupt zu Fuß. Nun aber hat der *Dienstweg* auch Haupt und Fuß, Anfang und Ende, Beginn und Ziel; weil nun also diesen der Diener treu durchschritten, wird er gelobt und belohnt. Die folgenden Zeilen deuten abermals auf die Absicht, den Gesandten überschwänglich zu erhöhen und ihm an dem Hofe, wo er hingesandt worden, das höchste Vertrauen zu sichern, eben als wenn der Kaiser selbst gegenwärtig wäre. Daraus wir denn schließen, dass die Absendung nach England von der größten Bedeutung sei.

Man hat von der persischen Dichtkunst mit Wahrheit gesagt, sie sei in ewiger Diastole und Systole begriffen; vorstehende Gedichte bewahrheiten diese Ansicht. Immer geht es darin ins Grenzenlose und gleich wieder ins Bestimmte zurück. Der Herrscher ist Weltlicht und zugleich seines Reiches Herr, der Schirm, der ihn vor der Sonne schützt, breitet seine Schatten über die Weltflur aus, die Wohlgerüche seines Leibgurts sind dem Saturn noch ruchbar, und so weiter fort strebt alles hinaus und herein, aus den fabelhaftesten Zeiten zum augenblicklichen Hoftag. Hieraus lernen wir abermals, dass ihre Tropen, Metaphern, Hyperbeln niemals einzeln, sondern im Sinn und Zusammenhang des Ganzen aufzunehmen sind.

Revision

Betrachtet man den Anteil, der von den ältesten bis auf die neusten Zeiten schriftlicher Überlieferung gegönnt worden, so findet sich derselbe meistens dadurch belebt, dass an jenen Pergamenten und Blättern immer noch etwas zu verändern und zu verbessern ist. Wäre es möglich, dass uns eine anerkannt fehlerlose Abschrift eines alten Autors eingehändigt würde, so möchte solcher vielleicht gar bald zur Seite liegen.

Auch darf nicht geleugnet werden, dass wir persönlich einem Buche gar manchen Druckfehler verzeihen, indem wir uns durch dessen Entdeckung geschmeichelt fühlen. Möge diese menschliche Eigenheit auch unserer Druckschrift zugute kommen, da verschiedenen Mängeln abzuhelfen, manche Fehler zu verbessern uns oder anderen künftig vorbehalten bleibt; doch wird ein kleiner Beitrag hierzu nicht unfreundlich abgewiesen werden.

Zuvörderst also möge von der Rechtschreibung orientalischer Namen die Rede sein, an welchen eine durchgängige Gleichheit kaum zu erreichen ist. Denn bei dem großen Unterschiede der östlichen und westlichen Sprachen hält es schwer, für die Alphabete jener bei uns reine Äquivalente zu finden. Da nun ferner die europäischen Sprachen unter sich wegen verschiedener Abstammung und einzelner Dialekte dem eigenen Alphabet verschiedenen Wert und Bedeutung beilegen, so wird eine Übereinstimmung noch schwieriger.

Unter französischem Geleit sind wir hauptsächlich in jene Gegenden eingeführt worden. *Herbelots* Wörterbuch kam unseren Wünschen zu Hilfe. Nun musste der französische Gelehrte orientalische Worte und Namen der nationalen Aussprache und Hörweise aneignen und gefällig machen, welches denn auch in deutsche Kultur nach und nach herüberging. So sagen wir noch Hegire lieber als Hedschra, des angenehmen Klanges und der alten Bekanntschaft wegen.

Wie viel haben an ihrer Seite die Engländer nicht geleistet! und, ob sie schon über die Aussprache ihres eignen Idioms nicht einig sind, sich doch, wie billig, des Rechts bedient, jene Namen nach ihrer Weise auszusprechen und zu schreiben, wodurch wir abermals in Schwanken und Zweifel geraten.

Die Deutschen, denen es am leichtesten fällt zu schreiben, wie sie sprechen, die sich fremden Klängen, Quantitäten und Akzenten nicht ungern gleichstellen, gingen ernstlich zu Werke. Eben aber weil sie dem Ausländischen und Fremden sich immer mehr anzunähern bemüht gewesen, so findet man auch hier zwischen älteren und neueren Schriften großen Unterschied, so dass man sich einer sichern Autorität zu unterwerfen kaum Überzeugung findet.

Dieser Sorge hat mich jedoch der ebenso einsichtige als gefällige Freund *J.G.L. Kosegarten,* dem ich auch obige Übersetzung der kaiserlichen Gedichte verdanke, gar freundlich enthoben und Berichtigungen, wie sie im Register enthalten sind, wo auch zugleich einige Druckfehler bemerkt worden, mitgeteilt. Möge dieser zuverlässige Mann meine Vorbereitung zu einem künftigen »Divan« gleichfalls geneigt begünstigen.

Silvestre de Sacy

Unserm Meister, geh! verpfände
Dich, o Büchlein, traulich-froh;
Hier am Anfang, hier am Ende,
Östlich, westlich, A und Ω.

***

Wir haben nun den guten Rat gesprochen
Und manchen unsrer Tage dran gewandt;
Misstönt er etwa in des Menschen Ohr –
Nun, Botenpflicht ist sprechen. Damit gut.

Joerg K. Sommermeyer (Hg.)
Balleinrubin: Ball, Einstein, Rubiner
Hugo Ball: Tenderenda der Phantast
Carl Einstein: Bebuquin oder die Dilettanten des Wunders
Ludwig Rubiner: Gedichte, Kritiken, Manifeste
Herausg. u. mit einem Nachwort versehen von Joerg K. Sommermeyer
Orlando Syrg Taschenbuch, 1. Aufl., OrSyTa 12017, Berlin 2017

Joerg K. Sommermeyer
Vernimm mein Schreien
Pathoaphysischer Antiroman
Tragigroteskenfragment
Herausgegeben von Georg J. Feurig-Sorgenfrei
Orlando Syrg Taschenbuch, 2. durchgesehene, verbesserte und um einen Anhang
erweiterte Auflage von *Anton unbekannt*, OrSyTa 32017, Berlin 2017
3. Auflage, Neufassung, OrSyTa 112018, Berlin 2018
Jubiläumsausgabe / Hardcover, OrSyTa 72019, Berlin 2019

Joerg K. Sommermeyer
Lieblingsmärchen
[Andersen, 1001 Nacht, von Arnim, Bechstein, Brentano, de la Motte Fouqué,
Brüder Grimm, Hauff, Hebel, Hoffmann, Hofmannsthal, Keller, Mörike,
von Sternberg, Stevenson, JS, Storm]
Ausgewählt, zusammengestellt, durchgesehen und revidiert,
herausgegeben und mit einem Nachwort versehen
von Joerg K. Sommermeyer
Kollektion Abenteuer- & Reiseerzählungen / KAR 2
Orlando Syrg Taschenbuch, 1. Aufl., OrSyTa 42017, Berlin 2017
2. erweiterte Auflage, OrSyTa 22018, Berlin 2018

Joerg K. Sommermeyer (Hg.)
Franz Kafkas Erzählungen
Durchgesehen, revidiert und und mit einem Nachwort herausgegeben
von Joerg K. Sommermeyer
Reihe alte Tradition Azurcelesteblueoscuro / RAT ACBO 2
Exemplarische Werke der Weltliteratur
Orlando Syrg Taschenbuch, 1. Aufl., OrSyTa 12018, Berlin 2018

Joerg K. Sommermeyer (Hg.)
Heinrich von Kleists Erzählungen, Anekdoten und Essays
Durchgesehen, revidiert und mit einem biographischen Abriss
herausgegeben von Joerg K. Sommermeyer
Reihe alte Tradition Azurcelesteblueoscuro / RAT ACBO 3
Exemplarische Werke der Weltliteratur
Orlando Syrg Taschenbuch, 1. Aufl., OrSyTa 32018, Berlin 2018

Joerg K. Sommermeyer (Hg.)
Christian Morgensterns Galgenlieder und Palmström
Durchgesehen, revidiert und mit einem biographischen Abriss
herausgegeben von Joerg K. Sommermeyer
Reihe alte Tradition Azurcelesteblueoscuro / RAT ACBO 4
Exemplarische Werke der Weltliteratur
Orlando Syrg Taschenbuch, 1. Aufl., OrSyTa 42018, Berlin 2018

Joerg K. Sommermeyer (Hg.)
Taugenichts et cetera
Eichendorff, Chamisso, Büchner
Aus dem Leben eines Taugenichts
Peter Schlemihls wundersame Geschichte
Lenz
Durchgesehen, revidiert und mit einem Nachwort
herausgegeben von Joerg K. Sommermeyer
Reihe alte Tradition Azurcelesteblueoscuro / RAT ACBO 5
Exemplarische Werke der Weltliteratur
Orlando Syrg Taschenbuch, 1. Aufl., OrSyTa 62018, Berlin 2018

Joerg K. Sommermeyer (Hg.)
Künstlerbetrachtungen
Diderot, Wackenroder, Hoffmann
Rameaus Neffe, Joseph Berglinger, Johannes Kreisler, Kater Murr
Durchgesehen, revidiert und mit einem Nachwort
herausgegeben von Joerg K. Sommermeyer
Reihe alte Tradition Azurcelesteblueoscuro / RAT ACBO 6
Exemplarische Werke der Weltliteratur
Orlando Syrg Taschenbuch, 1. Aufl., OrSyTa 72018, Berlin 2018

Joerg K. Sommermeyer (Hg.)

Rainer Maria Rilkes Gedichte

Stunden-Buch, Buch der Bilder, Neue Gedichte, Der neuen Gedichte anderer Teil,
Requiem, Das Marien-Leben, Duineser Elegien, Die Sonette an Orpheus
Durchgesehen, revidiert und mit einem Nachwort
herausgegeben von Joerg K. Sommermeyer
Reihe alte Tradition Azurcelesteblueoscuro / RAT ACBO 7
Exemplarische Werke der Weltliteratur
Orlando Syrg Taschenbuch, 1. Aufl., OrSyTa 92018, Berlin 2018

Joerg K. Sommermeyer (Hg.)

Drei alte Erzählungen

Die Judenbuche (Droste-Hülshoff), Die schwarze Spinne (Gotthelf),
Krambambuli (Ebner-Eschenbach)
Durchgesehen, revidiert und mit einem Nachwort
herausgegeben von Joerg K. Sommermeyer
Reihe alte Tradition Azurcelesteblueoscuro / RAT ACBO 9
Exemplarische Werke der Weltliteratur
Orlando Syrg Taschenbuch, 1. Aufl., OrSyTa 122018, Berlin 2018

Joerg K. Sommermeyer (Hg.)

**Johann Wolfgang von Goethes
Reineke Fuchs**

Durchgesehen, revidiert und mit einem Nachwort
herausgegeben von Joerg K. Sommermeyer
Reihe alte Tradition Azurcelesteblueoscuro / RAT ACBO 10
Exemplarische Werke der Weltliteratur
Orlando Syrg Taschenbuch, 1. Aufl., OrSyTa 142018, Berlin 2018

Joerg K. Sommermeyer (Hg.)

**Heinrich Heines Romanzero nebst Lieblingsballaden
von Goethe, Schiller und anderen**

Ausgewählt, durchgesehen, revidiert und mit einem Nachwort
herausgegeben von Joerg K. Sommermeyer
Reihe alte Tradition Azurcelesteblueoscuro / RAT ACBO 11
Exemplarische Werke der Weltliteratur
Orlando Syrg Taschenbuch, 1. Aufl., OrSyTa 152018, Berlin 2018

Joerg K. Sommermeyer (Hg.)
Eduard von Keyserlings Prosa
Ausgewählte Werke I
Beate und Mareile, Schwüle Tage, Dumala, Wellen, Abendliche Häuser
Durchgesehen, revidiert und mit einem biographischen Abriss
herausgegeben von Joerg K. Sommermeyer
Reihe alte Tradition Azurcelesteblueoscuro / RAT ACBO 12
Exemplarische Werke der Weltliteratur
Orlando Syrg Taschenbuch, 1. Aufl., OrSyTa 162018, Berlin 2018
Joerg K. Sommermeyer (Hg.)

Joerg K. Sommermeyer (Hg.)
Münchhausen und Lukian
Bürgers Münchhausen und Lukians Bericht
phantastischer Begebenheiten
Durchgesehen, revidiert, neu bearbeitet
(Lukian basierend auf der Übersetzung von August Friedrich Pauly),
herausgegeben und mit einem Nachwort versehen,
von Joerg K. Sommermeyer
Kollektion Abenteuer- & Reiseerzählungen / KAR 6
Orlando Syrg Taschenbuch, 1. Aufl., OrSyTa 192018, Berlin 2018

Joerg K. Sommermeyer (Hg.)
Johann Wolfgang von Goethes Prosa
Ausgewählte Werke I
Die Leiden des jungen Werther, Briefe aus der Schweiz,
Die Wahlverwandtschaften, Novelle
Durchgesehen, revidiert und mit einem Nachwort
herausgegeben von Joerg K. Sommermeyer
Reihe alte Tradition Azurcelesteblueoscuro / RAT ACBO 14
Exemplarische Werke der Weltliteratur
Orlando Syrg Taschenbuch, 1. Aufl., OrSyTa 12019, Berlin 2019

Joerg K. Sommermeyer (Hg.)
Johann Wolfgang von Goethes Prosa
Ausgewählte Werke II
Wilhelm Meisters Lehrjahre
Durchgesehen, revidiert und herausgegeben
von Joerg K. Sommermeyer
Reihe alte Tradition Azurcelesteblueoscuro / RAT ACBO 15
Orlando Syrg Taschenbuch, 1. Aufl., OrSyTa 22019, Berlin 2019

Joerg K. Sommermeyer (Hg.)

**Johann Wolfgang von Goethes Prosa
Ausgewählte Werke III**

*Unterhaltungen deutscher Ausgewanderten,
Wilhelm Meisters Wanderjahre*

Durchgesehen, revidiert und herausgegeben
von Joerg K. Sommermeyer
Reihe alte Tradition Azurcelesteblueoscuro / RAT ACBO 16
Exemplarische Werke der Weltliteratur
Orlando Syrg Taschenbuch, 1. Aufl., OrSyTa 32019, Berlin 2019

Joerg K. Sommermeyer (Hg.)

**Johann Wolfgang von Goethes Prosa
Ausgewählte Werke IV**

*Dichtung und Wahrheit,
Belagerung von Mainz*

Durchgesehen, revidiert und herausgegeben
von Joerg K. Sommermeyer
Reihe alte Tradition Azurcelesteblueoscuro / RAT ACBO 17
Exemplarische Werke der Weltliteratur
Orlando Syrg Taschenbuch, 1. Aufl., OrSyTa 42019, Berlin 2019

Joerg K. Sommermeyer (Hg.)

**August Klingemanns Nachtwachen
von Bonaventura**

Durchgesehen, revidiert und herausgegeben
von Joerg K. Sommermeyer
Reihe alte Tradition Azurcelesteblueoscuro / RAT ACBO 18
Orlando Syrg Taschenbuch, 1. Aufl., OrSyTa 52019, Berlin 2019

Joerg K. Sommermeyer (Hg.)

**Friedrich Schillers Prosa
Ausgewählte Werke I**

*Eine großmütige Handlung, Der Geisterseher,
Der Verbrecher aus verlorener Ehre, Spiel des Schicksals und anderes*

Durchgesehen, revidiert und mit einem Nachwort
herausgegeben von Joerg K. Sommermeyer
Reihe alte Tradition Azurcelesteblueoscuro / RAT ACBO 20
Exemplarische Werke der Weltliteratur
Orlando Syrg Taschenbuch, 1. Aufl., OrSyTa 82019, Berlin 2019

Joerg K. Sommermeyer (Hg.)

Heinrich Heines Versepen, Erzählprosa und Memoiren
Ausgewählte Werke I

Atta Troll, Deutschland. Ein Wintermärchen, Aus den Memoiren des Herren von Schnabelewopski,
Florentinische Nächte, Der Rabbi von Bacherach, Geständnisse, Memoiren
Durchgesehen, revidiert und mit einem Nachwort
herausgegeben von Joerg K. Sommermeyer
Reihe alte Tradition Azurcelesteblueoscuro / RAT ACBO 22
Exemplarische Werke der Weltliteratur
Orlando Syrg Taschenbuch, 1. Aufl., OrSyTa 102019, Berlin 2019

Joerg K. Sommermeyer (Hg.)

Heinrich Heines Reisebilder
Ausgewählte Werke II

Briefe aus Berlin, Über Polen, Reisebilder I-IV
Durchgesehen, revidiert und mit einem biographischen Abriss
herausgegeben von Joerg K. Sommermeyer
Reihe alte Tradition Azurcelesteblueoscuro / RAT ACBO 23
Exemplarische Werke der Weltliteratur
Orlando Syrg Taschenbuch, 1. Aufl., OrSyTa 112019, Berlin 2019

Joerg K. Sommermeyer (Hg.)

Heinrich Heines Gedichte
Ausgewählte Werke III

Buch der Lieder, Neue Gedichte,
Aus den Jahren 1853 und 1854, Sonstiges / Posthum
Durchgesehen, revidiert und mit einem Biographischen Abriss
herausgegeben von Joerg K. Sommermeyer
Reihe alte Tradition Azurcelesteblueoscuro / RAT ACBO 24
Exemplarische Werke der Weltliteratur
Orlando Syrg Taschenbuch, 1. Aufl., OrSyTa 122019, Berlin 2019

Joerg K. Sommermeyer (Hg.)

Heinrich Heines Über Deutschland, Essays und Pamphlete
Ausgewählte Werke IV

Die romantische Schule, Zur Geschichte der Religion und Philosophie in Deutschland,
Elementargeister, Die Götter im Exil, Schwabenspiegel, Ludwig Börne
Durchgesehen, revidiert und mit einem Biographischen Abriss
herausgegeben von Joerg K. Sommermeyer
Reihe alte Tradition Azurcelesteblueoscuro / RAT ACBO 25
Exemplarische Werke der Weltliteratur
Orlando Syrg Taschenbuch, 1. Aufl., OrSyTa 132019, Berlin 2019